KB143046

문법은 자유다

편저자 소개

편저자 권보택은 영국 뉴카슬 대학에서 Linguistics for TESOL 과정으로 석사학위를 받고 서강대학교 영문학과 박사과정(문학전공)을 수료하였다. 서강대학교 영문과 및 교양영어실 강사 그리고 숙명여자대학교 영문과 강사로서 영문학사와 영시 및 교양영어를 가르쳤다.

영어 문장 감수자 소개

캐나다의 Univ. of Saskatchewan M.D. B.Sc. in Anatomy 과정과 Framingham State Univ. M. Ed in TESL 과정을 마쳤다.

문법은 자유다 Grammar Set Free

초 판 2022년 3월 20일
2 쇄 2022년 4월 5일
편저자 **권보택**
감수자 **Curtis Glenn MacDonald**
발행인 **이성모**
발행처 도서출판 **동인** / 등록ㆍ제1-1599호 / 서울시 종로구 혜화로3길 5 118호
　　　 TEL.(02)765-7145 / FAX.(02)765-7165 / E-mail.dongin60@chol.com / Homepage.donginbook.co.kr

ISBN 978-89-5506-858-0 13740
정 가 23,000원

문법은 자유다

Grammar Set Free

편저자: 권보택(前 서강대 영문과 및 교양영어실 강사)
영어 예문 감수: Curtis Glenn MacDonald

도서출판 | 동인

감사의 인사!

　본 교재가 출간되어 나오기까지 도움을 주신 분들께 본 지면을 빌어 감사인사를 드립니다. 우선 출판을 맡아 주신 동인 출판사 이성모 사장님께 감사드립니다. 그리고 깔끔하게 편집을 해 주신 이상민 실장님과 표지 디자인을 해 주신 정숙형 선생님께 감사의 말씀을 드립니다. 마지막으로 저의 성가신 질문과 도전적 논쟁에 늘 묵묵히 응대해 주고 대답해 준 Curtis Glenn MacDonald에게도 고마운 마음을 전합니다.

Acknowledgements

　I appreaicate the voluntary help and support of Curtis Glenn MacDonald, without whose advice, this book wouldn't be this rich in content.

　전 세계 문자 가운데 우리나라의 한글을 제외하면 그 기원이 밝혀진 것이 없다고 한다. 훈민정음에 그 창제 동기와 원리가 설명되어 있는 우리나라의 한글은 게다가 과학적이기까지 하다. 물론 훈민정음에 오늘날 우리가 사용하는 한국어라는 언어의 모든 문법 사항이 나타나 있는 것은 아니다. 한 언어의 복잡하고 다양한 문법 내용이 한 권의 책으로 일목요연하게 정리될 수는 없는 것이기 때문이다. 게다가 한글 창제 이후 한국어의 문법은 역사와 사회적 변화에 따른 무수한 변화와 부침을 겪었을 것이 확실한데 그 변화의 내용이 전부 기록으로 남아있지도 않다. 따라서 한 언어의 문법이 처음부터 어떤 고착된 형태와 내용을 지니고 탄생되어 변함없이 사용되고 있다고 생각하는 것은 매우 잘못된 생각이다. 즉 문법은 꾸준히 변화해 왔다는 것이며 현재도 변화를 거듭하고 있는데 우리는 그 변화를 느끼지 못하고 살아왔고 지금도 느끼지 못하며 살아가고 있을 뿐인 것이다. 따라서 문법이 무슨 불변의 법칙인 양 신주단지 모시듯 바라본다는 것은 어리석은 짓이다. 우리가 특정 언어를 배우는 목적은 궁극적으로 해당 언어로 말하고 쓰고 읽고 들을 수 있는 활용능력을 키우기 위함이기 때문이지 문법이라는 가변적인 법칙을 외우기 위함이 아니기 때문이다.

　인간이 태어나서 언어를 익히는 순서는 첫째 듣는 것이다. 부모로부터 무수한 내용의 input을 들으며 갓난아기는 자란다. 그런 다음 들은 내용을 따라하는 말하기이다. 그러다가 문자를 익혀 읽기를 하고 궁극적으로 모든 지적 내용을 활용하여 쓰기를 하게 된다. 따라서 언어 습득의 순서는 듣기-말하기-읽기-쓰기의 순서로 진행된다고 말할 수 있다. 그런데 성인의 경우 갓난아기가 옹알이를 할 때까지 많은 시간을 보내듯이 할 수는 없으니 능동적으로 input을 저장하기 위해 읽기를 하거나 듣기를 능동적으로 수행한 뒤 output인 말하기와 쓰기를 할 수 있고 해야 하는 것이다.

　이러한 output인 말하기와 쓰기를 할 수 있게 하는 능력을 함양해 주고자 하는 목적으로 기획된 것이 바로 본 교재이다. 단언컨대 영어의 동사 tell과 say 그리고 speak과 talk의 차이점을 설명할 수 있고 활용할 때에도 그 차이를 고려하여 사용할 줄 아는 수준의 실력을 지닌 독자들은 이 책을 볼 필요가 없다. 그렇지 못한 독자라면 이 교재를 찬찬히 읽어볼 것을 권한다. 앞서 언급한 것처럼 우리가 사용하는 한글은 창제 원리와 목적이 기록으로 남아있는 유일한 문자인데 반해서 세계의 모든 문자나 언어는 그 기원이 분명하게 밝혀진 것이 없다. 영어 역시 마찬가지이다. 게다가 영어는 유럽의 여러 언어 및 기타 언어와 영향을 주고 받으며 발전한 결과물이기 때문에 일관성 있는 규칙 하에 사용되는 언어도 아니다. 따라서 영어에는 예외적인 규칙도 많고 논리적으로는 이해하기 힘든 규칙도 존재한다. 그렇다고 문법을 무시한 채 말하고 글을 쓰라는 것은 아니고 문법사항은--완벽하게 정확하면 더할 나위 없이 좋겠지만--어느 정도 소통이 가능한 정도로만 활용할 줄 알면 된다는 것이다. 물론 수험생의 경우 문법 사항을 정확하게 이해하고 있어야 함은 당연한 것이고 영어로 논문을 작성하는 전문가들 역시 정확한 구문을 구사해야 함은 물론이다. 필자의 요지는 문법의 노예가 되지는 말라는 것이다. 실제 생활에 필요한 영어는 그리 수준 높은 문법을 필요로 하는 것도 아니다.

많은 사람들이 오해하고 있는 것이 있다. 문법이 처음부터 정해져 내려오는 것인 줄 잘못 알고 있다는 것이다. 문법은 언어의 탄생과 더불어 생긴 것이 아니라 사용자들이 자신들의 사용 편의를 위해서 오랜 세월 동안 쌓아오며 다듬어 온 산물이다. 즉 A와 B를 C처럼 사용하자는 규칙을 처음부터 제정한 것이 아니라 사용하는 과정에서 자연스레 형성된 공통분모라는 것이다. Grammar reflects speaking more than the reverse.(문법은 회화를 반영하는 것이지 회화가 문법을 반영하지는 않는다.) Grammar is the result of the speaking of the public, not vice versa.(문법은 대중의 말의 결과물이지 반대로 대중의 말이 문법의 결과물인 것은 아니다.) 이러한 사실을 염두에 두고 학습을 한다면 영어 공부가 그렇게 스트레스를 받을 일은 아니라는 것을 알 수 있을 것이다.

대중의 언어활동의 결과물을 가장 잘 정리한 서적은 사전이다. 그 어떤 영어 참고서나 문법서도 사전의 권위나 내용 그리고 수준을 뛰어넘을 수는 없다. 솔직히 모든 영어 참고서들은 그 출판 목적에 부합하도록 사전의 내용을 많이 또는 적당히 인용하고 정리한 것에 불과하다. 따라서 웬만큼 영어를 공부한 학습자들은 더 높은 수준으로 도약하려면 사전을 벗으로 삼아 공부를 해야 한다고 생각한다. 필자는 영국에서 석사학위 청구 논문으로 Lexicography 관련 내용을 집필하였으며 그 경험상 사전의 중요성을 절대 간과할 수 없다고 굳게 믿고 있다. 심화 학습을 하고자 하는 독자들의 편의를 위해 필자가 자주 참고하는 사전 및 참고서를 서문 말미에 소개하니 독자들도 참고하기 바란다.

영어 학습에서 사전이 왜 중요한가를 다음의 비유로 살펴보자. 한국인의 주식인 밥을 지을 때 가장 중요한 것이 무엇인가? 쌀이 있어야 하고 물이 있어야 하며 익히기 위해서는 열과 같은 에너지가 필요하다. 이 이치를 영어 학습으로 응용해 보자. 쌀은 영어 어휘가 될 것이며 물은 문법일 것이며 에너지는 바로 학습자의 열정과 노력일 것이다. 그런데 물과 에너지가 있다고 해도 쌀이 없으면 결코 밥을 지을 수 없다. 물과 에너지가 없어도 쌀이 있다면 생쌀이라도 씹어서 먹을 수 있다. 그렇다. 영어 학습에서도 가장 중요한 것은 단어 및 숙어와 같은 어휘력이다. 따라서 어휘를 집대성한 사전이야말로 가장 중요하고도 필수적인 영어학습의 지참물인 것이다. 어휘력이 풍부하면 문법을 좀 모르고 다른 노력을 특별히 많이 하지 않았다 해도 그럭저럭 영어로 기본적인 소통은 가능할 것이다. 그러나 문법을 좀 알고 있고 활용할 수 있다면 더 세련되고 알찬 소통이 가능한 것이다. 그런 의미에서 본 교재는 제작되었다.

본 교재는 가벼운 마음으로 소설책을 읽듯이 읽어나가면서 영문법의 제반 사항을 이해할 수 있게 하고 회화까지 구사할 수 있도록 하자는 취지에서 기획된 영문법 교재 겸 회화 교재이기도 하다. 그러한 목적에 부합하게 하기 위해 예문의 우리말 해석은 가능한 한 구어체로 기술하였다. 따라서 누구라도 한 시간에 5페이지 정도씩 천천히 소리를 내어 읽어나가면서 이해를 한다면 하루에 8시간 총 40페이지 정도를 이해할 수 있게 된다. 그렇게 일주일만 학습을 하면 280페이지를 읽을 수 있는 분량인데 그렇다면 본 교재를 일독할 수 있게 된다.

독자에게 한 가지 부탁이 있다면 문법 용어를 제대로 이해하여 체계적으로 영어공부를 해 달라는 것이다. 전쟁에 나가는 군인이 무기를 다룰 줄 알아야 잘 싸울 수 있듯이 영어 학습을 할 때에도 문법 용어를 잘 이해하는 것이 중요하다. 일단 알아두면 평생의 자산이 될 것이다. 우리가 숨을 쉴 때 공기의 고마움을 모르지만 공기가 없으면 호흡을 하지 못해 죽을 수밖에 없듯이 문법 공부를 할 때 용어의 개념을 안다는 것은 호흡할 때의 공기처럼 중요한 것이다.

일독 후 이해가 되지 않은 부분만 별도로 재독/삼독을 하면 영문법의 구도가 머릿속에 그려지게 되고 회화도 구사할 수 있게 될 것이다. 일부 중복되는 항목은 그만큼 활용할 때 혼동하기 쉽고 틀리기 쉬운 내용이라 부득이 중복하여 설명하게 되었다. 영문법과 영어회화는 결코 어려운 학습 분야가 아니기 때문에 "하면 된다."는 믿음을 가지고 꾸준히 학습을 수행하기 바라며 본 교재가 그러한 독자 여러분들에게 조금이나마 도움이 된다면 저자로서 기쁘기 그지없겠다.

2022년 1월 까치울에서

권 보택

참고문헌

논문이 아니므로 참고문헌 기재와 관련된 준칙을 따르지 않았음.

사전류

The American Heritage Dictionary of the English Language

Cambridge Dictionary of American English

Collins CoBuild English Language Dictionary

The Concise Oxford Dictionary of Current English

Longman Dictionary of Contemporary English

MacMillan English Dictionary for Advanced Learners of American English

MacMillan Essential Dictionary

Oxford Advanced Learners' Dictionary

Webster's Third New International Dictionary

어휘 관련 문헌

Cambridge Idioms Dictionary

Dictionary of American Synonyms

Allen's Synonyms and Antonyms

Longman Lexicon of Contemporary English

Roget's Thesaurus

문법 관련 문헌

Cambridge Grammar of English(Ronald Carter et al, CUP, 2006)

English Grammar Encyclopedia(최인철, 사람in, 2014)

English Grammar in Use Series(Raymond Murphy et al, CUP)

Grammar Basics(임인재, Language Plus, 2011)

A Grammar of Contemporary English(Randolph Quirk et al, Longman, 1980)

How English Works(Michael Swan et al, OUP, 2001)

Longman Student Grammar of Spoken and Written English(Douglas Biber, Longman, 2002)

Oxford Guide to English Grammar(John Eastwood, OUP, 2000)

Oxford Practice Grammar(John Eastwood, OUP, 2002)

활용 관련 문헌

Collins CoBuild English Usage for Learners

목 차
Table of Contents

⌐Pronunciation
영어의 발음

발음기호(Phonetic Symbol)

모음(모음[Vowel]은 모두 유성음[Voiced]임.)

● 전(前)모음	[i]	click dig improve inform ink
	[i:]	cheek esteem idea indeed sea
	[e]	bread cherish cherry desk left
	[a]	like mine pine sign time
	[æ]	atom capital captain cat catalog
	[ɛ]	care fare pair tear wear

● 후(後)모음	[u]	bull cook look put took
	[u:]	conclude cool fool pool soon
	[o]	lotion most post soul total
	[ɔ]	box boy coy foyer often pond
	[ɔ:]	all bog call fault floor fog order
	[ɑ:]	arm conquer crop drop park

● 중(中)모음	[ə]	ago collect contain liberty offend
	[ə:]	disturb girl pearl purse spur
	[ʌ]	bug but corrupt drug dust mutton onion

자음([Consonant] * 표시는 유성음)

- **파열음**
  Explosive Sound

[p]	lip pear pearl people speak
*[b]	bat bill boy bulb bullet
[t]	pit recent skirt tame time
*[d]	audit delight dull hold
[k]	call chemical cold excuse expect
*[g]	eager gang get give hug

- **비음**
  Nasal Sound

*[m]	autumn balm bomb condemn milk tame
*[n]	knife name neat neck noon snow
*[ŋ]	easygoing hang sing sink thing tongue

- **마찰음**
  Fricative Sound

*[l]	clear live love talk tall
*[r]	pair rare ring roar round rug
*[w]	walk well wing wink with work
[f]	effect flower physical prophet rough
*[v]	brave survive vase via victory
[Θ]	method myth path thick think throw
*[ð]	clothe mother other that this though
[s]	ceiling cell Cinderella sit sound
*[z]	present preserve xylophone zoo
[ʃ]	cash perish rush ship shoot
*[ʒ]	composure illusion leisure measure pleasure
*[j]	yacht yarn year yield yoke yolk
[h]	habit head hill house hungry
[ʧ]	bench cheap church each mutual
*[ʤ]	bandage digest educate gentle ginger judge

Adages	Actions speak louder than words. (말보다 행동!)
	After a storm comes a calm.(고생 끝에 낙이 온다.)

01

Explanation of Terminology
용어설명

1) 철자(letter), 음절(syllable), 단어(word), 강세(stress), 억양(intonation)

철자	happy의 h, a, p, p, y 각각이 철자. happy는 five-letter word
음절	한 개의 모음, 또는 자음과 모음, 또는 모음과 자음의 결합으로서 음의 단위
단어	하나의 음절, 또는 하나 이상의 음절의 모임
강세	단어의 일부 또는 전부(단음절 단어)를 다른 부분보다 강하게 발음하는 현상
억양	목소리 높낮이의 음악적 움직임. 의문문은 종종 상향 억양

2) 구(phrase)

정의	두 개 이상의 단어가 모여 하나의 의미 단위를 이룬 것
용례	a good book, much water, many people
종류	명사구, 형용사구, 부사구

A) 명사구: 명사의 역할[주어, 목적어, 보어]

A lot of people are in the theater. [주어] (많은 사람들이 극장에 있네.)

They met **their friends** at the bus stop. [목적어]
(그들은 버스 정거장에서 친구들을 만났지.)

I am **her husband**. [주격보어] (내가 그녀의 남편이요.)

Mary's mother made her **a doctor**. [목적격 보어]
(Mary의 어머니는 Mary를 의사로 키웠어.)

B) 형용사구: 명사를 수식하는 형용사 역할 또는 동사의 보어

A lot of pretty ladies are in the auditorium. [형용사]
(많은 아리따운 여인들이 강당에 있어.)

Most Koreans are **very diligent.** [동사의 보어] (대부분의 한국인들은 매우 부지런해.)

C) 부사구: 부사의 역할(주어, 동사, 목적어, 보어 이외의 성분은 모두 부사이며 시간, 장소, 이유, 원인, 목적, 결과 등을 의미함) 수행

They will meet **at the front of the building.** [장소] (그들은 건물 정면에서 만날 거야.)

He should be here **by now.** [시간] (그는 지금쯤 도착했어야 해.)

I will be very happy **to get the prize.** [원인] (그 상을 받으면 매우 행복할 거야.)

She grew up to **be a teacher.** [결과] (그녀는 자라서 교사가 되었지.)

3) 절(clause): 주어 + 동사 = 상태나 동작 또는 현상을 기술함

A) 명사절: 명사의 역할[주어, 목적어, 보어].

절이 문장 내 일부 요소(주어, 목적어, 보어)로 사용되면 접속사 that 첨부

That he was dead is true. [주어] (그가 죽었다는 것은 사실이야.)

I think *that* he is a liar. [목적어] (그가 거짓말쟁이라고 생각해.)

The thing is *that* **health is critical to your success.** [보어]
(중요한 것은 건강이 너의 성공에 중요하다는 것이야.)

B) 형용사절: 명사 수식

The man **whom I saw yesterday** was his father. [명사 수식]
(어제 내가 만난 분은 그의 아버님이셔.)

The house **which we live in** was built by my father. [명사 수식]
(우리가 살고 있는 이 집은 아버지께서 지으셨어)

C) 부사절: 부사의 역할

I will return home **when I make a lot of money**. [시간] (돈을 많이 번 뒤 귀향할 거야.)

She will get married **if he really loves her**. [조건]
(그가 그녀를 진정으로 사랑한다면 그녀는 결혼할 거야.)

He had studied so hard *that* **he became a success**. [결과]
(그는 열심히 공부해서 성공한 사람이 되었어.)

4) 문장의 성분 및 품사 설명

A) 문장의 성분

종류	정의
주어(subject)	문장에서 행위의 주체가 되는 사람, 동물, 사물, 또는 개념
동사(verb)	주로 주어 뒤에 오며 주어의 행동이나 상태를 나타냄
목적어(object)	주어의 동작을 받음
보어(complement)	주로 동사 뒤에 오고 주어나 목적어의 상태나 동작을 나타냄

B) 품사의 종류

ⓐ 품사의 분류법

대분류	명사, 대명사, 동사, 형용사, 부사, 전치사, 한정사, 접속사
소분류	위 8개 외 관사, 조동사, 법조동사, 동명사, 부정사, 분사, 관계사, 부사적 불변화사 등

ⓑ 품사 설명

종류	정의
명사(noun)	사물이나 사람 또는 개념 등의 명칭
대명사(pronoun)	명사 대용
동사(verb)	행위, 사건, 상황 등을 나타냄

종류	정의
형용사(adjective)	명사 수식 또는 동사 뒤의 보어
부사(adverb)	동사, 형용사, 다른 부사, 또는 문장 전체를 수식
전치사(preposition)	명사 또는 대명사 앞에서 다른 낱말과의 관계를 나타내는 단어로서 시간, 장소, 방향 등을 나타낸다. 전치사 뒤에는 목적격이 따라오며 형용사구 또는 부사구로 사용된다.
한정사(determiner)	명사 앞에 쓰이는 관사(a/an, the), 소유격(my, your), 지시사(this, that), 수량사(another, other, some, any, few, many, much, a lot of, several, enough) 그리고 수사(one, two)를 합친 개념. 명사 앞에 온다는 의미에서 크게 보면 형용사로도 분류할 수 있는 개념이며 명사의 성격을 규정한다. 형용사가 본질적으로 명사의 형태나 모습을 나타내는데 반해 한정사는 명사의 성격 내지 위상을 나타낸다.
접속사(conjunction)	단어와 단어, 구와 구, 또는 절과 절을 연결
관사(article)	명사 또는 명사구 앞에서 명사(구)의 성격을 나타내는 단어
조동사(auxiliary)	be, have, do를 가리킴. 다른 동사와 함께 시제, 의문문, 부정문 그리고 수동태를 만듦.
법조동사(modal auxiliary)	가능성 또는 의무 등과 같은 의미를 추가해 주는 소수의 단어군(can, may, must 등)으로서 본동사 앞에 사용.
동명사(gerund)	"동사원형+ing"이며 동사적 성격을 지니면서 명사처럼 사용.
부정사(infinitive)	"to+동사원형"이며 주어, 목적어, 보어로 사용되고 형용사와 부사처럼 사용되기도 함.
분사(participle)	"동사원형+ing" 또는 "동사의 과거분사" 형태로 동사적 성격을 지니면서 형용사적으로 사용됨.
관계사(relative)	"접속사+대명사"의 기능을 수행하는 관계대명사와 "접속사+부사"의 기능을 수행하는 관계부사가 있다.
부사적 불변화사 (adverb particle)	down, on 등 동사 뒤에 따라오는 작은 부사로서 위치나 동작의 방향 등을 나타낸다. 전치사처럼 보이나 그렇지 않다.

Components of the Sentence
문장의 구성요소

1) 종류: 주어(subject), 동사(verb), 목적어(object), 그리고 보어(complement).
기타 어구는 부사어구(부사구 및 부사절 포함).

※ 주의사항:

◉ 위 네 가지 요소가 전부 사용되는 것은 아니다. 주어와 동사는 반드시 필요하지만 예외도 있다. 명령문의 주어는 생략된다. (You) Shut the door.(문을 닫아라.)

◉ 어떤 경우에는 동사가 생략되기도 한다.
Normally, people eat grains such as rice, wheat, barley etc; animals usually (eat) grasses. (일상적으로 사람들은 쌀, 밀, 보리 등과 같은 곡식을 먹고 동물들은 대개 풀을 먹어.)

◉ 그러나 대부분의 문장은 주어와 동사가 필요하다. 목적어와 보어의 유무는 동사의 종류와 그 의미에 따라 다양한 모습을 보이는데 그 이유는 다음의 분류에 해당하지 않는 문장도 존재하기 때문이다. (e.g. He died a beggar.)

2) 분류: (문장 구분은 단문을 기준으로 한다. 중문[단문주절 + 등위접속사 + 단문주절], 복문[단문주절 + 단문종속절{부사절, 명사절, 관계절}]은 단문의 분류에 준한다.)

	주어	동사	주격보어	간접목적어	직접목적어	목적격보어
1형식	0	0				
2형식	0	0	0			
3형식	0	0			0	
4형식	0	0		0	0	
5형식	0	0			0	0

※ 주의사항: ◆ 부사어구(부사구, 부사절)는 문장의 성분에 포함시키지 않기 때문에 길이와 무관하게 형식상 차이가 없다. 예외적으로 부사가 보어로 쓰이는 경우 (e.g. School is over.)가 있기도 하다.

A) 1형식 문장

Time passes.(시간은 흐른다.)

Time always **passes**.(시간은 항상 흐른다.)

Time passes regardless of human willpower.
(시간은 인간의 의지와 무관하게 흐른다.)

B) 2형식 문장

They remained silent.(그들은 조용히 있었어.)

They remained silent among the mob.(그들은 폭도들 사이에 조용히 있었지.)

They remained silent despite the fact that I cried aloud.
(내가 큰 소리로 울었다는 사실에도 불구하고 그들은 조용히 있었어.)

C) 3형식 문장

I love him.(나는 그를 사랑해.)

I love him despite the fact that he is unkind to me.
(그가 내게 불친절하다는 사실에도 불구하고 나는 그를 사랑해.)

I love him rain or shine.(나는 어떤 경우라도 그를 사랑해.)

D) 4형식 문장

I will send him a letter next week.(다음 주에 그에게 편지를 보낼 거야.)

I will buy her a doll as a birthday present.
(그녀에게 생일 선물로 인형을 사 줄 거야.)

I will give them some money to buy anything they want.
(나는 그들이 원하는 건 뭐라도 살 수 있는 돈을 좀 그들에게 줄 거야.)

E) 5형식 문장

People made him happy by giving him something they had brought from their homes.
(사람들이 자기들 집에서 가져온 물건을 그에게 줘서 그를 행복하게 했어.)

She made her mother disappointed by not getting married.
(그녀는 결혼을 하지 않아 어머니를 실망시켰어.)

Some companies have made the workers happy by raising their salaries.
(몇몇 회사가 급여를 인상해서 직원들을 기쁘게 했어.)

※ 주의사항:

◉ 부사어구로는 전치사구 또는 부사가 사용됨. 위의 5개의 대표적 문형 외에도 다양한 구조의 문장이 존재.

◉ 목적어는 주로 명사와 대명사(동명사, 부정사도 목적어로 가능)인데 4형식 문장에서 명사와 대명사가 목적어일 때 주의해야 할 사항이 있다. 4형식 문장에서 하나의 명사와 하나의 대명사가 목적어로 쓰일 때 반드시 **대명사를 먼저 사용**해야 한다. 따라서 다음의 괄호 안의 문장은 사용할 수 없거나 사용 빈도가 낮은 문장이며 4형식으로 변환할 수 없는 경우도 존재한다.

He likes Jeanne very much.(그는 지안이를 매우 좋아해.)

He gave **her** several books.(*Rather than* He gave several books to her.)
(그는 그녀에게 책 몇 권을 주었어.)

He bought some books.(그는 책을 몇 권 샀어.)

He gave **them** to his girlfriend.(*NOT* ~~He gave his girlfriend them.~~)
(그는 여자 친구에게 그 책들을 주었다.)

Adages

After dinner rest a while, after supper walk a mile.
(잘 먹은 뒤에는 좀 쉬고 조금 먹은 뒤에는 걸어라.)

All good things must come to an end.
(좋은 것도 끝이 있는 법. 늘 좋을 수만은 없다)

All things come to those who wait.(쥐구멍에도 볕 들 날 있다.)

An apple a day keeps the doctor away.(하루 사과 한 알이면 의사를 볼 일이 없다.)

April showers bring forth May flowers.(때맞춰 준비해야 결과가 나온다.)

Art is long and life is short.(의술은 길고 생명은 짧다.)
흔히들 "예술은 짧고 인생은 길다."로 잘못 알고 있는 격언인데 이 말은 의신 히포크라테스가 처음 한 말로 알려져 있다. 히포크라테스는 의학 또는 치료법을 배우면서 목도하는 어려움을 생명의 짧음과 비교하고 있는 것이다.

03

일치, 생략, 축약, 강조
Agreement, Ellipsis, Contraction, Emphasis

영어의 특징(논리성, 정확성, 간결성, 다양한 표현)을 유지하기 위해 일치, 생략, 축약, 강조 구문이 사용됨.

1) 일치

A) 주어와 동사의 일치

The **books** in my father's study **are** precious.(아버지 서재의 책들은 소중해.)

The **lady** among the people **is** my wife.(사람들 사이에 있는 여인이 제 부인이라오.)

B) "every[한정사]", "each[한정사, 대명사]" 가 수식하면 단수; "all[한정사, 대명사, 부사] + 복수 명사" 는 복수

Everyone is present.(모두 왔네.)

Each person has a peculiar personality.(각자 독특한 성격을 지니고 있어.)

All the rooms have two doors.(방마다 두 개의 문이 있어.)

C) one[수사, 한정사, 대명사] of는 단수; a number of는 복수; a lot of는 뒤의 명사의 수에 일치

One of the books was sold.(책 가운데 한 권은 판매되었어.)

A number of people have vanished.(많은 이들이 사라졌지.)

A lot of wine **was** consumed.(포도주 소비가 많았어.)

A lot of trees **were** cut down.(많은 나무가 벌목되었지.)

Grammar Set Free

19

D) "any[한정사, 대명사, 부사] of", "either[한정사, 대명사, 부사] of", "neither[한정사, 대명사, 부사] of", "none[대명사, 부사] of" 는 단수동사와 복수동사(회화체의 비격식적 표현) 모두 가능

Any of the participants **is/are** welcome.(참석자는 누구라도 환영받아.)

Either of them **is/are** wrong.(그들 중 한 명은 틀렸어.)

Neither of the foods served here **is/are** edible.(여기 음식은 먹을 수 있는 게 없어.)

None of the flowers **is/are** beautiful.(예쁜 꽃이 하나도 없네.)

E) 수량, 질량, 거리, 가격은 복수라도 하나의 단위로 생각되면 단수취급

A million dollars is big money for her.(그녀에게 백만 달러는 큰돈이지.)

A hundred miles isn't easy for her to run.(백마일은 그녀가 달리기 쉽지 않아.)

Twenty kilos is not that heavy for me to lift.
(20킬로그램은 내가 들기에 그리 무겁지 않아.)

Ten minutes is not that long for me to wait.
(10분은 내가 기다리기에 그리 긴 시간은 아니야.)

F) 수의 일치

> 동사는 주어의 인칭과 수에 따라 변화함.
> 3인칭 단수 주어가 현재 시제 동사와 쓰일 때 동사 끝에 (e)s를 첨가.

She teaches English in a college.(그녀는 대학에서 영어를 가르치고 있지.)

He helps many people suffering from a variety of diseases.
(그는 여러 질병을 앓고 있는 많은 사람들을 돕고 있어.)

The native **peoples** of Siberia still live on tundra. 【people이 단수로 사용됨】
(시베리아의 원주민들은 여전히 툰드라에서 거주해.)

Many people are looking at the beggar lying on the cold floor of the station.
【people이 복수로 사용됨】 (많은 사람들이 역의 차가운 바닥에 누워있는 거지를 바라보고 있어.)

G) 접속사 구문의 일치

He and I **are** professors at the university. 【and로 연결되어 복수이나 예외도 있다.】
(그와 나는 대학교 교수야.)

Either you **or** I **am** wrong in this matter. 【후자에 일치시킴; either of 구문과 구분】
(이 문제에서 너와 나 둘 중에 한명이 틀렸어.)

Neither father **nor** I **am** sick. 【후자에 일치시킴; neither of 구문과 구분】
(아버지와 나 그 누구도 아프지 않아.)

Not only he **but also** I **have**[but I have also] come here for the conference.
【후자에 일치】(그 사람 뿐 아니라 나도 회의 때문에 여기 와 있어.)

I, **as well as** he, **am** fond of her. 【전자에 일치】
(그 사람 뿐 아니라 나도 그녀를 좋아해.)

H) 시제의 일치

정의	주절과 종속절의 동사를 시간적 논리가 통하게 사용하는 현상.	
종류	주절 동사가 현재, 미래, 현재완료일 때	종속절 동사는 12시제 모두 가능.
	주절 동사가 과거일 때	종속절 동사는 과거, 과거완료, 과거진행, 과거완료진행 시제 가능

a 주절의 동사가 과거인 경우 가능한 문장의 예:

They **thought** that he **was** a liar.(사람들은 그를 거짓말쟁이라고 생각했어.)

They **thought** that he **had been** a liar.(사람들은 그를 거짓말쟁이였었다고 생각했지.)

They **thought** that he **was being** a liar.
(사람들은 그가 거짓말쟁이처럼 행동한다고 생각했어.)

They **thought** that he **had been being** a liar.
(사람들은 그가 거짓말쟁이처럼 행동했다고 생각했어.)

※ 주의사항:

● 시제의 일치의 예외: 진리나 일반적 습관, 역사적 사실인 경우, 그리고 종속절이 가정법일 때.

We **were taught** that the earth **moves** (a)round the sun. 【진리】
(우리는 지구가 태양의 둘레를 돈다고 배웠어.)

She **said** to me that her father always **gets up** at five in the morning. 【습관】
(그녀는 자신의 아버님께서 항상 아침 5시에 일어나신다고 말했지.)

It is clear that Korean War **took place in 1950.** [역사적 사실]
(한국전쟁이 1950년 발생했다는 것은 분명해.)

She told me that if she **had** a lot of money, she **would lend** me some.[가정법]
(그녀는 자기가 돈이 있다면 내게 좀 빌려주겠다고 말했어.)

2) 생략

다음의 A), B), C) 부분은 구어체 표현이며 문어체에서는 사용하지 않음.

A) 문두(sentence-beginnings)의 생략

구어체의 강세가 없는 문두 생략.

생략 가능한 문두: 관사, 소유격, 인칭대명사, 조동사 그리고 be 동사, 지시어, there is.

Will come down right away.(곧 내려가요.) [= I will come down...]
Must leave now.(지금 가 봐야겠어요.) [= I must leave now.]
Four dollars.(4달러입니다.) [= **That'll be** four...]
Dinner will be served shortly.(저녁 금방 나갑니다.) [= **Our** dinner...]

B) 대명사의 생략

강세가 있는 단어 앞에서

Like your attitude.[= I like your attitude.](자네 태도가 좋아.)

Haven't met the delegates yet.[= I haven't met the delegates yet.]
(대표단을 만나지 못했어.)

Can't play any musical instrument.[= I can't play any musical instrument.]
(악기라고 연주할 줄 아는 게 없어.)

[긍정 조동사는 강세가 없기 때문에 다음 문장은 사용 불가능한 비문(非文)]
~~Have met the delegates already.~~   ~~Can play the piano.~~

C) 조동사 생략

"I"와 "it"을 제외한 인칭대명사 앞의 조동사 생략

He coming?[= **Is** he coming?](걔 오나?)

You want something?[= **Do** you want something?](뭐 필요해?)

그러나 ~~Hate?~~ ~~It raining?~~ 와 같은 표현은 불가능한 비문(非文).

D) 조동사 뒤의 구문 생략

> 구어체에서 앞에 언급된 내용은 생략하고 조동사만 사용하기도 함.

'Get set!'('준비하세요!')

'I am.'[= 'I am getting set.']('준비하고 있어요.')

He said he would meet her in no time, but **he hasn't**. [= ...he hasn't met her in no time.]
(그는 곧 그녀를 만날 거라고 말했지만 만나지 않았어.)

조동사가 없다면 do를 사용.

He said he would meet her in no time, and he *did*.
(그는 그녀를 곧 만나겠다고 말했고 실제로 만났어.)

E) 접속사 구문에서의 생략

부사절 주어와 be 동사 생략	접속사가 사용된 부사절의 주어와 주절 주어가 같고
	부사절에 be동사가 사용될 때

She was quite pretty when (**she was**) young.(그녀는 젊었을 때 꽤 예뻤어.)

Although (**I was**) having a difficult time, I managed to get the work done.
(어려운 시절이었지만 일을 해 냈지.)

While (**she was**) knitting a sweater, Mary was talking a lot.
(스웨터를 뜨면서 Mary는 많은 말을 했지.)

After (**she was**) taking some medicine, she felt better.
(약을 먹고 나니 그녀는 기분이 한층 좋아졌어.)

F) 접속사 that의 생략

> 구어체에서 가능한 표현으로 매우 흔한 동사와 형용사 뒤에서 생략 가능

> 구어체에서 so, such, now, provided 뒤에서 생략 가능

They thought (**that**) she was wrong.(사람들은 그녀가 틀렸다고 생각했어.)

I'm glad (**that**) you have recovered.(회복하셔서 다행입니다.)

Leave now quietly so (**that**) he doesn't see you.
(그 사람과 마주치지 않도록 지금 조용히 떠나게.)

3) 축약

A) be 동사의 축약

"she's," "isn't" 등은 구어체 표현이며 문어체에는 잘 쓰이지 않는다.
"am not" 은 부가의문문에서는 "aren't" 로 축약.

I am late, **aren't** I?(제가 늦지 않았나요?)

B) 인칭대명사가 사용될 때의 축약

축약된 표현 "'re," "'ve," "'d" 와 "'ll" 은 대명사 뒤에만 사용.
긍정 축약 표현은 강세가 없다.
따라서 긍정 조동사가 강세를 지닐 때는 축약을 사용하지 않는다.
이와 달리 부정 축약은 강세가 주어질 수 있으며 어느 위치라도 사용.

You're very quick(자네 꽤 빠르구만.) Yes, I **am**. (*NOT* ~~Yes, I'm.~~)(네 그렇습니다.)
He **isn't** honest. (그는 정직하지 않아.) No, he **isn't**. (응, 그는 정직하지 않아.)

C) 부가의문문에서의 축약

부정부가의문문은 축약. 특히 "I am" 의 부가의문문은 "aren't I?"
주절 동사가 조동사 또는 be 동사이면 그대로 부가의문문에 사용
주절 동사가 일반 동사일 때에는 do를 사용
"there"도 부가의문문의 주어로 사용 가능

They can cook, **can't they**?(그들이 요리를 할 줄 알지 않은가?)
You wouldn't like a coffee, **would you**?(자네 커피 좀 마시지 않겠는가?)
She lent you a computer, **didn't she**?(그녀가 자네에게 컴퓨터를 빌려주지 않았나?)
There are a lot of mobs, **aren't there**?(군중이 많이 있지 않나?)

nobody, somebody, everybody 대신에 they를 사용
never, no, nobody, hardly, scarcely, little 뒤에는 긍정의 부가의문문 사용
nothing을 받는 부가의문문 주어는 it

Nobody came, **did they**?(아무도 오지 않았지?)

It has hardly snowed all winter, **has it**?(겨울 내내 눈이 거의 내리지 않았지?)

He never tells a lie, **does he**?(그는 결코 거짓말을 하지 않지?)

It's no good, **is it**?(그건 쓸모가 없지?)

Nothing can change, **can it**?(아무것도 바뀔 수 없지?)

구어체 질문이나 요청할 때 "부정문+부가의문문"을 사용
명령문에 "won't you?"를 사용하면 권유의 표현
명령문에 "will/would/can/can't/could you?"를 사용하면 요청하는 표현
부정명령문 뒤에 "will you?"를 사용하고 "let's" 뒤에는 "shall we?"를 사용

You can't give me 5 dollars, **can you**?(5달러만 주실 수 없으세요?)

Do come here, **won't you**?(이리로 오지 않을래?)

Please shut your mouth, **will you**?(조용히 좀 해 줄래?)

Please be quiet, **can't you**?(조용히 할 수 없겠니?)

Don't fall behind, **will you**?(뒤떨어지지 마라, 알겠지?)

Let's hold a big party, **shall we**?(대규모 파티를 열어 볼까?)

부가의문문이 확신이 다소 없는 질문이면 상향의 억양으로 읽음
부가의문문이 동의를 구하는 내용, 즉 진술을 사실로 생각한다면 하향의 억양으로 읽음

The party's at seven o'clock, **isn't it**? ╱【질문이므로 상향 억양】
(파티는 7시인가요?)

Nice party, **isn't it**? ╲【동의를 구하니까 하향 억양】
(멋진 파티지 않습니까?)

조동사+대명사(부가의문문처럼)를 사용하여 의문문 형태의 단답형을 사용하면 주의, 관심 또는 놀람을 표현할 수 있음

A: He was an awesome man. B: **Was he**? A: Yes, he was.
(A: 그는 대단한 사람이었어요. B: **그랬어요**? A: 네, 그럼요.)

A: We had a terrible day. B: **Did you**? A: Yes, we did.
(A: 힘든 하루였네. B: **그랬어**? A: 응, 그랬어.)

A: Tom hates that hag next door.　　B: Oh, **does he**?
(A: 톰은 옆집의 저 노파를 미워해.　　B: 아, **그러니**?)

A: I don't have any idea.　　B: Oh, **don't you**? I'm sorry.
(A: 모르겠는데.　　B: 아, **모르겠어**? 유감이네.)

4) 강조

A) 긍정문에 부정문으로 답하면 동의를 강조하는 표현.

A: It was a rewarding exhibition.　　B: Yes, **wasn't it**! I did enjoy it.
(A: 보람찬 전시회였어.　　B: 응, **그렇지 않았나**! 정말 좋았어.)

A: He's gained a lot of muscle.　　B: Yes, **hasn't he**?
(A: 그가 근육량을 많이 늘렸어.　　B: 응, **그렇지 않았나**?)

B) it is/was...that 강조 구문. 이 구문에서는 대명사의 활용에 주의해야 한다.

It is **I who am** in charge.[문어체](책임자는 바로 접니다.)
It's me that's in charge.[구어체](책임자는 바로 나야.)

It is **he who** got a promotion.[문어체](승진한 건 그 분입니다.)
It's he that got a promotion.[구어체](승진한 건 그 친구야.)

C) what을 사용한 강조 구문

The zephyr makes me comfortable.(서풍이 나를 편안하게 해 주네.)
What makes me comfortable is the zephyr.[강조 구문]
(나를 편안하게 해 주는 것은 서풍일세.)

She needs some seed money.(그녀는 종자돈이 좀 필요해.)
Some seed money is **what** she needs.[강조 구문]
(그녀가 필요한 것은 약간의 종자돈이야.)

※ 주의사항:

● what 과 같은 의미로 'the only thing that' 의 의미인 all(that)을 사용하기도 한다.

All I need is some rest.(내게 오직 필요한 것은 약간의 휴식이야.)

All she did was take a nap.(그녀가 한 것이라곤 낮잠 잔 것뿐이야.)

Adages

Attack is the best form of defence.(공격이 최상의 방어이다.)
1775년 W. H. Drayton이 처음 한 말로서 공격을 받는 것보다 공격을 하는 것이 더 낫다는 의미로 사용하였다.

A bad excuse is better than none.
(궁색한 변명이라도 하지 않는 것보다는 낫다.)

You cannot get blood from a stone.(벼룩의 간을 빼 먹는다.)

Better be envied than pitied.(연민의 대상이 되는 것보다는 부러움의 대상이 낫다.)

Look before you leap.(심사숙고하라.)

Man cannot live by bread alone.(인간은 빵만으론 살 수 없다.)

Beggars can't be choosers.(찬 밥 더운 밥 가릴 계제가 아니다.)

Every Jack has his Jill.(짚신도 짝이 있다.)

Tell(Speak, Say) the truth and shame the devil. (과감히 진실을 말해라.)

Know thyself.(너 자신을 알라.)

Life begins at forty.(인생은 40부터.)

Call no man happy till he dies.(죽을 때까지는 아무도 행복하다고 할 수 없다.)

The darkest place is under the candlestick.(등잔 밑이 어둡다.)

Danger past, God forgotten.(개구리 올챙이 적 생각을 못한다.)

Honest money can go farther.(정직하게 번 돈이 오래 간다.)

Hunger is the best sauce.(시장이 반찬이다.)

Idleness is the root of all evil.(나태함이 모든 악의 근원이다.)

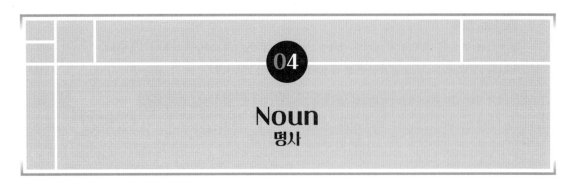

Noun
명사

정의	가시적 사물 또는 불가시적 개념, 감정, 의식 등을 가리키는 모든 단어	
종류	보통명사	가시적 사물 중 셀 수 있는 것
	추상명사	불가시적 개념
	집합명사 (군집명사)	여러 개가 모여 하나의 덩어리를 이룬 것 각각의 구성요소를 가리키면 군집명사가 됨
	물질명사	정해진 형태가 없고 다른 물질의 요소가 되는 명사
	고유명사	유일한 사람의 이름 또는 건물, 강, 바다 등의 명칭

1) 보통명사:

정의	셀 수 있는 사물을 가리킴
특징	정관사/부정관사 모두 사용 가능하고 복수로도 사용 가능

We have a lot of **books**.(우리는 많은 도서를 보유하고 있어.)

There is **a pen** on the table.(책상 위에 펜이 하나 있네.)

The pen on that table is mine.(저 책상 위에 있는 펜은 내 것이야.)

2) 집합명사:

정의	하나의 단위로 간주되는 같은 종류의 사람(또는 물건) 여러 명(개)이 모여 있는 것을 가리키는 명사
특징	정관사와 부정관사 사용 가능하며 복수형도 가능
	army, audience, band, choir, class, club, committee, community, company, council, crew, crowd, family, government, group, jury, management, orchestra, people, population, public, staff, team, union 등은 화자의 의도에 따라 단수 또는 복수가 됨
	개별적인 단위를 강조할 때는 군집명사로 간주하고 복수로 취급함

The committee is for the agenda.(위원회는 안건에 찬성이지.)

The committee are against the bill.(위원들은 법안에 반대하네)

My **family is** a big one.(우리 가족은 대가족이야.)

My **family have** arrived at the airport.(가족 모두 공항에 도착했어.)

※ 주의사항:

● 군집명사:

유형	특징	예
family형	구성원 각자를 가리키기 때문에 복수로 취급	audience, committee, family, people(사람들)
police형	특정 계층을 의미하기 때문에 정관사를 사용하고 복수로 취급	aristocracy, clergy, gentry, jury, police
cattle형	복수지만 구성원의 한계가 정확하지 않기 때문에 정사나 부정관사 사용 불가능	cattle, fish, poultry, vermin

3) 물질명사:

정의	다른 물건의 재료가 되거나 일정한 형태가 없는 사물을 가리키는 명사
특징	셀 수 없다고 인식하므로 부정관사 사용 불가하며 복수형도 없음
	반드시 세어야 할 경우에는 조수사(a cup of, a piece of 등)를 사용
	구체적 상품이나 종류를 가리킬 때는 보통명사로도 사용(이 때에는 부정관사 사용 가능하며 복수형도 가능)
	butter, coffee, milk, sugar, water, wood등은 불가산명사이나 보통명사로 간주되면 부정관사나 수사 사용 가능
	양을 나타내는 some/any로 수식 가능
	복수형으로 사용되면 의미가 변함
	특정한 종류나 다른 종류를 가리킬 때에는 가산명사가 됨

This table is made of **wood**.(책상은 목재로 만들어졌어.)

This tool is made of **steel**.(이 연장은 강철로 만들어졌지.)

This building is made of **stone**.(이 건물은 돌로 지어졌어.)

I'd like **two** espresso **coffees**.(에스프레소 커피 두 잔 주세요.)

※ 주의사항:

● 물질명사가 보통명사로 쓰이기도 한다.

a coffee: 커피 한 잔.

Two coffees, please: 커피 두 잔 주세요.

a beer 또는 a mug of beer: 맥주 한잔.
some coffee/some milk: 약간의 커피/약간의 우유.

sands: 사막,   waters: 바다

● 물질명사 세는 단위

a glass of water	a carton of milk(juice)	a piece of chalk
a cup of tea	a loaf of bread	a cup of coffee
a pound of meat	a bar of soap	a clap of thunder
a tin of paint	a bottle of water	a box of cereal
a jar of jam	a kilo of cheese	a pound of butter
a piece of wood	a sheet of paper	a flash of lightning

● 단/복수에 따른 물질명사의 의미 변화

an apple: 사과 한 알	apple: 사과라는 재료
a glass: 유리잔	glass: 유리
a hair: 한 올	hair: 머리카락
an iron: 다리미	iron: 철
lights: 전등	light: 빛
a paper: 신문	paper: 종이
a potato: 감자 한 개(개별적으로 취급)	potato: 감자라는 재료
a stone: 돌멩이	stone: 석재

4) 추상명사:

정의	보거나 만질 수 없는 개념을 가리키는 명사
특징	셀 수 없고 복수형도 없음
	개별화된 사람이나 일 등을 가리킬 때는 보통명사로 사용됨
	advice, information, news 등은 눈에 보이지 않는 관념을 가리키는 추상명사로서 부정관사나 수사를 사용할 수 없지만 양으로 취급하는 some/any는 사용가능
	이런 명사를 반드시 세어야 할 때에는 a piece of, a bit of, an item of 등의 조수사를 사용

Love for love is meaningless.(사랑을 위한 사랑은 무의미해.)

Death is unavoidable.(죽음은 피할 수 없는 것이지.)

I will accept his **invitation** for the farewell party.
(그의 송별회 초대를 수락할 거야.)

She was **a beauty** while (she was) attending high school.
(그녀는 고등학교 시절에 미인이었어.)

※ 주의사항:

◉ **추상명사가 형용사의 수식을 받으면 부정관사를 사용한다.**

an excellent knowledge of German(탁월한 독일어 실력)
a good education(훌륭한 교육)
a love of music(음악 애호)

◉ **추상명사의 특별용법**

all+추상명사 = 추상명사+itself = very+형용사
I am **all happiness**.(매우 행복해.)
I am **happiness itself**.
I am **very happy**.

◉ **of + 추상명사 = 형용사구**

Even a small amount of money is **of** much **use** when we are hard up.[=useful]
(어려울 때는 약간의 돈이라도 큰 도움이 되지.)

◉ **with + 추상명사 = 부사구**

They treated me **with generosity**.[= generously](그들은 나를 관대하게 대했어.)

5) 고유명사:

정의	특정한 사람이나 장소, 건물, 작품 등을 가리키는 명사
특징	셀 수 없고 고유함을 나타내기 위해 첫 번째 철자를 대문자로 표기
	같은 종류의 사람, 작품이나 제품을 가리킬 때는 보통명사로 간주

Reykjavik is the capital of Iceland. (레이캬비크는 아이슬란드의 수도이다.)

He has already become **a Shakespeare** in the U.S.A.

(그는 이미 미국의 셰익스피어와 같은 대 문호가 되었어.)

I will buy **a Hyundai**.(현대자동차 한 대를 구입할 거야.)

She has **a Picasso**.(그녀는 피카소가 그린 그림 한 점을 소장하고 있지.)

6) 명사의 전용(품사변화)

A) 형용사로 전용

> 두 개의 명사가 연속으로 사용될 때 앞의 명사가 뒤의 명사를 수식하는 형용사 기능을 수행하기도 함. 이 때 앞의 명사는 단수로 표기. 중간에 하이픈 사용 가능하지만 안전한 표기법은 띄어 쓰는 것

> 수사와 명사가 결합하여 다른 명사를 수식하는 형용사 기능을 수행할 때는 수사의 단수/복수에 관계없이 수사 바로 뒤의 명사는 단수로 표기하고 하이픈(-) 사용

a book store, a birthday party, a taxi driver, street lights

Her dream is to run **a book store** in the future.
(그녀의 꿈은 장차 서점을 운영하는 것이야.)

a two-pound coin   two two-pound coins

Mother gave me **a ten-dollar bill/two ten-dollar bills**.
(어머니께서 내게 10달러 지폐를 한 장 주셨어/두 장 주셨어.)

※ 주의사항:

● 다음과 같은 복합어의 경우 "s"의 존재에 유의해야 한다.
  a sports club(스포츠 클럽), a goods train(화물 열차),
  a clothes brush(옷 솔), a sales conference(판매 회의)

● 동명사를 사용한 결합
  sleeping bag(침낭), sleeping train(침대칸),
  waiting room(대기실), washing machine(세탁기)

B) 부사로 전용

This pond is 20 **meters** deep.(이 연못은 깊이가 20 미터야.)

That building is 25 **meters** high.(저 건물은 높이가 25 미터지.)

This river is 200 **meters** wide.(이 강은 폭이 200 미터야.)

This pendulum is 50 **kilograms** weighty.(이 시계추는 무게가 50 킬로그람이야.) 또는

This pendulum is 50 **kilograms** weight heavy.도 가능

하지만 weighty는 실질적인 무게보다 추상적 무게를 가리키는 표현이다.

 It is a weighty problem.(그건 중대한 문제야.)

따라서 무게의 경우 다음과 같은 표현이 더 자연스럽다.

This pendulum weighs 50 kilograms. 또는

The pendulum is 50 kilograms in weight.

※ 주의사항:

● **다른 품사가 명사로 사용되는 경우**

the + 형용사 = 명사(단수 또는 복수)

The accused kept silent in the court.**[단수명사]**(피고는 법정에서 침묵을 지켰어.)

The poor are not always unhappy.**[복수명사]**(가난한 이들이 늘 불행한 것은 아니야.)

7) 명사의 수

보통명사와 집합명사는 가산명사라서 부정관사 사용 가능하고 복수형 가능
추상명사, 고유명사 그리고 물질명사는 불가산 명사라서 원칙적으로 부정관사 사용이 불가능하며 복수형도 없음.

A) 복수형 만드는 법

방법	용례	예외
--s 첨가: 일반적 원칙	table --> tables pear --> pears phone --> phones	
--es 첨가: 마지막 발음이 치찰음(s계열 발음)이거나 [자음+o]인 명사	dish --> dishes fox --> foxes church --> churches potato --> potatoes	piano --> pianos
--ies로 변환: [자음+y]인 명사	party --> parties puppy --> puppies	
--ves로 변환: --f나 --fe로 끝나는 명사	calf, half, knife, leaf, life, loaf, self, thief, wife	roof --> roofs safe --> safes

B) 복수형만 존재하는 명사: s로 끝나고 복수로 취급

> arms, belongings, clothes, congratulations, contents, customs, earnings, glasses, gloves, goods, outskirts, pants, remains, riches, scissors, surroundings, thanks, troops, trousers, valuables

The goods are necessary for the preservation of some foods.

(이 제품은 몇몇 음식의 보존에 필요해.)

The contents of this book **are** various.(이 책의 내용은 다양해.)

C) 단수로만 사용되는 명사

> accommodation, baggage(luggage), behavior, equipment, fun, furniture, homework, housework, litter, luck, progress, rubbish, scenery, traffic, travel, weather, work

※ 주의사항

의미가 유사한 명사의 수량명사 비교표

jobs	work(하지만 works는 공장)
a journey	travel(a travel bag 같은 표현은 가능)
chairs, desks	furniture
a room	accommodation
bags, suitcases	baggage(luggage)

D) 단수형과 복수형의 의미가 다른 명사

단수형	복수형	단수형	복수형
advice(충고)	advices(통지)	air(공기)	airs(자세, 태도)
color(색깔)	colors(깃발)	custom(습관)	customs(세관)
damage(피해)	damages(배상)	effect(효과)	effects(이삿짐)
pain(고통)	pains(수고)	manner(방식)	manners(예절)
quarter(1/4)	quarters(숙소)	sand(모래)	sands(사막)
saving(절약)	savings(저축)	water(물)	waters(강)

The patient has had much **pain** in the stomach.

(환자는 복부에 심한 통증을 느껴 왔어.)

I have taken great **pains** to get what I wanted.

(내가 원하는 것을 획득하기 위해 많은 수고를 아끼지 않았어.)

E) 복수형이지만 단수로 취급하는 명사

> athletics, billiards, darts, economics, gymnastics, measles, news, physics, politics(다른 학문명도 동일)

The **news** of the accidents has surprised a lot of people.
(사고 소식으로 많은 이들이 놀랐어.)

Measles is not an incurable disease.(홍역은 불치병이 아니야.)

F) 단수와 복수형이 동일한 명사

> corps, crossroads, deer, dish, means, salmon, sheep, species, trout

G) 동일한 두 부분이 합쳐진 사물

특징	복수로 취급하고 복수 동사를 받음
	부정관사를 사용할 수 없고 셀 때는 pair of를 사용
용례	binoculars, glasses, jeans, pajamas, scissors, shorts, tights, trousers

The **jeans** become her very well.(청바지가 그녀에게 아주 잘 어울려.)

Can I buy **two pairs of** scissors?(가위 두 개 살 수 있을까요?)

H) 불규칙복수형을 지니는 명사

단수	복수	단수	복수
child	children	crisis	crises
foot	feet	fungus	fungi
goose	geese	man	men
medium	media	mouse	mice
oasis	oases	ox	oxen
penny	pence	phenomenon	phenomena
tooth	teeth	woman	women

Grammar Set Free

35

● 기타 주의해야 할 명사의 수 표현

▲ 단수 표현인데 복수 동사를 받는 표현:

a number of, the majority of, a couple of, a group of,

a lot of + 복수명사/대명사, the rest of +복수명사/대명사

▲ 복수표현인데 단수 동사를 받는 표현:

하나로 인정되는 복수 명사; 복수 국가명; one of 복수명사;

more than one + 단수명사("more than one of 복수명사"는 복수동사로 받음);

단수명사와 and 가 쓰인 복합명사,

Fifty dollars is too much for me to pay.(50달러는 내가 내기에 너무 많아.)

Just **two weeks was**n't enough holiday for my family.

(고작 2주는 우리 가족에게 충분한 휴일이 아니었어.)

The United States is smaller than Russia.(미국은 러시아보다 작아.)

Fish and chips costs only 3 dollars in this cafeteria.

(생선과 감자튀김은 이 식당에서 겨우 3달러야.)

More than one juror disagrees.(배심원 1명 이상이 반대하네.)

One of your students **has** lost a laptop computer.

(너의 학생 중 한 명이 노트북 컴퓨터를 분실했어.)

● more than one 의 경우

more than one은 어떻게 사용되는가에 따라 단수/복수 모두 가능하다. 단수 명사를 수식할 때(More than one person is present.)는 단수 동사를 사용한다. 하지만 전치사 of와 복수명사가 따라올 때에는 복수 명사를 사용(More than one of the people are present.)한다. more than one 단독으로 사용될 때에는 화자가 강조하고자 하는 것이 oneness 인지 more than oneness 인지에 따라 단수와 복수 모두 가능하다. "몇 명이 가는가?" 하고 누군가 묻는다면 More than one is too many. (oneness를 강조.) 또는 More than one are going.(more-than-oneness 강조.) 이라고 답할 수 있다.

8) 명사의 격

종류	정의 및 용례
주격	주어, 주격 보어, 호격(부를 때), 동격에 사용
목적격	동사와 전치사의 목적어와 목적보어, 목적어의 동격에 사용
소유격	소유관계를 가리킬 때 사용

A) 소유격의 형태

종류	적용 예
['s]	사람, 기관, 국가, 동물 그리고 시간의 양이 소유의 주체일 때, 또는 의인화된 표현; 무생물이라도 [시간, 거리, 가격, 중량]을 가리킬 때는 ['s]를 사용
[']	s로 끝나는 복수명사
of	무생물의 소유격; 긴 구문이 사용될 경우 사람이라도 of를 사용

This is a **gentleman's** suit.(이것은 신사용 양복이야.)

She still can't remember the address of her house.
(그녀는 아직도 자기 집의 주소를 기억을 못해.)

the sign **of one of the stores in the neighborhood**
(*NOT* one of the stores in the neighborhood's sign)

the money **of those people we helped abroad**
(*NOT* those people we helped abroad's money)

My college is **thirty minutes'** drive from my house.
【My college is a thirty minute drive from my house.라고도 표현함.】
(내가 다니는 대학은 집에서 차를 타고 30분 거리에 있어.)

today's newspaper(오늘의 신문)
yesterday's enemy(어제의 적)
ten minutes' walk(걸어서 10분)

B) 신체 일부는 소유격으로 표현

She broke **her arm** skiing.(*NOT* ~~broke the arm~~)
(그녀가 스키를 타다 팔이 부러졌어.)

C) 소유자가 이미 언급된 상황에서 보편적인 고통, 질병, 신체접촉을 표현할 때 전치사와 함께 쓰인 표현에서는 소유격 대신 the를 사용

He's got a pain **in the chest**.(그는 흉통을 느꼈어.)
She hit me **on the head**.(그녀가 내 머리를 때렸지.)
I looked him **in the eye**.(나는 그의 눈을 바라보았어.)

D) 장소와 단체의 경우 위의 두 가지 표기법 모두 사용 가능

Seoul's palaces(서울의 궁궐들)

the palaces of Seoul

the moon's orbit(달의 궤도)

the orbit of the moon

the school's main gate(학교의 정문)

the main gate of the school

the parliament's bill(의회의 법안)

the bill of the parliament

※ 주의사항:

● own[형용사, 대명사, 동사]의 용법: own은 소유형용사와 명사 사이에 쓰여서 소유상태를 강조하기도 하고 소유형용사 뒤에 홀로 쓰이기도 함

Jane has bought **her own laptop computer**. She doesn't have to go to the computer room.
(Jane은 그녀 자신의 노트북 컴퓨터를 샀어. 그녀는 컴퓨터실에 가지 않아도 되네.)

He has purchased a book **of his own**. He doesn't have to borrow a reference book.
(그는 자신만의 책을 구입했어. 그는 참고서를 빌릴 필요가 없어.)

9) 이중소유격

소유형용사의 수식을 받는 명사는 a(an), the, this, that, some, any, another, which, several, no 와 같은 다른 한정사(determiner)에 의해 수식을 받을 수 없음
즉, 한정사는 소유형용사의 앞이나 뒤에 붙여서 사용할 수 없음
이 때 해결책으로 사용하는 것이 이중소유격

A) 예시

사용 불가능	사용 불가능	해결책(이중소유격)
my a book	**a my** book	a book **of mine**
his that umbrella	**that his** umbrella	that umbrella **of his**
our any money	**any our** money	any money **of ours**; any **of our** money도 가능

On my way home, I met **my a** friend.(非文)

On my way home, I met a friend **of mine**.

At the party, she shook hands with some **of Henry's** friends. 또는

At the party, she shook hands with some friends **of Henry's**.

B) 이중소유격의 어순: [한정사+명사+of+소유대명사]

She has given me **several**[한정사] **books**[명사] **of hers**[소유대명사].

(그녀는 자기가 가지고 있는 책들 중에 몇 권을 나에게 주었어.)

He gave me a portrait of his father.

(그의 아버님을 그린 초상화 한 점을 그가 내게 주었어.)--소유격 상황이 아님

He gave me a portrait of **his father's**.

(그의 아버님이 소장하고 있는 초상화 한 점을 그가 내게 주었어.)

※ 주의사항:

● 한정사(determiner) 와 of의 관계

다음과 같은 한정사(determiner) 즉 some, any, much, many, more, most, too much, enough, little, less, least, few, all, both, each, every one, none, 그리고 수사 등은 관사, 소유격, 지시형용사, 그리고 대명사 앞에 of를 취한다.

some **of the** 명사,   some **of it**,   some **of us**,   some **of your** 명사,

some **of the** older people,   none **of it**,

most **of my** friends,   every one **of us**

◉ 하지만 다른 경우에는 determiner를 of 없이 사용한다.

some **strange ideas**,   a **little water**,   most **people**,   few **changes**,

most people[people in general]   most of the people[particular people]

◉ all/both 뒤에는 of를 생략한다.

all **(of)** my friends   both **(of)** his eyes

Adages

Bad money drives out good.(악화가 양화를 구축한다.) 굴러 온 돌이 박힌 돌 뺀다.
흔히 Gresham's Law라고 알려진 말이지만 실제 Sir Thomas Gresham(c 1519-1579)이
위 표현을 사용했다는 증거는 없다고 한다.
※ c = circa의 약자로서 大略(대략)이라는 의미.

Bad news travels fast.(나쁜 소식은 빨리 퍼진다.)
A bad workman blames his tools.(실력 없는 기술자는 자신의 연장 탓을 한다.)
A liar ought to have a good memory.(거짓말쟁이는 기억력이 좋아야 한다.)
It is better to have loved and lost than never have loved at all.
(전혀 사랑하지 않은 것보다 사랑해 보고 실연을 하는 게 낫다.)
Better to wear out than to rust out.(썩혀서 못 쓰느니 닳더라도 쓰는 게 낫다.)
(나이 들었다고 무기력하게 가만히 있는 것보다 뭐라도 하는 게 낫다.)
Big fish eat little fish.(약육강식)
If it were not for hope, the heart would break.(희망이 없으면 마음이 아픈 법.)
One hour's sleep before midnight is worth two after.
(자정 전 1시간의 수면이 그 후의 2시간 가치가 나간다.)[일찍 자고 일찍 일어나라.]
Hope deferred makes the heart sick.(지연된 희망은 마음을 아프게 한다.)

Pronoun
대명사

정의	명사 대신 사용되는 단어		
기능	명사와 마찬가지로 주어, 목적어, 보어 등으로 사용.		
종류	인칭대명사 (소유대명사, 재귀대명사 포함)	화자나 상대방, 제 3자를 가리킴	I, me, mine, we, ours, you, yours, myself, he, she, they, them 등
	지시대명사	사람/사물 또는 문장 내용 일부를 가리키는 대명사	this, that, it 등
	의문대명사	직접 또는 간접 의문문에 사용되는 대명사	who, whom, what, which 등
	부정대명사	사람 또는 사물의 한계를 두지 않고 막연하게 가리키는 대명사	some, any, all, another 등
	관계대명사	접속사와 대명사의 역할을 동시에 수행. 두 문장을 이어주는 접속사의 역할을 수행함과 동시에 주어, 목적어, 또는 보어로도 사용되는 대명사	who, which, what, that 등

1) 인칭대명사

1, 2, 3인칭으로 구분
격변화에 따라 주격, 소유격, 목적격, 소유대명사로 구분
1인칭: "나", 2인칭: "당신", 3인칭: 기타 사람, 사물, 개념 모두

A) 인칭대명사의 수 및 격변화

인칭	주격	목적격	소유격	소유대명사	재귀대명사
1인칭단수	I	me	my	mine	myself
1인칭복수	we	us	our	ours	ourselves
2인칭단수	you	you	your	yours	yourself
2인칭복수	you	you	your	yours	yourselves
3인칭단수(남성)	he	him	his	his	himself
3인칭단수(여성)	she	her	her	hers	herself
3인칭단수(사물)	it	it	its	x	itself
3인칭복수	they	them	their	theirs	themselves

I make it a rule to get up early in the morning.

(아침에 일찍 일어나는 것이 규칙이야.)

Your success will be a good guide for the junior students.

(자네의 성공이 후학들에게 좋은 귀감이 될 거야.)

People have **their** own ways of life.

(사람들은 자기 자신의 생활 방식이 있어.)

B) 중요한 인칭대명사의 용법

a 남녀 구분 불가할 때는 they/them을 사용.

If **anyone** calls, ask **them** to leave a message. (누가 전화하면 전언을 남기라고 해라.)

b 단독으로 쓰이거나 be 동사 뒤에 올 때는 me를 사용.

Who broke the window?　　**Me.**/Sorry, it was **me**.

(누가 창문을 깼나?)　　　　(저요./죄송합니다, 전데요.)

Who broke the window?　　**I did.**

(누가 창문을 깼나)　　　　(제가 깼습니다.)

c one[수사, 한정사, 대명사] vs. you[대명사]

【vs. = versus의 약자로서 v. 로 표기하기도 하며 비교할 때 대(對)의 의미로 쓰인다.】

화자와 청자를 포함한 일반인을 나타냄
one은 문어체; you는 구어체
제 3자(당국자, 정부)는 구어체는 they를 사용
문어체에서는 문장 자체를 수동태로 표현

You should do your best to succeed. (성공하려면 최선을 다해야 해.)

One should do one's best to succeed. (성공하려면 최선을 다해야 합니다.)

They say that too much food intake is not good for us.

(지나친 음식물 섭취는 좋지 않다고 해.)

They announced a plan to construct a new railway.

(정부에서 새로운 철도 부설 계획을 발표했어.)

A plan **was announced** to construct a new railway.[문어체]

(새로운 철도 부설 계획이 발표되었습니다.)

※ 주의사항:

◉ 일반인을 가리키는 일반주어 we, you, they

We have many dry days in winter.
(겨울에는 건조한 날이 많아.)

You should abide by school regulations.
(학교의 규정을 준수해야 해.)

They say that you are quite handsome.
(네가 꽤 미남이라고들 하던데.)

C) 재귀대명사

정의		주어, 목적어, 보어로 사용되는 명사나 대명사 뒤에 사용되는 동격어
기능	재귀적 용법	주어의 행위가 주어 자신에게 되돌아옴 (동사나 전치사 목적어로서)
	강조적 용법	"직접, 손수" 어떤 행위를 한 것을 가리킴

Many of us **hurt ourselve**s while playing basketball.[재귀적 용법]

(우리들 중 상당수가 농구를 하다가 다쳤지.)

Some patients **kill themselves** in desperation.[재귀적 용법]

(몇몇 환자들은 절망에 빠져 자살을 해.)

We edited the anthology **ourselves**.[강조적 용법](우리 자신이 문학선집을 편집했어.)

[문장의 끝에 올 때에는 읽을 때 self(selves)] 부분을 강하게 읽는다.

She **herself** did slap him on the cheek.[강조적 용법]

(그녀가 직접 그 남자의 뺨을 때렸지.)

🄰 재귀대명사의 관용적 용법

He packed all the effects **by himself**.(그는 **혼자** 이삿짐을 꾸렸어.)

We should do the work **for ourselves**.(우리는 **스스로의 힘으로** 그 일을 해야 해.)

The wall collapsed **of itself**.(벽이 **저절로** 무너졌어.)

Nothing is evil **in itself**.(**본질적으로** 악한 것은 아무 것도 없어.)

🄱 주의해야 할 재귀대명사의 용법

● 재귀대명사는 주어 자신을 가리키기에 다른 인칭대명사와 다르다.

When a policeman came close, the robber stabbed **him**.
  (경찰이 다가오자 강도는 경찰을 찔렀어.)(him = a policeman)

When a policeman came close, the robber stabbed **himself**.
  (경찰이가 다가오자 강도는 **자기 자신을** 찔렀어.)(himself = the robber)

● 전치사 뒤에 재귀대명사를 사용할 수도 있지만 **장소를 의미하는 전치사 뒤에는 인칭대명사를 사용**해야 한다.

The students are mature enough to look **after** themselves.
  (학생들은 스스로를 관리할 만큼 성숙해.)

She doesn't have much money **with** her.[*NOT* ~~herself~~]
  (그녀는 수중에 돈이 별로 없어.)

In the classroom, he is seated **beside** me.[*NOT* ~~myself~~]
  (강의실에서 그는 내 옆에 앉아.)

● 재귀대명사가 사용된 숙어

enjoy oneself = 즐기다.　　　behave oneself = 처신을 잘하다.

help oneself = 충분히 먹다.　　make oneself at home = 편안하게 지내다.

● 재귀대명사와 함께 쓰일 수 없는 동사

afford, approach, complain, concentrate, decide, dress, feel+형용사, get up, hurry, lie down, meet, remember, relax, rest, shave, sit down, stand up, wake up, wash, wonder, worry

You should **hurry**, or you'll miss the train.(서둘러, 아니면 기차 놓쳐.)
[*NOT* ~~You should hurry yourself...~~]

Shall we **meet** at the park?(*NOT* ~~Shall we meet ourselves...?~~)(공원에서 만날까?)

※ 주의사항:

● change(clothes), dress, wash같은 동사는 재귀대명사와 함께 쓰이지 않지만 어려운 행위임을 암시할 때는 함께 쓰인다.
Mom **washed**[*NOT* ~~washed herself~~] and **changed**[*NOT* ~~changed herself~~] whenever she went out. (엄마는 외출할 때마다 씻고 옷을 갈아입었어.)

The veteran was wounded during the war, but he can **dress himself**.
(그 퇴역 군인은 전쟁 중 부상을 당했지만 스스로 옷을 입을 수 있어.)

Though suffering from autism, he can **wash himself**.
(자폐증을 앓고 있지만 그는 스스로 씻을 수 있어.)

D) 소유대명사

성분	소유형용사 + 명사
기능	동일한 명사의 반복을 피하거나 이중소유격을 만들 때 사용

The computer my parents are selling is **mine**.[= my computer]
(부모님께서 판매하시는 컴퓨터는 내 것이야.)

I met **a friend of mine** on my way to the post office.[= one of my friends]
(우체국에 가는 길에 친구를 만났어.)

2) 지시대명사

> 앞에 언급된 명사 또는 문장(일부/전부)의 반복을 피하기 위해 사용

A) this[한정사, 대명사, 부사] vs. that[한정사, 대명사, 부사, 접속사]

ⓐ 화자가 처해 있는 장소와 상황을 가리키는 this[that은 사용 불가.]

We had a good time in **this** house. (이 집에서 행복했지.)

This meeting attracts a lot of people every time.
(이 모임은 매번 많은 사람을 끌어 모으지.)

ⓑ 사람을 소개할 때는 this; 사람을 규정할 때는 that 사용.

Mom, **this** is my fiancé.(엄마 이 사람이 내 약혼남이야.)
That's my colleague Henry over there.(저기 있는 저 사람이 내 동료 헨리야.)

ⓒ 전화 통화에서 자신을 밝힐 때 this; 상대방이 누구인가를 물을 때 this 또는 that.

Hello? **This** is Jeanne speaking.(여보세요? 저 지안인데요.)
Who's **this/that**, please?(누구시죠?)

ⓓ 가까운 시간은 this/these[한정사, 대명사],

멀리 있는 시간은 that/those[한정사, 대명사].

this spring 이번 봄,　**these** days 요즈음
that autumn 그 가을,　**those** days 그 당시

ⓔ 방금 발생했거나 언급된 것을 가리킬 때는 that[한정사, 대명사, 부사. 접속사]

I am hungry.(배가 고프네.)
That's why I came home early.(배가 고파서 집에 일찍 왔어.)
[that = I am hungry.]

ⓕ 향후 발생할 것이나 말하고자 하는 것을 미리 언급할 때 this.

This next project will be quite lucrative.(이 다음 사업은 꽤 수익이 될 거야.)

I don't want to tell you **this**, but I will leave you for good.

　(이런 말 너한테 하기는 싫지만 난 너한테서 영원히 떠날 거야.)

g 전자와 후자를 가리킬 때: that[한정사, 대명사, 부사. 접속사]이 전자, this[한정사, 대명사, 부사]가 후자.

Money and health are necessary in our lives. But **this(=health)** is more important than **that(=money)**.

(돈과 건강이 우리 삶에 필요하지. 하지만 후자[건강]가 전자[돈]보다 더 중요해.)

[전자 - 후자]는 [the former - the latter], 또는 [the one - the other]로도 표현.

h this[한정사, 대명사, 부사]와 that[한정사, 대명사, 부사. 접속사]은 부사, 대명사로도 쓰이고 특히 that은 관계대명사로도 쓰인다.

I was surprised to hear that you have come **this** far.

(네가 **이렇게나** 멀리 왔다는 것을 듣고 놀랐었어.)

I'm too weak to run **that** far.(나는 너무 허약해서 **그렇게** 멀리 달리지 못해.)

This is the book I have been looking for.(**이것**이 내가 찾던 책이야.)

That is the book I have bought for her.(**저것**이 내가 그녀에게 사 준 책이야.)

The climate of Korea is different from **that** of Japan.

(한국의 기후와 일본의 기후는 다르다.)

[수식어귀로 한정된 명사 대신 사용되는 대명사는 that이 유일하다.]

There is no rule that has no exception.(예외 없는 규칙은 없지.)

(선행사를 부정 표현이 수식할 때 관계대명사는 that을 사용한다.)

다음 표현도 같은 의미:

There is no rule without exception.　There is no rule but has some exception(s).

B) so[부사, 접속사] vs. not[부사]

[대명사는 아니지만 대명사와 유사하게 사용됨. 문법 용어를 알고 용어의 용례에 맞게 사용하는 것이 정도이나 실생활에서의 사용 현황은 다르니 문법 용어에 크게 구애를 받을 필요는 없다.]

so	앞에 언급(암시)된 긍정 문장의 일부를 다시 언급할 때 사용함 be afraid, believe, call, do, expect, guess, hear, hope, imagine, say, speak, suppose, tell, think 등의 동사(구)의 목적어 또는 보어 대신으로 "그렇게, 그처럼"의 의미로 사용. 그러나 분명한 인식을 나타내는 know와 be sure 뒤에는 사용 불가능함
not	앞에 언급(암시)된 부정 문장의 일부를 다시 언급할 때

Do you think he will come?(그가 올 거라고 생각하니?)

I think **so**.(그럴 것이라 생각해.)[so = he will come.]

I think **not**.(그러지 않을 거라 생각해.)[not = he will not come.]

I think so.는 I think that he will come. 의 의미.

I think not.은 I think that he will not come. 의 의미.

Will he come back in time?(그가 시간 안에 올까?)

I think so.[I think he will come back in time.](**그럴 거라**고 생각해.)

Will he come?(그가 올까?)

I am afraid **not**.[I am afraid he will not come.](**오지 않을 것** 같아.)

Please, hurry up. We might be late for the meeting.(좀 서둘러. 모임에 늦겠어.)

I hope **not**.[I hope we might not be late for the meeting.](**그렇지 않기를** 바래.)

Are you ill? (아프니?)

Not at all.[**I am not ill** at all.](전혀 **아니야**.)

Is she a teacher?(그 여자 선생님인가?)

Perhaps **not**.[Perhaps **she is not a teacher**.](아마 **아닐 거야**.)

※ 주의사항:

● **부정문의 경우:** "I don't + 동사 + so" 와 "I + 동사 + not" 구문이 가능.

expect 와 think의 경우 "부정문 + so" 구문을 주로 사용.

be afraid, hope, guess의 경우 "긍정문 + not" 구문을 주로 사용.

believe 와 suppose의 경우 두 가지 구문 모두 사용.

▲ Is he coming?(그가 올까?)

I **don't think so**.(그러리라고 생각하지 않아.)

Are you going to the party?(파티에 갈 거니?)

I **don't expect so**.(그러리라고 기대하지 않아.)

▲ Is he coming?(그가 올까?)   I **hope not** (그러지 않기를 희망해.)

Are you going to the party?(파티에 갈거니?)

I'**m afraid not**.(그러지 못할 것 같아.)

[또는 I guess not. or I hope not.]

▲ Will there be a lot of people at the conference?(회의에 많은 사람들이 올까?)

I **don't believe so**.(그러리라고 믿지 않아.)

또는 I **believe not**. (그렇지 않으리라 믿어.)

I **don't suppose so**.(그러리라고 생각하지 않아.) 또는

I **suppose not**.(그렇지 않으리라 생각해.)

C) 다양한 용법을 지닌 it[대명사]: 비인칭 주어, 가주어, 가목적어, 강조용법

ⓐ 대명사로서 사물, 행위, 상황, 또는 생각 등을 의미.

I've bought a new car.(차를 새로 샀어.)

It is really nice.[it = the car](차 정말 좋아.)

Car racing is a sport full of thrill, isn't **it**? [it = car racing]
(자동차 경주는 짜릿한 스포츠 아닐까?)

Why **on earth** are we waiting outside the building?
(**도대체** 왜 건물 밖에서 기다리는 거야?)

It's ridiculous.[it = waiting outside the building](말이 안 돼.)

I think of astrology as unreal. What do you think of **it**?[it = astrology]
(내 생각에 점성술은 비현실적이야. 그것에 대해 어떻게 생각해?)

ⓑ 모르는 사람을 가리킬 때.

There's someone ringing the doorbell. Who is **it**?[it = somebody unknown]
(누군가 초인종을 누르네. 누구세요?)

⒞ 시간, 날씨, 거리, 상황 등을 가리키는 비인칭 주어.

It's cold today.(오늘 춥다.)
It's 10 past noon.(12시 10분이야.)
It's twenty kilometers from here to the nearest hospital. (이 곳에서 가장 가까운 병원까지 20킬로미터야.)
It has been raining for three days.(사흘간 비가 오고 있네.)
It is midnight already.(벌써 자정이네.)
It is quite cold and dark outside.(밖은 꽤 춥고 어두워.)
It is Saturday today.(오늘은 토요일이야.)
It is all over with him.(그는 끝났어.)
It is a two-hour drive to the school from his home. (걔네 집에서 학교까지 운전해서 2시간 걸려.)
It is just one hundred meters from the bus stop to the botanical garden. (버스 정거장에서 식물원까지 겨우 100미터 거리야.)

⒟ 가주어 또는 가목적어로 사용. 이 때 진주어는 부정사, 동명사, 분사, 명사절 또는 명사구가 사용됨.

It is desirable **to get** together tonight for the party. (오늘밤 파티를 위해 모여야 해.)

It's necessary **that** you should help her with her house chore.
(네가 그녀 집안 일을 좀 도와줄 필요가 있어.)

It is hard **to** conquer the English language.(영어 정복은 어려워.)

They think **it** unlikely for me **to** get married to her.
 (내가 그녀와 결혼하기는 어렵다고들 생각해.)

It is necessary **that** we go there at once.(얼른 그 곳에 가야 해.)

⒠ 강조구문의 it.(동사 강조는 대동사 do를 사용)

다음 문장의 각 부분(동사 제외)을 예문과 같이 강조할 수 있다.
She sent me a letter three days ago.(사흘 전에 그녀가 내게 편지를 보냈어.)

It was she **that(who)** sent me a letter three days ago.[주어 강조]
(3일 전에 내게 편지를 보낸 사람은 그녀였다.)

It was me **that** she sent a letter to three days ago.[간접목적어 강조]

(3일 전에 그녀가 편지를 보낸 사람은 나였다.)

It was a letter **that** she sent me three days ago.[직접목적어 강조]

(3일 전에 그녀가 내게 보낸 것은 편지였다.)

It was three days ago **that**(=**when**) she sent me a letter.[부사어구 강조]

(그녀가 내게 편지를 보낸 것은 3일 전이었다.)

She **did** send me a letter three days ago.[동사 강조]

(그녀는 내게 3일 전에 분명히 편지를 보냈다.)

3) 의문대명사

종류	who, whom(격식을 차릴 때만 사용), what, which
기능	의문문에 사용됨

Who are you?(누구시죠?)

Whom is she thinking of?(그녀는 누구를 생각하고 있습니까?)

What do you think of it?(어떻게 생각해?)

What brought you here?(무슨 일로 오셨습니까?)

Which of the books on the table is yours?(책상 위 책들 중 어느 책이 네 꺼니?)

※ 주의사항: 간접의문문

● 의문문이 다른 문장의 일부로 사용될 때 간접의문문을 사용함.

〈의문사가 사용된 의문문일 경우〉

▲ 평서문의 목적어일 때에는 [의문사+주어+동사] 어순 사용

▲ 의문문의 목적어일 때에는 두 가지 구문이 사용된다.

  • 주절 동사가 believe, imagine, suppose, guess, think일 때: 의문사가 문장의 앞에 위치[머리 철자만을 합쳐서 비스켓이라고 외운다.]

  • 기타 동사일 때: 의문사가 목적어 위치에 온다.

I know **who** you are.(당신이 누구인지 알아요.)

Do you know **whom** she is thinking of?(그녀가 누구 생각을 하는지 알아?)

Do you know **what** he does?(걔 직업이 뭔지 알아?)

What do you think he does?(걔 직업이 뭐라고 생각해?)

〈의문사가 없는 의문문일 경우〉

▲ if 또는 whether를 사용하여 연결하고 의문문의 어순을 평서문의 어순으로 한다.

He wants to know. 와 Is she dead?을 합치면

He wants to know if(whether) she is dead.이 되고

Do you know? 와 Is she dead?을 합치면

Do you know if(whether) she is dead? 이 된다.

4) 부정대명사

기능	수나 양의 범위가 불분명할 때 사용
종류	one, another, some, any, others, all 등

A) one[수사, 한정사, 대명사]

일반인 또는 사물 대용
소유격과 복수형 가능
가산명사 대용으로만 사용
형용사가 없으면 one과 a를 함께 사용하지 못함(e.g. a good one)
some/any는 ones 없이 사용.(e.g. I haven't got any.[*NOT* ~~any ones~~])
my one 대신 mine을 사용.(e.g. Which car shall we take? Mine.[*NOT* ~~My one~~])

One should obey **one's** parents.(부모님 말씀을 따라야 합니다.)

I have a black jacket and two red **ones**.(검은 상의 하나와 빨간 상의 두 개가 있어.)

I have brought several cups for you.(너 주려고 컵 몇 개 가져왔어.)

Oh, they are big **ones**. Actually, I wanted small **ones**.(어 큰 거네. 사실 작은 걸 원했거든요.)

🅐 one/ones 생략 가능: this, that, these, those, each, another, which, 그리고
최상급 형용사 뒤에 올 때.

I don't want to try these socks on. Show me those (*ones*) on the racks.
(이 양말을 신어보기 싫은데요. 선반에 있는 저걸 보여주세요.)

We have a lot of shawls over there. Which (*one*) would you like me to show you?
(저기 숄이 많이 있습니다. 어느 것을 보여 드릴까요?)

This problem is not the easiest (*one*) to solve.
(이 문제가 해결하기 제일 쉬운 것은 아니야.)

Those cups look good. What about this (*one*)?(저 컵들 좋아 보이네요. 이건 어때요?)

ⓑ one/ones를 생략 불가능: the 나 every 그리고 형용사 뒤에는 반드시 사용.

This book is not as interesting as the **one** I bought last week.
 (이 책은 지난주 구입한 책만큼 재미있지 않네.)

I tried every house in the neighborhood, but every **one** was empty.
(근처 모든 집을 가 봤지만 모두 비어있었어.)

I want to buy a bar of soap, please. A small **one**, please.
(비누 하나 사고 싶은데요. 조그만 거로 주세요.)

B) another[한정사, 대명사]

[one+other]의 의미
[또 하나], [또 다른 사람]의 의미
few 또는 수사와 함께 쓰면 복수명사가 올 수 있음

I don't like this one.(이것은 마음에 들지 않네요.)

Could you show me **another**?(다른 것 좀 보여주실래요?)

another few hours(a few more hours), another ten weeks(ten more weeks)

C) some[한정사, 대명사, 부사] vs. any[한정사, 대명사, 부사]

some	any
긍정문에 사용	부정문에 사용
권유하는 의미의 의문문에 사용. 긍정적 답변을 기대하는 의문문에 사용	대부분의 의문문에 사용
	if가 쓰인 가정문에 사용
	부정의 의미인 never, hardly, without, refuse, doubt 등과 함께.
	any의 의미는 it doesn't matter which(뭐라도 상관없다.)로서 부정문에서는 의미를 분명히 하기 위해 just any를 쓸 수도 있다.

I have **some** intimate friends.(가까운 친구가 몇 명 있어.)

Would you like **some** more beverage?(음료수 더 마실래?)

Do you have **some** money?(돈 좀 있지?)

Do you have **any** close friends?(친한 친구 있어?)

If I have **any** money, I'll lend you **some**.(돈이 있으면 빌려 주지.)

D) 수를 셀 경우: one, another, a third...the other, others, some, the others

	하나	또 하나	세 개째	나머지 다	수의 범위를 모를 때		
두 개일 때	one			the other	일부		나머지전부
세 개일 때	one	another		the other			
세 개일 때	one			the others	some		others
네 개일 때	one	another	a third	the other	일부	다른일부	나머지 전부
네 개일 때	one	another		the others			
다섯 개일 때	one	another		the others	some	others	still others
다섯 개일 때	one	another	a third	the others			

ⓐ 몇 개인지 모를 경우: 정관사 사용 불가.

one, another, a third...others 또는 some, others가 된다.

ⓑ others: other people이라는 의미로도 사용.

other: 복수명사 앞에서는 other; 홀로 쓰이면 others.

Do to **others** as you would be done by.(대접받고 싶은 대로 남들을 대하세요.)

Some people are for the bill; **others** are against it.
(어떤 사람들은 그 법안에 찬성하고 다른 사람들은 반대해.)

E) 기타 부정 대명사 및 유사어

ⓐ each[한정사, 대명사] vs. every[한정사]

each: 둘 이상일 때 [각각]이라는 의미. 단수 명사 앞에 오고 단수 동사가 쓰임.
     복수 주어의 뒤에 쓰이면 복수 동사를 사용함.
every: 셋 이상일 때 [전부]라는 의미. 항상 단수 동사가 쓰임.
each of, each one of, every one of 뒤에는 복수 명사가 오고 단수 동사가 따라옴.
Each student has been given **their**(his/her라는 표현은 형식적) own email account.
(학생 각각에게 이메일 주소가 배부되었지.)

Each person has his own life plan.(누구나 스스로의 삶의 계획이 있어.)

Every shareholder is present.(모든 주주가 참석해 있습니다.)

Carpenters **each** carry their own tools.(목수들은 제각각 연장을 가지고 다닌다.)

ⓑ either[한정사, 대명사, 부사] vs. neither[한정사, 대명사, 부사]

either: [둘 중 하나]라는 의미.

neither: [둘 다 아니다]라는 의미.

Either of us is right.(우리 중 한 명은 옳아.)

Neither of us is right.(우리 둘 다 틀렸어.)

ⓒ both[한정사, 대명사] vs. all[한정사, 대명사, 부사]

both는 [둘 다]라는 의미.

Both of my brothers are healthy.(형님 두 분 모두 건강하셔.)

Two of my brothers are healthy.(형님 중 두 분은 건강하셔.)

all: 군집명사나 집합명사 대용.
관계대명사의 수식을 받으면 everything 또는 the only thing 의 의미.

All that glitters **is** not gold.(반짝인다고 해서 모두 금은 아니지.)[집합명사]

I gave her **all** that I had.(그녀에게 내 모든 것을 다 주었어.) 【everything의 의미】

All (that) he wants is a place of his own.(그가 원하는 유일한 것은 자신의 집이야.)
【the only thing 의 의미】

They took **all that** belonged to the residents.
(그들은 주민들의 재산 모두를 앗아갔어.)

All are happy.(다들 행복해.)[군집명사]

All the people(or All of them) attended the party.(모든 이가 파티에 참석했어.)
【명사나 대명사와 함께 쓰이면 everybody의 의미.】

※ 주의사항:

● whole[형용사, 명사] vs. all[한정사, 대명사, 부사]

whole: 단수가산명사와 쓰임

all: 불가산명사 그리고 복수에 쓰임.

a whole plate, a whole concert, the whole orchestra,

all the milk, all the silk, all the music, all the musicians,

지명 앞: the whole of Asia,   all the Asia

시간명사 앞: the whole morning/night/week

　　　　　　　all (the) morning/night/week

　　　　　　　the whole day, all day; the whole time, all the time

　　　　　　　my whole life, all my life

ⅾ none[대명사, 부사]: [no+one]의 의미

가산명사 및 불가산명사 모두 사용.

None of the wine **is** good.(포도주 모두가 좋지 않다.)

None of us **is/are** weak.(우리 중 아무도 약하지 않다.)

[none of 뒤에 불가산 명사가 오면 동사는 단수, 가산명사가 오면 동사는

단/복수 모두 가능하지만 단수형은 격식을 차린 영국 영어에서만 사용된다.]

※ 주의사항:

● no[감탄사, 한정사, 부사, 명사] vs. not[부사] a(any)

no는 not a 또는 not any를 강조한 표현.

문장의 서두에는 거의 항상 no를 쓴다.

of 앞에는 no 가 아닌 none 을 쓴다.(주로 단수동사와 함께)

No man is perfect.(완벽한 사람은 아무도 없어.) → 강한 의미

Man is **not** perfect.(사람은 완벽하지 않아) → 일반적 의미

No guests ever come to our hotel.(우리 호텔에는 도무지 손님이 오지 않아.)

None of the applicants **has/have** shown up at the interview.

(지원자 가운데 아무도 면접에 응하지 않았어.)

F) one[수사, 한정사, 대명사], some[한정사, 대명사, 부사], any[한정사, 대명사, 부사], it[대명사], they[대명사] & them[대명사]

가산명사 중 불특정한 하나는 one

불특정한 여러 개는 some/any

특정한 하나는 it

특정한 여러 개는 they/them

I couldn't buy **a pen**, but I wanted **one**.

(펜 하나도 살 수가 없었는데 하나 사고 싶었어.)

I couldn't buy **any stamps**, but I needed **some**.

(우표를 전혀 살 수가 없었는데 좀 필요했어.)

I've found **my passport** in the drawer. **It** was hidden beneath a book.

(서랍에서 여권을 찾았어. 책 아래 숨겨 있었어.)

I've found **the books** in **the drawer**. It seems that I put **them** in **it**.

(서랍에서 책을 찾았어. 내가 서랍에 넣어 두었나봐.)

G) every(some, no, any) + one(body, thing, where)

a everyone/everybody = all the people,

everything = all the things

everywhere = (in) all the places

someone/somebody = a person,

something = a thing

somewhere = (in) a place

no one/nobody = no person,

nothing = no things

nowhere = (in) no places

b anyone(-where, -thing)과 some(-one, -where, -thing)의 용법은 any와 some의 용법에 준한다.

ⓒ everyone, something, anything 등의 수

--one이나 --body로 끝나는 대명사는 동사는 **단수**로 받지만 **복수 취급**을 하기 때문에 **they/them/their**로 받는다.

Everyone has **their** own book.(누구나 자신의 책이 있지.)

Nobody is going to meet **their** parents.(누구도 자신의 부모를 만나지 않을 거야.)

ⓓ someone과 somebody의 경우 당사자의 성(性)을 알고 있을 때에는 they/them/their 외에도 성을 따라 he/she/his/her/him/her 등을 사용할 수 있다.

Someone has brought **their/her/his** lunch at the meeting.

(누군가는 모임에 점심을 가져왔어.)

ⓔ 이들 대명사를 수식하는 어귀는 반드시 뒤에 온다. else 역시 마찬가지이다.
--one 과 --body로 끝나는 대명사는 's 소유격을 취하기도 한다.

Would you like **something to drink**?(마실 것 좀 줄까?)

I'd like **something** cool.(시원한 것 좀 마시고 싶네.)

Did you see **anything interesting** in that movie?(영화에 재미있는 게 있었니?)

Let's have **something else**.(다른 것 좀 먹자.)

She had jeans on, but **everyone else** wore fatigues.

(그녀는 청바지를 입었지만 다른 이들은 작업복을 입었어.)

Someone's pen is in my pencil case.(누군가의 펜이 내 필통에 있네.)

I'd like to know exactly **everybody's** plan for the future.

(모든 사람의 미래 계획을 정확히 알고 싶어.)

5) 관계대명사: 관계대명사는 관계사 부분 참조.

정의	명사(구) 앞에서 명사(구)의 성격을 나타내며 명사의 수나 사전 언급 여부, 또는 고유함 등을 나타내는 어휘군으로서 a, an, the 가 포함됨.
위치	명사 앞 또는 명사를 수식하는 형용사 앞에 오는데 so(as, too, how)와 같은 부사가 형용사를 수식할 때에는 관사와 형용사의 위치가 바뀜.(e.g. such a beautiful lady; so beautiful a lady)

1) 종류

A) 부정관사: a/an을 가리키며 one, the same, a certain, per, any의 의미로 사용.

■ 대표적 용법

의미	예문
one	Every person has a portable notebook computer. (모든 사람이 휴대용 컴퓨터를 가지고 있어.)
the same	Birds of a feather flock together. (깃털이 같은 새들은 함께 날지. 유유상종)
a certain	A gentleman has been waiting for you. (신사 한 분이 당신을 기다리고 있어.)
per	I make it a rule to exercise at least twice a week. (일주일에 적어도 2회씩은 운동하는 것이 규칙이야.)
any	A book written after much preparation is useful for students in many aspects. (많이 준비해서 쓴 책은 학생들에게 여러 가지 면에서 유용해.)

■ 기타 부정관사의 용법.

ⓐ 최초 언급된 단수 명사 앞에

> **※ 주의사항:**
>
> ● **a 와 an의 사용기준:** 명사의 첫 번째 발음(철자가 아니고)이 모음인가 여부.
>
> 모음일 경우 an. for a hour(x) for an hour(o)

ⓑ 가리키는 것을 밝히지 않을 때(someone/something도 가능)

ⓒ 형용사가 앞에 올 때: a lovely day, a nice city, a big building

ⓓ 종류를 나타낼 때: The play is a tragedy.(그 극은 비극이야.)

ⓔ 직업을 가리킬 때: My wife is a salesperson.(집사람은 영업사원이야.)
Henry was an engineer.(헨리는 기술자였어.)

ⓕ 부사 very, fairly, really 앞에: a very good man, a fairly cheap book

ⓖ 부사 quite 뒤에: quite an expensive pen, quite a mob

ⓗ rather는 앞이나 뒤: a rather old man, rather an old man

> **※ 주의사항:**
>
> ● very, quite, rather 는 형용사+복수명사(또는 불가산명사) 앞에도 올 수 있다.
>
> very good people, quite comfortable houses, rather rotten milk

ⓘ such + a/an + 형용사 + 명사 구문에서
such a difficult problem, such an eerie story

> **※ 주의사항:**
>
> ● such + 형용사 + 복수명사 또는 불가산명사
>
> such frightening stories, such cozy climate, such bad luck
>
> 그러나 such a long time, such a long way, such a lot of people,
>
> such a lot of time, such a nice welcome

❶ 감탄문의 what 뒤에:

What a girl!(와 끝내주는 아가씨네!)

What a good idea!(정말 좋은 생각인데!)

What a surprise!(앗 깜짝이야!)

What a stupid idea!(*NOT* ~~What stupid idea!~~)(한심한 생각이네!)

하지만 복수나 불가산 명사가 따라올 때는 부정관사를 사용하지 못한다.

What strange people!(이상한 사람들이네!)

What expensive books!(어휴 비싼 책이네!)

What garbage!(어유 더러워!) **[불가산명사]**

※ 주의사항:

● **a/an 과 one:** 하나를 가리키는 동일한 의미

one을 사용하면 숫자를 강조하는 표현

여럿 가운데 하나를 의미할 때 반드시 one을 사용.

● **one을 반드시 사용하는 경우:** another 또는 other와 함께 사용할 때

one day(어느 날, 언젠가)란 표현에서

hundred와 thousand 앞에서 정확하게 말할 때

only one과 just one에서

I paid the bill with **a note**.(청구서를 지폐로 지불했어.) **[수표가 아닌]**

I paid the bill with **one note**.(지폐 한 장으로 지불했지.) **[두 장이 아닌]**

● **a/an을 사용할 수 없는 경우:** 불가산 명사 앞에

소유격 앞이나 뒤에(이중소유격 참조)

kind of, sort of 뒤에

● **a+명사, the+명사, 명사+s:** 동일한 의미지만 "명사+s" 가 "a(the)+명사" 가 보다 더 보편적. 단어 의미를 설명할 때에는 "a+명사" 구문 사용.

A lemonade is a drink made from lemons, sugar, and water.

(레모네이드는 레몬, 설탕 그리고 물로 만든 음료야.)

B) 정관사 the의 용법

유일무이한 것을 가리킬 때	같은 명사를 다시 언급할 때
집단 전체를 가리킬 때	최상급 형용사 앞에
악기 앞에(연주를 전제로 할 때만)	정황상 가리키는 것이 분명할 때
특정한 것을 가리킬 때(수식될 때)	보통명사를 추상명사로 변환할 때
형용사를 복수보통명사로 변환할 때	전치사 뒤에 오는 신체 일부 명칭 앞에
건물이 본래 기능으로 사용되지 않을 때	대양, 바다, 강, 운하 이름 앞에
서수 앞에	기타 관용적 표현에서
산맥 이름 앞에	대륙명 또는 국가명으로 끝나는 지역 외의 지명 앞에
복수 지명 앞에	

ⓐ 유일무이한 것을 가리킬 때:

the sun, the moon, the ozone layer, the country, the weather, the environment

The sun always shines on some part of **the earth**.
(태양은 늘 지구의 일부분을 비추고 있지.)

ⓑ 같은 명사를 다시 언급할 때:

Father gave me **a book** as my birthday present and **the book** was very interesting.(아버지께서 생일 선물로 책을 주셨는데 그 책은 아주 재미있었어.)

ⓒ 집단 전체를 가리킬 때:

단수명사(동식물, 발명품, 발견물 등) 앞에서 집단 전체를 가리키는데 문어체에 사용된다.

회화체에서는 "명사+s"를 사용한다 : **the** elephant, **the** giraffe, **the** computer, elephants, giraffes, computers,

The dog is one of close animals to human beings.
(개는 인간에게 가까운 동물 가운데 하나지.)

ⓓ 최상급 형용사 앞에: the best guide, the biggest building

ⓔ 악기 앞에: the guitar, the piano 하지만 운동경기 앞에는 쓰지 않는다.
play soccer, play rugby

ⓕ 정황상 가리키는 것이 분명할 때:
Open the door, please.(문 좀 열어 주세요.) 【화자와 청자가 함께 있는 공간의 문】
Would you pass me **the pepper**, please?(후추 좀 건네주실래요?) 【식사 상황】

g 특정한 것을 가리킬 때: **the** monkeys **in this cage**, **the** history **of Korea**

The mobile phone **in the drawer** is my father's.

(서랍 속에 있는 이동전화는 아버님 것이야.)

h 보통명사를 추상명사로 변환: **the** patriot(애국심)

the father(아버지의 정)

the poet(시심)

i 형용사를 복수보통명사로 변환: **the rich** = rich people, **the poor** = poor people,

We must respect **the old**.(노인들을 공경해야 해.)

j 전치사 뒤에 오는 신체 일부 명칭 앞에:

He hit me **on the head**.[*NOT* He hit my head.](그가 내 머리를 쳤어.)

She patted him **on the shoulder**.[*NOT* She patted his shoulder.]
(그녀가 그의 어깨를 두드렸어.)

She slapped him **on the cheek**.(그녀가 그의 뺨을 때렸지.)

[*NOT* She slapped his cheek.]

k 건물이 본래의 기능으로 사용되지 않을 때:

He is in prison.(그는 수감 중이다). 【죄수로서 수감 중】

She went to **the prison** to visit her boyfriend.
(그녀가 수감된 애인을 면회하러 감옥에 갔어.)

He goes to **church** on Sundays.(그는 일요일마다 교회에 가지.) 【예배드리는 목적】

He met a friend of his at **the church**.(그는 교회 근처에서 친구를 만났어.)

l 호수, 대양, 바다, 강, 운하의 경우: 호수에만 the를 쓰지 못한다.

Lake Ness, **the** Mediterranean, **the** Pacific, **the** River Thames, **the** Panama Canal

m 서수 앞에

Yuna Kim received **the first prize** in international competitions many times.
(김연아는 국제 경기에서 여러 번 일등상을 수상했어.)

n 관용적 표현: **the** cinema, **the** paper, **the** theatre, in **the** morning

the factory, **the** house, **the** library, **the** office,

the pub, **the** shop, **the** station

I always get up early **in the morning**.(아침에 늘 일찍 일어나지.)

at sea(항해 중), go to sea(선원으로서 바다로 가다) 하지만

on **the** sea, by **the** sea, at **the** seaside, to **the** seaside,

on **the** coast, in town, go into town 하지만 **the** town centre,

the city, **the** village

at work(근무 중), go to work(출근하다), leave work(퇴근하다.)

in bed(잠자리에 있다), go to bed(자러 가다),

sit on **the** bed(침대에 앉다.) make **the** bed(잠자리를 펴다.)

at home, go home, come home, leave home

하지만 in **the** home, in **the** house, to **the** house

listen to **the radio**라고 표현하지만 watch **television** 으로 표현한다.

ⓞ 산과 언덕:

the를 사용하지 않는다: Mount Everest, South Hill

하지만 산맥에는 사용한다: **the** Alps, **the** Rockies

ⓟ 대륙, 국가, 섬, 주, 군 등의 장소일 경우 the를 못 쓰지만

republic, kingdom 앞에 그리고 복수 지명에는 붙인다.

the Irish Republic, **the** United Kingdom, **the** Netherlands,

the Canary Islands, **the** U.S.A.[**the** Unites States of America]

ⓠ 대륙명 또는 국가명으로 끝나는 지역에 the를 사용할 수 없다.

Central Asia, Western Australia

하지만 다른 경우에는 the를 사용한다. **the** East, **the** Middle East,

그리고 of로 수식될 때 the를 사용한다. **the** North of Germany

※ 주의사항:

● 고유명사 앞의 정관사 유무

1. 인명, 지명을 사용하는 역, 항구, 호수, 공항, 공원, 학교 등은 정관사 사용 불가능.

2. 신문, 서적, 선박, 항공기, 열차, 강, 운하, 바다, 해협, 반도, 그리고 공공건물,
   학회, 협회 앞에는 정관사를 사용.

3. 지역명을 사용한 공공건물, 주인공의 이름을 차용한 책이름, 발행자의 이름을 빌린 잡지명에는 정관사 사용 불가능.

the Seoul Station (x),	Seoul Station (o)

하지만 **the** Station of Seoul은 가능한 표현.

the Kimpo International Airport (x),	Kimpo International Airport (o)
the Thames(테임즈강),	**the** Caspian Sea(카스피해)
the Suez Canal(수에즈운하),	**the** Panama Canal(파나마운하)
the Harvard University (x),	Harvard University (o)
the Times(일간지)	**the** Independent(일간지)
Time(주간지)	Newsweek(주간지)
the London Bridge (x),	London Bridge (o)
the White House (o),	White House (x)
the Seoul City Hall (x),	Seoul City Hall (o)
the Othello (x),	Othello (o)
the Forbes (x),	Forbes (o)

2) 관사의 어순

명사를 수식하는 형용사, 그리고 형용사를 수식하는 부사보다 앞에 오는 것이 원칙이지만 예외도 존재한다.

A) so, as, too, how, however와 같은 부사 + 형용사 + 부정관사 + 명사
B) what, quite, rather + 부정관사 + 형용사 + 명사
C) all, both, double + 정관사 + 명사

On the way home, I encountered **so beautiful a lady**.
(집에 가는 길에 매우 아리따운 여인을 우연히 만났어.)

She is wearing **rather a** strange dress. 【가능한 표현】
(그녀는 좀 이상한 옷을 입고 있어.)

She is wearing **a rather** strange dress. [보다 더 보편적인 표현.]

I paid **double the** price for it.(두 배의 값을 지불했어.)

3) 관사의 생략

누군가를 부를 때	가족관계일 때
식사, 운동, 질병 앞에	시간 관련 구문에서
고유명사 앞에 관직이나 신분을 가리키는 말이 사용될 때	
관직이나 신분을 가리키는 명사가 보어로 사용될 때	
공공건물이 본래의 목적으로 사용될 때	명사나 형용사가 짝을 이루어 사용될 때
기타 관용적 표현	특정한 기간 앞에서

A) 부를 때(호격)

Waiter, give me some more soup right now.(웨이터 얼른 수프 좀 더 주세요.)

B) 가족관계

Mother always scolds me for being untidy.

(어머니는 내가 칠칠맞다고 늘 혼을 내셔.)

C) 고유명사 앞의 관직 또는 보어로 쓰인 관직

President Obama visited Korea in 2009.(오바마 대통령이 2009년 한국을 방문했어.)

Many Koreans elected Yoon Suk-yeol **president**.
(많은 한국인들이 윤석열을 대통령으로 선출했지.)

D) 공공건물의 고유목적

I go to **church** every Sunday.(나는 매주 일요일 [예배 보러] 교회에 가.)

E) 식사, 운동, 질병 앞에서

We have **breakfast** at about 6.(약 6시에 아침을 먹어.)

I play **badminton** on a regular basis to stay fit.

(건강을 유지하기 위해 규칙적으로 배드민턴을 치지.)

Measles was hard to treat, but it is not the case today.
(홍역은 치료하기 어려웠지만 오늘날은 그렇지 않아.)

※ 주의사항:

● at breakfast, after lunch, have dinner,

하지만 **a good breakfast** [부정관사+형용사+명사]

The lunch **he made for me**[수식을 받을 때]

그리고 **the meal, an evening meal**

F) 관용적 표현

Many students come to school **by bus**.(많은 학생들이 버스를 타고 등교해.)

by car(차를 타고), on foot(걸어서), by train(기차를 타고)

G) 대구를 이루는 표현

arm in arm(팔짱을 끼고), body and soul(영육), flesh and blood(혈육),
ladies and gentlemen(신사숙녀), man and wife(부부), pen and ink(필기구),
rank and file(일반 사병), young and old(노소)

H) 시간 관련 구문

They had a meeting **on Monday**.(그들은 월요일에 회합을 했지.)

하지만 Monday 뒤에 다른 구나 절이 따라오면 the를 붙인다.

When was the meeting held?(모임이 언제였지?)

It was **the Monday after we got together** at the conference room.
(우리가 회의실에서 모였던 다음 월요일이었어.)

I) 년도, 계절, 달 앞에서

in 2022, in summer(or in the summer), in May, spring summer winter and fall,
하지만 수식하는 구문이 따라오면 the를 사용한다.

That is **the year** I entered the college.(그 해가 내가 대학에 진학한 해지.)

The summer of 2018 was very hot.(2018년 여름은 무척 더웠어.)

J) 특정한 기간 앞에서

Christmas, Thanksgiving, Easter

하지만 형용사가 앞에 올 때는 관사를 사용한다.

We had **a rewarding Thanksgiving**.(보람찬 추수감사절 휴일을 보냈어.)

A lot of people paid a visit to the shrine **on the Easter of 1977**.
(많은 이들이 1977년 부활절에 성지를 방문했지.)

K) 요일 앞에

Monday, Tuesday,...Saturday and Sunday

하지만 수식을 받을 때는 the를 사용한다.

the Tuesday of next week,

the Saturday of the last week.

weekend는 the를 붙인다. the weekend

L) 낮과 밤

at night, by day, by night, before midnight, at sunset, before dark

하지만 **during the day, during the night, in the morning**

(but on the morning of **that day**), an amazing sunset, **in the dark**,

---

Adages

A barking dog never bites.(짖는 개는 절대 물지 않는다.)

Be what you would seem to be.(당신이 보여지고 싶은 모습대로 되시오.)

Bear and forbear.(참고 또 참아라.)
노예 출신의 로마 철학자 Epictetus가 한 말로 알려져 있다. Erasmus도 Adages라는 책의 II 장 vii절에서 sustine et abstine라고 인용하였다.

If you can't beat them, join them,(피할 수 없으면 즐겨라.)

Beauty is in the eye of the beholder.(아름다움은 보는 자의 눈 속에나 있는 것.)

Length begets loathing.(길어지면 짜증난다.)[간략하게 하라.]

Adjective
형용사

정의	명사나 대명사를 수식하는 품사	
기능	명사 앞, 대명사 뒤 또는 동사(appear, be, become, feel, get, look, seem, smell, stay, taste 등)의 보어로 수식	
용법	한정적 용법	명사나 대명사의 앞이나 뒤에서 수식
	서술적 용법	동사의 보어로 사용

1) 형용사의 위치: 명사의 전후, 또는 연결 동사의 뒤에 쓰이는데 어떤 형용사는 위치에 제한이 있다.

A) 한정적 용법: 명사 앞에 사용

I met **many** celebrities during my stay in Hollywood.

(헐리웃에 머무르는 동안 많은 유명 인사들을 만났어.)

Many movie stars have **several expensive** cars in their garage.

(많은 영화배우들은 차고에 몇 대의 비싼 차를 보유하고 있어.)

※ 주의사항:

● --thing, --body를 수식하는 형용사, 최상급이나 all, every뒤의 명사를 수식하는 형용사는 뒤에서 수식한다.

It's very cold. I want to have something **hot**.(매우 추워. 뜨거운 걸 먹고 싶네.)

She would like to meet somebody **handsome**.

(그녀는 잘 생긴 누군가를 만나고 싶어 해.)

T.G.V. was the fastest train **imaginable**.

(떼제베는 상상할 수 있는 가장 빠른 기차였지.)

I will utilize all means **possible**.(나는 가능한 모든 수단을 동원할 거야.)

They tried to employ every measure **available**.

(그들은 가능한 모든 조치를 취하려고 했어.)

◆ 관용적으로 형용사가 명사 뒤에 사용되는 경우도 있다.

the authorities **concerned**(관계당국자들) from time **immemorial**(아주 옛날부터)

court **martial**(군법회의)   Asia **minor**(소아시아)

China **proper**(중국 본토)   the sum **total**(총합계)

◆ 한정적 용법으로만 사용되는 형용사

chief, drunken, earthen, elder, eldest, former, inner, latter, lone, mere, only, outdoor, outer, principal, sheer, sole, that, this, utmost, utter, very, wooden 등

He has three **elder** sisters and a younger brother.

(그에게는 세 명의 누이와 한 명의 남동생이 있어.)

She is the **only** student able to compete with the champion.

(그녀가 챔피언과 겨룰 수 있는 유일한 학생이야.)

B) 서술적 용법: 연결동사 뒤에 사용

Your explanation is very **boring**.(너의 설명은 매우 지루해.)

Many people in the concert hall were **asleep**.(음악당의 많은 사람들은 잠이 들었어.)

※ 주의사항:

● 서술적 용법으로만 사용되는 형용사

afraid, alike, alive, alone, ashamed, ashore, asleep, atop, awake, aware,

content, fine, glad, ill, pleased, unable, unwell, well, worth 등

I'm **glad** to see you.(만나서 반가워.)

Today I am **unwell**.(오늘 몸이 좋지 않아.)

I'm **ashamed** to have done that act.(그런 행동을 해서 창피해.)

I'm **content** to have met her at last.(마침내 그녀를 만나서 만족해.)

2) 형용사의 순서

앞글자만을 따로 모아 **"지수대성신재소유"** 라고 외우면 된다.	
지시형용사(한정사로 분류)	this, that, these, those
수량형용사(한정사로 분류)	many, much, a lot of, lots of
대소형용사	big, large, long, short, small, tall
성질/상태형용사	angry, difficult, fast, important, soft
신구형용사	new, old
재료형용사	earthen, golden, plastic, stone, wooden
소속형용사	Korean, American, French, German
유형형용사	political, scientific, social
first 와 last 는 수사 앞에	

a large blue bug,

an American political scholar,

a large fast train,

a lot of long soft wooden German products

Korean government had looked for **many tall brave native Korean** soldiers to be dispatched abroad until 2015.
(한국 정부는 2015년까지 해외에 파병할 많은 훤칠하고 용감한 토종 한국인 병사를 물색했다.)

※ 주의사항:

● 형용사와 and

▲ 동사 뒤에 여러 형용사가 올 때는 마지막 형용사 앞에 and를 쓴다.

▲ 하지만 명사 앞에서는 잘 쓰이지 않는다.

She is tall, dark and pretty.   I was cold, tired and hungry.

a tall, dark, pretty girl,   a tired (and) hungry man

3) 형용사의 전용

A) the + 형용사 = 복수보통명사.

the rich = rich people,   the sick = sick people

the blind, the deaf, the dead, the disabled, the elderly, the handicapped,

the homeless, the hungry, the living, the middle-aged, the old, the privileged,

the starving, the strong, the underprivileged, the weak, the young etc.

ⓐ 모든 형용사가 이렇게 쓰이는 것은 아님.

the small, the strange 같은 표현은 사용되지 않음.

ⓑ 국적을 가리키는 단어 중

Dutch, English, French, Irish, Scottish, Spanish, Welsh는 the와 함께 쓰임.

(e.g. the Dutch, the English etc.)

ⓒ 한 사람을 가리킬 때는 the Welshman 또는 a Welshman이라고 함.

ⓓ 부사가 the와 형용사 사이에 오기도 함.

The very poor have no money to spend on books.

(매우 가난한 사람들은 책에 쓸 돈이 없어.)

The severely sick have no choice but to endure their pain.

(매우 아픈 환자들은 고통을 참는 수밖에 없어.)

ⓔ The + 형용사 vs. the + 형용사 + 명사

"The + 형용사" = 일반적인 사람들

"The + 형용사 + 명사" = 특정한 범위의 사람(들)

특정한 사람들을 가리킬 때에는 형용사 뒤에 man, woman, people을 첨가한다.

The young have hard time finding decent jobs nowadays.

(요즘 젊은이들은 괜찮은 직업을 구하기가 힘들어.)

I have met **the old gentleman** standing over there before.

(저기 서 계신 어르신을 전에 뵌 적이 있어.)

Few of **the young people** in that town can find decent jobs.

(저 동네의 젊은이들 중 괜찮은 직업을 구할 수 있는 사람은 별로 없어.)

B) 형용사로 전용되는 현재분사와 과거분사

현재분사	능동의 의미
과거분사	수동의 의미

This magazine has a lot of **interesting** stories.

(이 잡지에는 재미있는 기사가 많아.)

Readers of this magazine will be **interested** in them.

(이 잡지 독자들은 그런 기사에 관심이 있을 거야.)

The grace of God is really **amazing**.(신의 은총은 정말 놀라워.)

Most worshippers of God will be **amazed** at the grace.

(신을 숭배하는 대부분의 사람들은 은총에 놀라워할 거야.)

This match is really **boring**; no players were able to get a goal.

(이번 경기는 정말 지루해; 선수 아무도 골을 못 넣었어.)

The spectators of this match were **bored**.

(이번 경기 관중들은 지루해 했어.)

I am **satisfied** with the result because the result is **satisfying**.

(결과가 만족스러우니 나는 이번 결과에 만족해.)

4) 주의해야 할 형용사

A) 부사와 혼동하기 쉬운 형용사

-ly로 끝나는 형용사

elderly, friendly, likely, lively, lonely, lovely, silly, ugly,

B) 부사와 형용사로 모두 쓰이는 단어

deep, early, fast, hard, high, late, long, low, near, right, straight, wrong

hard times 어려운 시기 vs. study hard 열심히 공부하다

fast runner vs. run fast; high mountain vs. jump high

C) hardly(결코 --하지 않다), highly(매우), nearly(거의) 는 각각 hard, high, near와 의미상 관계가 없는 별개의 단어.

※ 주의사항:

● good vs. well

	의미/품사	반대어	기타
good	좋은/형용사	bad	goods는 "물품"
well	잘/부사	badly	사람의 건강상태를 나타낼 때는 형용사; 명사일 때는 "우물"

She is a **good** student.　　　　　She studies **well**.

She is a **bad** cook.　　　　　　　She cooks **badly**.

She is **good**.(그녀는 **좋은** 사람이야.)　She is **well**.(그녀는 **건강해**.)

How are you?(잘 지내?)

Very **well**, thank you.(아주 **좋지**, 고마워)　How about you?(너는 어때?)

5) 형용사의 종류

A) 지시형용사: [이것], [저것]의 의미를 지닌 형용사(한정사로 분류되기도 함.)

This book is very expensive but I have no choice but to buy it.

(이 책은 매우 비싸지만 사지 않을 도리가 없어.)

B) 성상형용사: 성질이나 상태 또는 종류를 나타내는 형용사,

Beautiful models are walking on the catwalk.

(아리따운 모델들이 무대 위를 걷고 있어.)

C) 의문형용사: 의문문에 사용되는 형용사

What country do you want to visit first if you win the lottery?

(복권에 당첨되면 어느 나라를 먼저 가보고 싶니?)

※ 주의사항:
● what vs. which

what[대명사, 한정사]	which[대명사, 한정사]
의문대명사 또는 의문형용사로 쓰이는 의문사일 뿐만 아니라 관계대명사.	
선택 범위가 넓을 때	두세 개 정도로 선택의 범위가 제한될 때
	선택범위가 제시되기도 함
호환적으로 사용도 가능(e.g. Which/What magazine can you lend me this time?) (이번에는 어떤 잡지를 빌려줄 수 있어?)	
의문형용사로서 일반적으로 사물을 수식	
의문형용사로서 사람도 수식(what은 "어떤 사람", which는 "어느 사람")	
전치사 of와 one 앞에 사용 불가능	전치사 of와 one 앞에 가능(who는 불가능)
명사가 없을 때 사람을 가리키려면 which가 아닌 who를 쓴다. (e.g. Which player won? Who won?)	

[in a bookstore] **What** books do you want to buy?(어떤 책을 사고 싶니?)

【여러 분야의 다양한 종류의 책이 전시되어 있는 상황에서】

[in the forest] **Which** way would you take?(어느 길로 갈 거니?)

【숲 속에 길이 나 있다면 좌우 두 개 또는 세 갈래 길일 것이다.】

Which country will you visit first, France, Germany or Poland?

(프랑스, 독일, 또는 폴란드 중에 어느 나라를 먼저 갈 거야?)

What/Which bus will go to the station?(어느 버스가 역으로 가지요?)

What/Which part of Britain do you come from?(영국의 어느 지역 출신이니?)

What/Which day do you go to the hospital?(어느 요일에 병원에 가니?)

What/Which film did you see the other day?(그 날 어떤 영화를 봤어?)

Which(*NOT* ~~What, Who~~) of these books will you choose?(이 책들 중 어느 것을 고를 거야?)

D) 고유형용사: 국가명에서 파생되어 생긴 형용사.

형용사로 사용될 때와 명사로 사용(국민 개개인 또는 국민 전체를 가리킴)될 때
철자가 바뀌는 경우가 있다.

국가/지역명	고유형용사	국민 개인(a,an)	국민의 복수	국민 전체(the)
Korea	Korean	Korean	Koreans	Koreans
Japan	Japanese	Japanese	Japanese	Japanese
England	English	Englishman	Englishmen	English
Scotland	Scottish	Scot	Scots	Scottish
Wales	Welsh	Welsh	Welsh	Welsh
Switzerland	Swiss	Swiss	Swiss	Swiss
Spain	Spanish	Spaniard	Spaniards	Spanish
Poland	Polish	Pole	Poles	Polish
Peru	Peruvian	Peruvian	Peruvians	Peruvians
Canada	Canadian	Canadian	Canadians	Canadians

E) 수량형용사: 수와 양을 나타내는 형용사.

수사	분명한 범위의 수를 가리킴(기수, 서수, 배수, 분수)
부정수량형용사	분명하지 않은 수와 양을 나타냄.

Many books should be read by the students in this school.
(이 학교의 학생들은 많은 책을 읽어야 해.)

Much water is needed for the plants to grow well.
(식물이 잘 자라기 위해서는 많은 물이 필요해.)

ⓐ 수사

기수	one, two, three... ten, eleven, twelve...twenty...hundred...thousand
서수	first(1st), second(2nd), third(3rd), fourth(4th)...
배수	half, twice, thrice(three times), four times
	배수 만드는 방법: [...times as--as] 또는 [...times --비교급 than]
분수	a third(one-third), two-thirds, a fourth, three-fourths...
막연한 수	tens of, hundreds of, thousands of
	하지만 hundred, thousand 등의 수사가 다른 수사와 함께 사용되어 명사를 수식할 때는 형용사 역할을 수행하기에 복수로 표현 불가능
	two hundred people, two hundreds people(x) three thousand students, three thousands students(x)

◉ hundred와 thousand 활용 시 고려사항

▲ a hundred, a thousand 는 구어체;

▲ one hundred, one thousand 는 문어체.

▲ one을 사용해야 하는 상황: 정확한 의미를 전달할 때.
다른 숫자 또는 큰 숫자 안에서.

1,300 = one thousand, three hundred(***NOT*** ~~a thousand, three hundred~~)

6,111 = six thousand, one hundred and eleven(***NOT*** ~~six thousand, a hundred~~...)

▲ dozen, hundred, thousand 그리고 million 은 수사나 few 또는 several 뒤에도 복수어미 "s" 를 붙이지 않는다.

▲ 그러나 막연히 많다고 표현할 때에는 dozens of, hundreds of 등을 사용한다.

three dozen bottles, a few hundred times

six thousand miles, several million pounds

hundreds of people, dozens of pencils

ⓑ 부정수량형용사: some, any, few, little, many, much, a lot of, lots of, plenty of

◉ some[한정사, 대명사, 부사] vs. any[한정사, 대명사, 부사]

▶ 복수명사나 불가산명사 앞에 또는 단독으로 쓰인다.

some books, **some** milk, **any** questions, **any** coffee

I wanted to have **some** ice cream, but I couldn't find **any**.
(아이스크림이 좀 먹고 싶었지만 전혀 찾을 수가 없었어.)

▶ 일반적으로 긍정문에 some, 부정문(또는 부정적 의미를 지닌 문장), 그리고 조건문에는 any를 사용.

He has **some** books on accounting, but she hasn't **any**.
(그는 회계 관련 서적이 좀 있지만 그녀는 전혀 없어.)

They have **some** money to buy the book, but I don't have **any** money.
(그들은 책을 살 돈이 좀 있지만 나는 전혀 없어.)

I enjoy meeting **some** foreigners, but she never meets **any** foreigners.
(난 외국인들을 만나기를 즐기지만 그녀는 전혀 만나지 않아.)

If you have **any** troubles, just let me know. (문제가 있으면 말만 해.)

Grammar Set Free

▶ 의문문에는 some과 any 모두 사용할 수 있으나 any가 보편적이다.
이 때 상대방의 답변이 긍정일지 부정일지는 모른다.

Do you have any money? 【상대방이 돈이 있을지 없을지 모르는 상태에서.】
(돈 좀 있니?)

Did you send him any letters? 【편지 발송 여부를 모르는 상태에서】
(너 걔한테 편지 보냈어?)

▶ 제안이나 요청을 하는 의문문과 긍정적 답변을 기대하는 의문문에는
some을 사용.

Would you like some more coffee?(커피 더 마실래?)
Could you lend me some money?(돈 좀 빌려 주실 수 있으세요?)
Do you have some money?(돈 좀 있지?) 【돈이 있을 것이라는 짐작 하에 하는 질문】

▶ 긍정문의 any는 "어느 것이라도(it doesn't matter which)"라는 의미.

Any child can solve the problem.(어느 아이라도 문제를 풀 수 있지.)

You can find the goods at **any** stores nearby.
(근처 상점 어디에서라도 그 물건을 살 수 있어.)

▶ someone, anyone, something, anything, somewhere, anywhere등은 some과
any의 용법에 준하여 사용.

● 수량형용사 읽는 법

▶ 기수는 그대로 읽지만 서수는 보통 그 앞에 정관사를 붙인다.
▶ 분수: 분자가 단수이면 분모는 서수 그대로, 분자가 복수이면 분모를 복수로 표기.
a third(one-third), two-thirds, two-fifths, five-sevenths

▶ 연도는 뒤에서부터 두 자리씩 끊어서 읽는다.
645: six forty-five,   2020: twenty twenty

▶ 전화번호나 지번은 하나씩 읽는다.

● 관용적 수량형용사 표현들

▶ many a +단수명사 = 의미는 복수이나 단수로 취급하여 단수동사로 받는다.

Many a person feels sorry for his mistake.

(많은 사람들이 그의 실수를 안타깝게 여겨.)

Many a book is to be displayed across the campus during the library week.

(도서관 주간에 캠퍼스 전역에 많은 책이 전시될 예정이야.)

a great many(매우 많은)	a good many(꽤 많은)	
as many(같은 숫자의)	so much(그 정도의)	as much(같은 양의)
few(수적으로 거의 없는)	little(양적으로 거의 없는)	
a few(수적으로 약간 있는)	a little(양적으로 약간 있는)	
not a few(수적으로 적지 않은)	not a little(양적으로 적지 않은)	

▶ few, a few, not a few는 모두 복수 취급한다.

little, a little, not a little은 모두 단수 취급한다.

※ 주의사항:

● many vs. much vs. a lot (of) vs. little vs. few

▶ many/much: 주로 의문문과 부정문에 쓰이며 평서문에서는 so, as, too, very 뒤에 쓰인다. 문어체(formal English) 긍정문에도 a large number of와 더불어 보편적으로 쓰인다.

▶ a lot (of)/lots (of), plenty (of): 평서문에 주로 쓰이지만 시간이나 거리를 나타내는 단위에는 쓰이지 않는다. 의문문과 부정문에도 사용 가능하다. lots of는 회화체(informal English)에 주로 사용. 아직도 영국영어에서는 비격식적인 표현으로 인식되니 격식을 차린 글에서는 many 또는 a large number of 를 사용한다. 불가산 명사와 복수에도 쓰인다.

▶ little/few: 다소 문어체적 표현. 부정적 의미(a few, a little 은 긍정적 의미)

only a little/few는 회화체에 사용.

▶ many 와 a few: 복수명사 앞에 사용.

many books, many people, a few pencils, a few benches

Grammar Set Free

▶ much 와 a little: 불가산명사 앞에 사용.
much money, much light, a little water, a little darkness

▶ a lot of/lots of: 복수명사와 불가산명사 앞에 사용.
a lot of people, lots of books, a lot of soy sauce, lots of fun

위 표현들은 의미가 명확할 때 명사를 생략하고 사용 가능.
a lot of의 경우 명사 없이 쓰일 때 a lot 으로만 표기.

I have friends, but not as **many**(friends) as he does.
(내게 친구가 있지만 걔만큼 많지는 않다.)

He always meets lots of friends. He really has **a lot**.
(걔는 늘 친구들을 만나. 그는 정말 친구가 많아.)

● all[한정사, 대명사, 부사], most[한정사, 대명사, 부사], some[한정사, 대명사, 부사]
no[감탄사, 한정사, 부사, 명사] and none[대명사, 부사]

▶ all vs. most vs. some: 복수명사 또는 불가산 명사 앞에 사용.
all factories, all matter, most people, some water

all of/half of: of를 생략 가능하나 대명사가 뒤에 따라오면 생략할 수 없다.
all은 동사 뒤에 올 수도 있고 대명사 뒤에 올 수도 있다.

all of these books 또는 **all** these books 또는 **all of** them(*NOT* ~~all them~~)

half of my money 또는 **half** my money 또는 **half of** it(*NOT* ~~half it~~)

The people staying there **were all** injured.(그 곳에 머무른 사람들은 모두 다쳤어.)

Doctors had to treat **them all**.(의사들이 그들 모두를 치료해야 했지.)

▶ most와 some은 그 자체로 쓰일 수 있다.
He has selected about 20 people. **Most** are from Asia, but **some** are from Europe.
(그는 약 20명을 선발했어. 대부분은 아시아 출신이지만 몇몇은 유럽 출신이지.)

※ 주의사항:

● **all의 의미**: 절의 수식을 받으면 "모든 것" 또는 "유일한 것"을 의미.

Hand me over **all** you have got. (you have got 이 하나의 절이다.)
(네가 가지고 있는 모든 것을 넘겨.)

All you can do is to complain. (you can do 가 하나의 절이다.)
(네가 할 수 있는 **유일한 것**은 불평하는 거지.)

Give me **everything**.(*NOT* ~~Give me all.~~)(내게 다 줘.)

▶ all, both, each의 위치: all과 both는 be 동사 뒤에, each 는 본동사 앞에 온다.
　　They **are all** worn out.(그들 모두는 지쳐있어.)
　　They **each are** worn out.(그들 각각은 지쳐있어.)

● no vs. none

no는 형용사라서 명사 앞에, none은 of 와 함께 또는 독립적으로 쓰인다.

I'm sorry but there are **no rooms** available.(죄송한데 빈 방이 없네요.)

My parents had **no money** then.(부모님은 당시 돈이 없으셨어.)

None of the people invited are present.(초대된 그 누구도 오지 않았지.)

None of them have brought enough money.(아무도 충분한 돈을 가져오지 않았어.)

I was looking for some beverage for my thirst, but there **was none** left.
(갈증을 해소할 음료수를 찾았지만 남아 있는 것이 없었어.)

● no[한정사] vs. not[부사]

no는 한정사(형용사)이고 not는 부정부사
no는 명사 앞 또는 다른 형용사+명사 앞, not은 동사를 수식하는 역할
not은 단어, 표현, 절을 부정할 때 사용
주어에는 not을 사용하지 않고 it 구문 사용
no는 명사 또는 동명사 앞에 사용하여 'not any' 또는 'not a/an' 의 의미를 지님

No one knows exactly when he will come back.
(그가 언제 돌아올 지 아무도 정확히 몰라.)

No sane person will do that.(정상인 아무도 그렇게 하지 않을 거야.)

The students went on strike, but **not the teachers**.
(학생들은 파업에 돌입했지만 교사들은 아니야.)

I can see you tomorrow, but **not on Thursday**.

(내일은 자네를 볼 수 있지만 목요일은 안 되네.)

I have **not received** his answer.(그의 답변을 못 받았어.)

It wasn't Bill who phoned, it was Peter.(*NOT* ~~Not Bill phoned...~~)

 (전화를 건 사람은 Bill이 아니라 Peter였어.)

No teachers went on strike.(=There weren't any teachers on strike.)

(그 어느 교사도 파업에 참여하지 않았어.)

I've got **no Thursdays** free this term.(=...not any Thursdays...)

(이번 학기 목요일은 전혀 시간이 없어.)

I telephoned, but there was **no answer**.(=...not an answer.)

(전화를 했지만 응답이 없었어.)

NO COOKING(취사 금지)   **NO PARKING**(주차 금지)

NO SMOKING(금연)   **NO SWIMMING**(수영 금지)

⦿ each[한정사, 대명사] vs. every[한정사] vs. whole[형용사, 명사];

   both[한정사, 대명사] vs. either[한정사, 대명사, 부사] vs. neither[한정사, 대명사, 부사]

▶ every vs. each

단수 명사 앞에 사용하며 전체 집단을 가리키는 표현이다.

어느 구문이라도 둘 다 사용 가능하나 의미의 차이가 있다.

each	단독으로 사용하거나 of와 함께 사용.
	문장의 가운데 또는 대명사 뒤에 사용.
	2를 의미하며 "one by one(하나씩)"을 의미.
every	단독 사용 불가. of와 사용 불가.
	3 이상을 의미하며 "모든" 이란 의미.

Each person/**Every** person has a name. 【모든 사람을 의미한다.】

 (모든 사람은 이름이 있어.)

Each room has been cleaned every day. 【모든 방을 의미한다.】

(모든 객실을 매일 청소하지.)

There are lots of people standing along **every** street in the city.[= all the streets]
(시내 모든 도로를 따라 많은 사람들이 서 있어.)

There are lots of people standing along **each** side of the street.[= both sides]
(도로 양쪽을 따라 많은 사람들이 서 있어.)

I have ten friends. **Each** has his own car.[***NOT*** ~~Every has...~~]
(10명의 친구가 있어. 각자 자신의 차를 가지고 있어.)

Each of the ten friends has his own car.[***NOT*** ~~Every of ...~~]
(10명의 친구 각각이 자신의 차를 가지고 있어.)

Each one/**Every** one has his own car.(각자 자신의 차를 가지고 있어.)

They've **each** got their own car.(그들 각자는 자신의 차가 있어.)

He gave us **each** a car.(걔가 우리 각각에게 차를 주었어.)

▶ 시간 명사 앞의 every 와 all 의 차이:

every day (= Monday, Tuesday, Wednesday etc.)

all day (= from morning till evening)

● both vs. either vs. neither

both = the one and the other

either = the one or the other

neither = not the one nor the other

both, either, neither: 모두 두 개를 의미한다.

both는 "두 개 모두",

either는 "두 개 중 하나"

neither 는 "두 개 모두 아닌"

▶ both

both machines, both the machines, both of the machines, both of them 이란 구문
이 모두 가능. 동사 뒤 또는 대명사 뒤에도 사용 가능하며 홀로 사용되기도 함.

The machines are **both** new. I've operated them **both**.
(기계 두 대 모두 새 것이야. 두 대 모두 가동해 봤지.)

Both are present.(두 사람 모두 와 있어.)

▶ either

I haven't got **either** pair(**either** of the pairs 또는 **either** of them).
(둘 모두를 차지하지 못했어.)[I have got nothing.]의 의미.

문법적으로 따지면 I have got neither pair.가 정확한 표현이지만 원어민들의 귀에는 I haven't got neither pair. 가 더 자연스러운 표현으로 들린다고 하니 후자가 더 적합한 표현이 될 수도 있다. 논리적으로 따지면 부정의 부정이니 강한 긍정의 표현이 될 것 같지만 그냥 부정 표현이다. I haven't got either pair.가 최상의 표현이지만 원어민의 귀에는 이상하게 들린다고 하니 원어민들이 사용하는 표현을 따를 수밖에 없다.

Either of them is right.(둘 중의 하나는 옳다.)

Either book is interesting.(두 권의 책 중 한 권은 재미있다.)

Either is interesting.(둘 중의 하나는 재미있다.)

Either is present.(둘 중 하나는 와 있어.)

또한 either 는 부정문의 끝에 와서 "또한, 역시"의 의미로 쓰이기도 한다.

I am not interested in the movie.(영화에 관심 없어.)

I am not interested in the movie, **either**.(나 **역시** 영화에 관심 없어.)

(= Neither am I.)

▶ neither

There are two candidates for the presidency.(대통령직 후보가 두 명이야.)

Neither candidate satisfies the voters.(어느 후보도 유권자들을 만족시키지를 못해.)

Neither of the candidates satisfy (또는 satisfies) the voters.
(후보자 중 누구도 유권자들을 만족시키지 못해.)

Neither of them satisfy (또는 satisfies) the voters.
(그 둘 중 누구도 유권자들을 만족시키지 못해.)

Neither is present.(둘 모두 결석이야.)

▶ whole

단수명사 앞에서 "모든" 또는 "완벽한" 을 의미.

I need a **whole** system to control the new company.
(새 회사를 관리할 완벽한 시스템이 필요해.)

My **whole** life is a process for the realization of my dream.
(내 모든 삶은 내 꿈을 실현하기 위한 과정이야.)

I've spent my **whole** money on the project.(그 사업에 내 모든 돈을 투자했어.)

6) 형용사의 목적어

목적어는 타동사와 전치사 뒤에만 사용되는 것이 원칙이지만 일부 형용사(near, opposite, like, worth)는 전치사처럼 목적어를 취하기도 한다.

Please be seated **near the table** quickly.(책상 근처에 얼른 앉으세요.)

The post office is located **opposite the fire station**.(우체국은 소방서 건너편에 있어.)

She always acts **like a teacher**.(그녀는 항상 선생님처럼 행동해.)

This book can be **worth a million dollars** if you peruse it.
(이 책은 정독하면 백만 불의 가치가 있을 수 있지.)

Adages

A bird in the hand is worth two in the bush.
(수중의 새 한 마리가 풀숲의 두 마리 가치가 있다. 남의 돈 천 냥이 내 돈 한 푼만 못하다.)
There's none so blind as those who will not see.
(보려고 하지 않는 자는 맹인보다 더한 맹인이다.)
Too many cooks spoil the broth. (사공이 많으면 배가 산으로 간다.)
People in glass houses shouldn't throw stones.(유리로 지은 집에 사는 사람은 돌을 던지면 안 된다. 역지사지.)
You get angry at others for your own mistakes.(너의 실수에 대해 남에게 화를 낸다. 방귀를 뀐 놈이 성 낸다.)
It's always the quiet ones. (얌전한 고양이 부뚜막에 먼저 올라간다.)

08

Adverb
부사

기능	동사, 형용사, 다른 부사, 부사구, 부사절, 명사, 대명사, 또는 문장 전체를 수식. 문장 전체의 의미와 뉘앙스에 변화를 준다.
종류	단순부사(양태부사, 빈도부사, 정도부사, 시간부사 등)
	의문부사
	관계부사

1) 용법

Even a nun comes to **drive very violently** on the highway. (수녀조차도 고속도로에서는 난폭하게 운전하게 되네.)	violently가 drive 를 수식; very가 violently를 수식
You were **quite right** when you said so. (그렇게 말한 네가 상당히 옳았지.)	quite이 right를 수식
Many Koreans smoke **very frequently**, even in the office. (많은 한국인들은 사무실에서조차 매우 빈번히 흡연해.)	very가 frequently를 수식
Only she loved me. (오직 그녀만이 나를 사랑했어.)	Only가 she를 수식
They emigrated from Korea to Finland **just after their marriage.**(그들은 결혼 직후 한국에서 핀란드로 이민 갔어.)	just가 after 이후의 구를 수식
The late president Junghee Park did not **die happily**.[사망한 상태](고 박정희 대통령은 행복하게 돌아가시지 못했어.)	happily가 동사 die를 수식
Happily, president Junghee Park did not die.[사망하지 않은 상태](다행히 박정희 대통령은 돌아가시지 않았어.)	Happily가 문장 전체를 수식
The company fired 100 workers **only before they hired as many recruits.**(회사 측은 100명의 신입사원을 채용하기 전에 100명의 직원을 해고했어.)	부사 only는 before 이후의 절을 수식

2) 부사의 형태

A) 일반적으로 형용사에 --ly를 첨가하면 부사가 된다.

beautiful	→	beautifully	brave	→	bravely
easy	→	easily	expensive	→	expensively
full	→	fully	happy	→	happily
logical	→	logically	sweet	→	sweetly
tragic	→	tragically	true	→	truly

B) --ly를 첨가하면 의미가 바뀌는 부사

dear--dearly(마음으로부터),   hard--hardly(거의 --않다)

high--highly(매우),   late--lately(최근에),

near--nearly(거의),   pretty--prettily(예쁘게)

fast(빠른, 빠르게, 단식)는 형용사와 부사 그리고 명사로 쓰이기 때문에 fastly 라는 단어는 없음.

3) 부사의 위치

수식을 받는 단어나 구 또는 절의 바로 앞
문두, 문중(동사의 주변), 문미 등
여러 개 사용 시 [장소, 방법, 목적, 시간] 순
장소 부사 뒤에 동작 부사(e.g. He went upstairs quietly.)
시간이나 장소 부사 여러 개가 동시에 올 때는 작은 단위 먼저

A) 부사는 첫 번째 조동사 뒤에

He **has** always loved driving a car.(그는 늘 운전하기를 즐겨 왔지.)

B) 조동사가 없는 경우 부사는 본동사 앞에

She really **loves** house chores.(그녀는 정말로 집안일을 즐겨.)

C) 의문문의 경우 주어와 본동사 사이에

Does **she** sometimes **go** to the park for a walk?(그녀는 가끔 산책하러 공원에 가니?)

D) be 동사가 본동사일 경우 그 뒤에

I **am** awfully sorry for causing you trouble.(난처하게 해서 정말 미안해.)

E) 본동사 be 또는 조동사에 강세가 있을 경우 그 앞에

You really **are** much happier today than last week.
(너 오늘은 지난주보다 오늘 엄청 행복해 보이네.)

F) 부사는 본동사와 직접목적어 사이에 오지 않고 문미에 목적어가 길 때에는 목적어 앞에

He had his lunch **slowly**.[*NOT* ~~He had slowly his lunch.~~](그는 천천히 점심을 먹었어.)

I played the piano **happily**.[*NOT* ~~I played happily the piano.~~]
(난 행복하게 피아노를 연주했지.)

The police **suddenly** arrested the suspect *who was at large for a long time.*
(경찰은 오랫동안 도주 중인 혐의자를 갑자기 체포했어.)

목적어 앞이라고 해서 the suspect 바로 앞에 두면 어색하고 동사 앞에 두는 것이 자연스럽다.

G) 시간(장소)의 부사: 작은 단위 + 큰 단위

Many tourists arrived at the hotel by bus **at six in the evening**.
(저녁 6시에 많은 관광객들이 버스를 타고 호텔에 도착했어.)

For the summit talk, the two presidents arrived *at the Plaza Hotel in Seoul* **at three p.m. in the afternoon**.
(정상 회담을 위해 두 대통령이 오후 세시 서울의 프라자 호텔에 도착했어.)

4) 빈도부사(adverbs of frequency)의 위치

빈도 부사란?	rarely, seldom, hardly, never, almost, nearly, often, usually, sometimes, frequently, always[**알파벳 순서가 아닌 정도 순**]처럼 상황이나 동작이 발생하는 횟수나 정도를 가리키는 부사
빈도 부사의 위치	다른 부사와 달리 위치가 특이[일반 동사의 앞, 또는 조동사가 있거나 본동사가 be동사일 경우는 조동사나 be동사 뒤. **동사와 목적어 사이에는 절대 오지 못함**. 조동사가 2개 이상일 때는 첫 번째 조동사 뒤. 강조할 때는 문장 앞.]

Teacher **always scolds** him because he **is always** late for the class.

(그가 항상 수업시간에 늦기 때문에 선생님은 늘 그를 꾸짖으셔.)

I **must often visit** the asylum to take care of several mentally-ill patients.

(몇 명의 정신병 환자를 돌보기 위해 요양원을 자주 방문해야 해.)

I **frequently write** her a letter to let her know I really love her.

(내가 그녀를 진정 사랑하고 있다는 것을 알리려고 그녀에게 자주 편지를 쓰지.)

Never have I witnessed such a cruel crime scene.

(이렇게 잔인한 범죄현장을 목격한 적이 없었어.)

※ 주의사항:

● 명령문에서 always와 never의 위치는 문장 맨 앞.

Always try to tell the truth(***NOT*** ~~Try always...~~)(항상 진실을 말하도록 하라.)

Never do that again.(다시는 그리 하지 마라.)

5) 양태부사(adverbs of manner)의 위치

양태부사(e.g. noisily, politely, quickly, slowly etc.)는 문미 또는 동사의 뒤에 오는데 --ly로 끝나는 부사는 문중에 오기도 함
타동사의 경우 동사와 목적어를 분리할 수 없어서 목적어 뒤에 옴
동사 앞에 오기도 하고 강조할 때는 문장 앞에 옴

They set the table for the guests **quickly**.(그들이 손님용 식탁을 신속하게 차렸어.)

They **quickly** set the table for the guests.(그들이 신속하게 손님용 식탁을 차렸어.)

Several laborers are **working very hard**.(몇몇 노동자들은 매우 열심히 일하고 있지.)

Several workers are **producing some goods meticulously**.
(몇몇 근로자들이 꼼꼼하게 제품을 생산하고 있지.)

For the purpose of exercise, people sometimes **walk very fast**.
(운동할 목적으로 사람들은 때로 매우 빨리 걷지.)

At the park, some people **walk the dog very fast**.
(몇몇 사람들은 공원에서 강아지를 매우 빠르게 산책을 시켜.)

Sincerely, he explained the cause of his failure to us.
(그는 자기 실패의 원인을 우리에게 성실하게 설명했어.)

6) 정도부사(adverbs of degree)

A) 기능 및 위치

기능	의미를 약(강)하게 하는 기능을 수행
위치	형용사 앞이나 다른 부사 앞
	비교급 부사 앞에는 강조하기 위해 a bit, a little, a lot, far, farther, much, slightly 등을 사용
	어떤 정도부사는 동사를 수식할 때 본동사 앞에
	a bit, a little, a lot, awfully, much, terribly는 문미에도 가능
	absolutely, completely, totally는 문중 또는 문미에 모두 가능

B) 강약 정도

약한 정도	a bit, a little, slightly
중간 정도	fairly, pretty, quite, rather
강한 정도	absolutely, completely, extremely, really, very

It's **a little** cold today.(오늘 좀 추운데.)

It's **fairly** cold today.(오늘 제법 춥네.)

It's **very** cold today.(오늘 정말 추워.)

He's playing the piano **far better** today than yesterday.

(그 아이 피아노 연주 실력이 어제보다 오늘이 꽤 좋은데.)

Mother **quite enjoys** meeting relatives.(엄마는 친척들 만나시는 것을 꽤 좋아하셔.)

Most elephants in Thailand **suffer terribly**.(태국의 대부분의 코끼리들은 심하게 고생해.)

I'm all out. I'm **totally** exhausted.[= I'm exhausted totally.](난 지쳤어. 기운이 바닥났어.)

7) 동사구를 만드는 부사의 위치

A) 타동사와 부사가 결합하여 동사구를 이룰 때 목적어가 명사라면 위치에 제한이 없으나 목적어가 대명사일 때에는 그 대명사는 타동사와 부사 사이에 와야 한다.

She turned on **the radio**.   She turned **the radio** on.(그녀는 라디오를 켰어.)

She turned on it.(x)   She turned **it** on.(o)

I picked up **some books** in the book store.(서점에서 책 몇 권을 샀지.)

I picked **some books** up in the book store.

I picked **them** up in the book store.(o)

I picked up them in the book store.(x)

B) 자동사와 전치사를 합쳐서 동사구로 사용할 때에는 자동사와 전치사를 절대로 분리할 수 없으니 목적어는 반드시 전치사 뒤에 와야 한다.

I **listen to** the classical music once a day.(하루 한 번씩 고전음악을 듣지.)
I **listen to it** once a day.

Many congressmen **objected to** the bill.(많은 의원들이 그 법안에 반대했어.)
Many congressmen **objected to it**.

8) 기타 중요한 부사의 용법

A) very vs. much

very	형용사와 부사의 원급과 현재분사 수식.
	형용사처럼 쓰이는 과거분사(delighted, disappointed, mistaken, pleased, satisfied, surprised, tired) 및 사람의 감정을 나타내는 과거분사(amused, annoyed, confused, frightened, isolated, shocked, thrilled, worried)를 수식.
much	형용사와 부사의 비교급과 과거분사 및 동사 수식.

※ 주의사항:

● 수동태 문장의 과거분사 앞에 당연히 much를 사용해야 하지만 부사인 very가 much를 강조하여 very much 형태로 쓰이는 것임을 인지해야 한다.

● 긍정문은 very much 사용; 부정문은 very much 또는 much 사용.

He was **very much** admired by his neighbors.[***NOT*** ~~very admired~~]
(그는 이웃들에게 많은 존경을 받았어.)

This book is **very interesting** to me.(이 책은 나에게 매우 흥미로워.)

I am **much interested** in this book.(나는 이 책에 관심이 많아.)

She runs **much faster** than me.(그녀는 나보다 훨씬 빨리 달려.)

He was **very surprised** to hear of his father's death.
(그는 아버님 사망소식을 듣고 매우 놀랐지.)

I am **very satisfied** with the result of the examination.

(나는 시험결과에 매우 만족해.)

Thank you **very** much.[*NOT* ~~Thank you much.~~]

I don't like her **very much**.(또는 I don't like her **muc**h.)

B) quite vs. rather

quite	중간 정도를 나타내며 fairly와 같고 "꽤" 또는 "제법"이란 의미
	회화체에서 quite이 형용사를 수식할 때 quite를 강조하면 "제법(fairly but not very)"이란 의미이고 형용사를 강조하면 "제법과 매우의 사이 (but not as positive as very)"란 의미.
	주로 호의적 언급을 할 때; 드물게 부정적 언급을 할 때에도 사용
rather	주로 부정적인 언급을 할 때 사용
	호의적인 언급을 할 때 사용하면 "놀랍고 비상한 정도"를 의미
	비교급 앞에서 사용 가능

I arrived there **quite** early, but not as early as you did.
(**제법** 일찍 그 곳에 도착했지만 너만큼 일찍은 아니었어.)

I arrived there quite **early**. I was able to do a lot of things.
(그 곳에 **꽤 일찍** 도착해서 여러 가지 일을 할 수 있었지.)

This car is **quite good** enough for my financial status.
(내 재정 상태에서 이 차는 꽤 좋은 차량이지.)

This car is **rather**(or quite) **below the standard**.
(이 차는 다소 수준 미달이야.)

It's **rather warm** for the winter.[It isn't usually so warm.]
(겨울치고는 좀 따스한데.)[평상시외 비교하면 그리 따스하지 않다.]

She's **rather talkative** at the meeting.
(그녀는 모임에서는 다소 말수가 많네.)

The meeting lasted **rather longer** than scheduled.
(모임이 계획한 것보다 다소 지체되었어.)

※ 주의사항:

● quite은 "극단의" 뉘앙스를 지니는 일부 형용사(absurd, alone, amazing, awful, brilliant, certain, dead, different, dreadful, exhausted, extraordinary, false, hopeless, horrible, impossible, perfect, ridiculous, right, sure, true, useless, wrong)와 결합할 때는 "완전히" 또는 "매우"라는 의미를 지닌다.

What you said is **quite different** from what I heard.
(네 말은 내가 들은 바와는 전혀 다른데.)

I'm **quite tired**.(너무 피곤해.)
I'm **quite exhausted**.(완전히 탈진했어.)

The student was **quite good** at geometry.
(학생이 기하에 매우 익숙했어.)

The student was **quite brilliant** at geometry.
(학생은 기하 분야에서 타의 추종을 불허했어.)

C) too[부사] vs. either[한정사, 대명사, 부사] vs. so[부사, 접속사] vs. neither[한정사, 대명사, 부사] vs. nor[접속사, 부사]

too	긍정문에서 [또한, 역시]라는 의미
either	부정문, 의문문, 조건문에서 [또한, 역시]라는 의미;
so	too를 포함한 문장의 일부 대용으로 사용.
neither	"not+either"의 의미로 사용.
문장의 일부로서 so와 neither를 사용할 때에는 so/neither가 문두에 오고 주어와 동사는 도치시킨다. 이 때 neither 대신 nor를 써도 의미 변화는 없다.	

I like travelling around the world, **too**.(나 역시 세계여행을 좋아해.)

She doesn't want to take math test, **either**.(그녀 역시 수학 시험 응시를 원치 않아.)

He likes travelling and **so do I**.(그는 여행을 좋아하고 나도 여행하기를 좋아하지.)
[so do I 는 I like travelling, too.를 줄인 표현.]

She doesn't like English and **neither(nor) do I**.(그녀는 영어를 좋아하지 않고 나도 그래.)
[neither do I 는 I don't like English, either.를 줄인 표현.]

I'm very tired. **So** am I.[= I'm very tired, too.](매우 피곤하네. 나도 그런데.)

I'm not happy. **Neither** am I.[= I'm **not** happy, **either**.](행복하지 않아. 나도 마찬가지야.)

I like reading a magazine in my free time.(여유 시간에 잡지 읽기를 즐겨.)

So do I.(나도 그래.)[= I like reading a magazine in my free time, too.]

I don't want to argue now.(지금 논쟁하고 싶지 않아.)

Neither do I.(나도 그래.)[= I don't want to argue now, either.]

D) too vs. enough[한정사, 대명사, 부사] vs. too much

too	"과도하게"라는 의미; 수식을 받는 형용사나 부사 앞에 위치.
enough	"충분히"라는 의미; 수식을 받는 형용사나 부사 뒤에 위치.
	명사를 꾸미는 형용사로 쓰일 때는 명사 앞/뒤 모두 가능.

He had better stay single for a while. He is still **too young**.

(그는 한동안 미혼으로 있는 게 좋아. 아직 너무 젊어.)

He is eligible to get married. He is **mature enough** to get married.

(그는 결혼하기 적절해. 결혼해도 될 만큼 성숙했어.)

I don't have **enough money** to buy a motor bike.(오토바이를 살 충분한 돈이 없어.)

I don't have **money enough** to buy a motor bike.(오토바이를 살 충분한 돈이 없어.)

too many 와 too much는 명사 앞에 쓰이고 too--to--는 부정적인 의미 내포.

He spends **too much money** on clothes.(그는 옷에 너무 많은 돈을 써.)

He spends much time in reading **too many books**.

(그는 지나치게 많은 책을 읽는데 많은 시간을 보내.)

He spends **too** much money **to** save for his future.

(그는 지나치게 많은 돈을 소비해서 미래를 위해 저축할 수가 없어.)

※ **주의사항:**

● 의미가 분명할 때는 enough, too many, too much 뒤에 오는 명사 생략 가능.

I've eaten **too much** (food).[too much 는 부사적으로 쓰이기도 함.]

(너무 많은 음식을 먹었어. 또는 너무 많이 먹었어.)

She doesn't like men who are **too tall**.(*Not* "~~too tall men~~")

(그녀는 너무 키가 큰 남자들은 싫어해.)

We haven't got enough big nails.= We need more of them.

(큰 못이 충분하지 않아. = 큰 못이 더 필요하다.)

We haven't got big enough nails.= We need bigger ones.

(충분히 큰 못이 없어. = 보다 더 큰 못이 필요하다.)

E) already[부사] vs. yet[부사, 접속사] vs. still[부사, 형용사, 명사, 동사]

already	긍정문에 사용. "기대한 것보다 빨리," " "벌써"라는 의미. 의문문에서는 주어 뒤에 온다. 의문문의 문미에 올 때에는 "놀라움"을 나타냄
yet	의문문과 부정문의 문미에 사용. "무엇인가 기대하고 있는"이란 의미인데 우리말로는 "아직" 또는 "이미"의 의미
still	문장의 중간에 오면 "아직도"라는 뜻이지만 문장의 끝에 사용하면 "조용히"라는 의미가 된다. 의문문에서는 주어 뒤에 오고 부정문에서는 조동사 앞에 온다. yet보다 강한 의미 전달

He has finished preparing for his final examination **already**.
(그는 이미 기말고사 준비를 마쳤어.)

I had lunch only an hour ago but I'm **already** hungry.
(겨우 한 시간 전에 점심을 먹었는데 벌써 허기가 지네.)

You don't need to explain to me. I have **already** heard of it.
(내게 설명할 필요 없어. 그 문제에 관해 이미 들었어.)

Have **you** already met her?(그 여자를 벌써 만났니?)

Have you met her **already**?(그 여자를 이미 만났다고?) 【놀라움】

Has he finished the work **already**?(그가 벌써 일을 마쳤다고?) 【놀라움】

He has not done his work **yet**.(그는 아직 일을 끝내지 못했다.)

Stay put! They are not ready to start **yet**.
(가만히 있어. 쟤네들 아직 떠날 준비가 안 되었어.)

Did you book the concert **yet**? No, not **yet**.
(음악회 예약 이미 했어? 아니, 아직.)

I **still** love her.(**아직도** 그녀를 사랑해.)

She is standing **still**.(그녀는 **조용히** 서 있어.)

They are standing at the corner **still**.(쟤네들 구석에 **조용히** 서 있네.)

They are **still** at work.(**아직도** 작업 중이야.)

She graduated from college, but she **still** hasn't got a job.
(그녀는 대학을 졸업했지만 **여전히** 구직을 못했어.)

Sarah hasn't cleaned her room **yet**.[weak in meaning]
(쌔라가 방 청소를 **아직** 못했어.)

Sarah **still** hasn't cleaned her room.[strong in meaning]
(쌔라가 **아직도** 방 청소를 못했어.)

Is he **still** trying to get the work done?(걔 **아직도** 일을 마치려고 애쓰니?)

F) ago vs. before

ago	현재를 기준으로 하여 [--전]이라는 의미이기 때문에 항상 과거시제에 사용되고 수사와 함께 사용
before	과거의 어느 시점을 기준으로 한 [--전]이라는 뜻이기 때문에 과거, 현재완료, 과거완료와 함께 사용. 주로 현재완료와 함께 사용

He had lunch alone two hours **ago**.(그는 두 시간 전에 혼자 점심을 먹었어.)

Have we met **before**?(우리가 전에 만난 적이 있나요?)

G) just[부사, 형용사] vs. just now

just	현재나 현재완료 시제에 사용
just now	과거시제에 사용.

My parents **returned** home from travelling abroad **just now**.
(부모님께서 지금 막 해외여행에서 돌아오셨어.)

My parents **have just returned** home from travelling abroad.
(부모님께서 방금 해외여행에서 돌아와 계셔.)

H) no longer vs. not...any longer/not...any more

no longer	"무엇인가 종료되었다"는 의미 문중에 오며 다소 형식적 표현
not...any longer	회화체에 사용 any longer/more는 문미에 위치

I used to be a regular visitor to the park. I **no longer** go there.
(나는 공원에 정기적으로 갔었어. 더 이상은 가지 않아.)

I don't go there **any longer**.[= I don't go there **any more**.]
(그 곳에 더 이상 가지 않아.)

I) even[부사, 형용사, 동사] vs. only[형용사, 부사, 접속사]

문장의 말미에 오는 단어를 강조할 때라도 동사 앞이나 뒤에 온다. 또는 강조하는 단어 (또는 구) 바로 앞에 오기도 한다. even은 동사와 목적어 사이에 오지 않는다.

He can **even** speak Chinese.[Chinese 강조][*NOT* ~~speak even Chinese~~]
(그는 중국어까지 구사할 수 있어.)

She's kind to everybody. She's **even** kind **to me**. 【to me를 강조함.】
(그녀는 모든 사람에게 친절해. **심지어** 그녀는 **내게도** 친절해.)

Father **even** works on the field **in the rain**. 【in the rain 을 강조함.】
Father works on the field **even in the rain**.
(아버님은 **심지어 우중에도** 일을 하셔.)

He **only** watched **the first part of the performance**. 〔first part of the performance 강조.〕

(그는 **공연의 첫 부분만** 관람했어.)

I've **only** seen him **by chance**. 〔by chance를 강조함.〕

I've seen him **only by chance**.

(나는 그를 **우연히** 봤을 **뿐**이야.)

J) yes[감탄사, 명사] vs. no[감탄사, 한정사, 부사, 명사]

우리말의 용법과 다른 경우가 있으니 특히 주의를 요한다.

묻는 말의 긍정/부정과 무관하게 대답할 내용이 긍정이면 yes, 부정이면 no로 답한다.

Did you have breakfast?(아침 먹었니?)

Yes, I did.(응, 먹었어.) **No**, I didn't.(아니, 안 먹었어.)

Didn't you have breakfast?(아침 안 먹었니?)

Yes, I did.(아니, 먹었어.) **No**, I didn't.(응, 안 먹었어.)

Do you have any opinion on this matter?(본 사안에 관해 의견이 있습니까?)

Yes, I do.(네, 있습니다.) **No**, I don't.(아니오, 없습니다.)

Don't you have any opinion on this matter?(이 문제에 대해 의견이 없습니까?)

Yes, I do.(아니오, 있습니다.) **No**, I don't. (네, 없습니다.)

K) 부분부정

"전부, 모두, 전혀, 항상(all, altogether, always, both, fully, necessarily, quite)"이라는 계통의 의미를 지닌 부사가 부정부사 not이나 no와 함께 쓰이면 전체부정이 아닌 부분만을 부정하는 표현이 된다.

The rich are **not always** happy.(부유한 사람들이라고 해서 **늘** 행복한 것은 **아니야**.)

All the people around the world are **not** rich.

(전 세계 **모든** 사람들이 부자인 것은 **아니야**.)

You do**n't necessarily** have to do the work at once.

(네가 그 일을 **반드시** 즉시 해야 하는 것은 **아니야**.)

L) 부정 부사 not이 사용된 다양한 뉘앙스의 문장

ⓐ have나 do와 결합할 경우 놀라움을 표현한다.

Have**n't** you finished your homework yet?(아직도 과제를 못 했다고?)

【아직도 과제를 끝내지 못했다는 것이 **놀랍다**는 의미】

Do**n't** they want to go home?(걔네들 집에 가기를 원하지 않아?)

【집에 가고 싶어 하지 않는다는 것이 **놀랍다**는 의미】

그러나

Why don't는 **권유**할 때 쓰이며 **Why didn't**는 **비판**할 때 쓰인다.

Why don't you call her now?(그녀에게 전화 왜 안 하니?)【그녀에게 전화하라는 권유】

【**You should/had better** call her now.의 의미】

Why didn't you call her then? She was very angry.

(그 때 그녀에게 왜 전화 안 했어? 그녀가 매우 화가 났던데.)

【**You should have** called her. 라는 의미】

ⓑ can과 결합할 경우 불평 또는 무례한 요청을 나타낸다.

Can**'t** you make way for me? You are in my way.

(길 좀 비켜줄 수 없어요? 방해가 되네요.)

【길을 가로막고 있는 사람에게 비켜달라고 불평하는 말투로 말할 때】

ⓒ be와 결합할 경우 평서문 또는 부가의문문의 대용으로 쓰인다.

Is**n't** he one of the committee?(그 사람이 위원 중 한 명 아니니?)

【그는 위원들 중 한명이지? 라는 의미】

M) 유도부사 there 구문

ⓐ "무엇인가가 존재한다."는 의미 전달 시 "there + be 동사" 구문을 사용하며 be 동사는 뒤에 오는 명사의 수에 일치시킨다. "무엇인가가 어딘가에 존재한다.(또는 존재하지 않는다.)"고 말하기 위해 사용한다. "it is" 는 이런 의미로 사용되지 않는다.

There's a pen on the table.(탁자에 펜이 있네.)

There are several people in the park.(공원에 여러 명이 있네.)

There's a hole in my sock.(양말에 구멍이 났네.)

There has never been anybody like her.(그녀 같은 사람은 결코 없었어.)

ⓑ 구어체에서는 종종 복수명사 앞인데도 there's를 사용한다.

There's some grapes in the fridge.(냉장고에 포도가 몇 송이 있어.)

ⓒ 또한 there is 는 규정되지 않은(indefinite) 주어를 소개하기도 한다.

There's a window open.(창문이 열려있네.)
The window's open.(***NOT*** ~~There's the window open.~~)(저 창문이 열려있구나.)

ⓓ 부가의문문에서는 There is a pen on the table, isn't there? 또는 There will be enough, won't there?로 표기한다.

N) How? 와 What...like? 의 차이

How...?	변화하는 것, 즉 기분, 건강, 업무에 관해 물을 때 사용
What...like?	변화하지 않는 것 즉 사람의 성격 외모 등에 관해 물을 때 사용.

How's Joe?(Joe는 어때?) He's **very well**.(아주 잘 지내지.)

What's Joe **like**?(Joe는 어떻게 생겼어?)
Tall, good-looking, a bit shy.(크고 인상 좋고 약간 수줍어하지.)
How does she seem today?(그녀 오늘 어때 보여)
Much **happier**.(아주 행복해 보여.)

What does your sister look **like**?(네 언니 어떻게 생겼어?)
Short, dark and cheerful-looking.(작고 어두운 모습이지만 유쾌해.)

Comparison
비교

기본사항 정리

형용사와 부사에만 해당
원급과 비교급(우등비교, 열등비교) 그리고 최상급으로 활용
규칙변화와 불규칙 변화가 존재
1음절 단어와 일부 2음절 단어: 원급에 "(e)r" "(e)st"를 뒤에 첨가
대부분의 2음절 단어와 3음절 이상의 단어: more, most를 앞에 첨가
동일인이나 동일 사물의 성질 비교: more, most를 사용

1) 비교급과 최상급 만드는 법

A) 음절의 수에 따라 만드는 방법 상이

1음절 단어: -er, -est를 첨부

3음절 이상인 단어: more, most를 앞에 첨가.

small-small**er**-small**est**;   interesting-**more(most)** interesting

B) 2음절로 이루어진 형용사: -er, -est를 첨가하거나 more, most를 앞에 첨가하되 다음과 같은 법칙을 따른다.

ⓐ 자음+y로 끝나는 형용사: -er, -est

happy-happ**ier**-happ**iest**;   lovely-lovel**ier**-lovel**iest**

ⓑ --ful, --less로 끝나는 형용사: more, most

useful-**more(most)** useful; helpless-**more(most)** helpless

ⓒ --ing, --ed로 끝나는 형용사: more, most

willing-**more(most)** willing   annoyed-**more(most)** annoyed

ⓓ 기타 형용사(afraid, certain, correct, eager, exact, famous, foolish, nervous, normal, recent, vigilant, violent 등): more, most

eager-**more(most)** eager   famous-**more(most)** famous

ⓔ clever, common, cruel, narrow, polite, quiet, simple, stupid: -er, -est 또는 more, most

clever-clever**er**-clever**est**   또는 clever-**more(most)** clever

simple-simpl**er**-simpl**est**   또는 simple-**more(most)** simple

ⓕ 특수한[불규칙변화] 비교급(최상급)을 지니는 형용사

원급	비교급	최상급	원급	비교급	최상급
good/well	better	best	bad	worse	worst
many/much	more	most	little	less	least
late	later(시간)	latest(시간)	late	latter(순서)	last(순서)
old	elder(관계)	eldest(관계)	old	older(나이)	oldest(나이)
far	farther(거리)	farthest(거리)	far	further(정도)	furthest(정도)
ill	worse (또는 more ill)	worst (또는 most ill)			

※ 주의사항:

● 비교급은 접속사 than과 함께 쓰인다.

than(동등비교는 as) 뒤에 대명사가 홀로 쓰일 때에는 목적격 대명사 사용.

절을 사용할 때에는 "주격대명사 + 동사"를 사용. 의미는 동일.

She is taller **than** me. = She is tall**er than** I am.(그녀가 나보다 키가 커.)

I have **more** books **than** her. = I have **more** books **than** she has.

(내가 그녀보다 책이 많아.)

● 최상급 앞에는 정관사 the 사용.

최상급 뒤에는 전치사 in(장소 또는 사람 단체) 또는 of(그 밖의 경우) 사용.

또는 최상급 뒤에 절이 따라옴.

It's **the best** book in the world.(그 책이 세계에서 가장 좋은 책이야.)

She has been selected as **the most interesting** singer of this century.

(그녀가 금세기 최고로 관심을 끄는 가수로 선정되었어.)

This food is **the most delicious** one that I've ever tasted.

(이 음식은 내가 지금까지 먹어본 것 중 가장 맛있었어.)

He is **the most useful** colleague we have met.

(그 친구는 우리가 만나본 가장 유능한 동료였어.)

For some, money is **the most important** thing in life.

(어떤 사람들에게는 돈이 삶에서 가장 중요해.)

He was **the bravest** soldier in the army.

(그는 군대 내에서 가장 용감한 군인이었지.)

He is **the tallest** applicant in the hall.

(그가 홀 안에 있는 가장 키가 큰 지원자야.)

She is **the richest** person of all Koreans.

(그녀가 한국인들 중에 가장 부자야.)

2) 원급비교(동등비교)

정의	형용사나 부사의 원급을 사용하여 주어의 수량/상태 또는 동사/형용사의 정도를 서로 확인해 보는 것. 엄밀한 의미에서 원급으로 표기하는 것은 비교라고 할 수는 없고 단지 동일한 수/양/상태/정도임을 강조하는 구문
활용	부사 as와 접속사 as 사이에 형용사나 부사를 사용하여 표현하며 부정문일 경우 부사 as를 부사 so로 바꾸어서 표현하기도 하는데 as--as보다는 덜 쓰인다. 단순히 the same as로 표기하기도 함

This building is **as** big **as** yours.(이 건물은 너의 건물만큼 크구나.)

This vehicle isn't **as(so)** expensive **as** your truck.(이 차량은 네 트럭만큼 비싸지는 않아.)

The result of this experiment is **as** rewarding **as** last month.
(이번 실험 결과는 지난달만큼 보람이 있네.)

The result of this experiment is **the same as** last month.(이번 실험 결과는 지난달과 같아.)

He is **as** rich **as** his friend.(그는 친구만큼이나 부유해.)

Father is not **so** healthy **as** mother.(아버님은 어머님만큼 건강하지 않으셔.)

Seoul has **as** many people **as** Kyoto.(서울은 교토만큼 인구가 많아.)

● 동등비교를 사용하여 배수를 나타낼 때 부사 as 앞에 배수를 표기한다.

Seoul is **five times as** large **as** Suwon.(서울은 수원의 다섯 배 넓이야.)

Your house is **three times as** big **as** mine.(너의 집은 나의 집의 세배 크기네.)

3) 열등비교

특징	우등비교를 나타내는 -er, -est 또는 more(most)와 달리 **less, least는 열등 비교를 나타내는데 형용사와 부사의 음절수 관계없이 항상 less, least를 사용**
	less와 fewer는 more의 반대말이고 least와 fewest는 most의 반대말
	less와 least는 양에 쓰이는 것이 원칙이지만 현대영어에서는 수에도 쓰는 경우가 있는데(less problems) 일부 사람들은 이것을 부정확한 것이라고 생각함

Today, I'm **less** tired **than** yesterday.
(오늘은 어제보다 덜 피곤한데.)

It is **less** cheap in this store **than** the other one on the corner.
(이 가게가 모퉁이에 있는 가게보다 덜 싼데.)

※ 주의사항:

● **라틴어 계열 단어의 비교급**

▲ 주로 --or로 끝나는 라틴어에서 유래한 비교급은 than이 아닌 to를 사용한다.

▲ 이러한 비교급에는 anterior to, posterior to, exterior to, interior to, inferior to, superior to, junior to, senior to, prior to, prefer to 등이 있다.

▲ 라틴어 비교급에서 to는 접속사가 아니라 전치사라서 그 뒤에 목적격을 사용한다.

Maria is **junior to me**.(마리아가 나보다 어려.)

Jane is **superior to me** in many ways.(제인이 나보다 여러 가지 면에서 우수해.)

● **비교 대상이 단 두개일 때에는 최상급 대신 비교급을 쓰고 the를 붙인다.**

I like them both, but Jaegeun is **the nicer of the two**.
(그들 둘 모두 좋아하지만 재근이가 그 둘 중에 더 멋이 있지.)

You can have **the** more recent version of the book if you like--I've already read them **both**.(원한다면 보다 최신판을 빌려가--난 두 개 모두 이미 읽었어.)

4) 비교급의 강조

A) 비교급 의미를 강조할 때에는 그 앞에 **a bit(회화체), a little, a lot, even, far, much, rather, slightly** 또는 **very much**를 사용.

a bit more comfortable, far cheaper,
much faster,   much bigger,   rather better,

B) 비교급 앞에 **no,** 또는 **any** 사용 가능. **no**는 부정적 의미. **any**는 부정문, 의문문, 그리고 조건문에 쓰인다.

The sword's **no stronger** than the pen.(검은 펜보다 전혀 더 강하지 않아.)

He isn't **any stronger** than her.(그는 그녀보다 조금도 더 강하지 않아.)

What you said was **no nearer** than your intention.
(네가 한 말은 네 의도와는 전혀 딴 판이야.)

Have you seen **any better** singer in this concert?
(이번 공연에서 조금이라도 더 나은 가수 봤어?)

If you arrive **any earlier** than 8, you will be able to meet her.
(8시보다 조금이라도 빨리 도착하면 그녀를 볼 수 있을 거야.)

C) 비교급을 중복 사용하면 변화 중임을 강조. less and less도 사용 가능.

It's getting **darker and darker**.(점점 어두워지네.)

The line for the free giveaway gets **longer and longer**.
(무료 선물을 받기 위한 줄이 점점 길어져.)

The show got **more and more** interesting.(공연이 점점 재미있었어.)

Since there was not any celebrity we wanted to see, we became **less and less** interested in the party.
(우리가 보고 싶었던 유명인사가 아무도 없어서 파티에 점점 더 관심이 떨어졌어.)

D) 상황이 함께 변하거나 다양하게 될 때 또는 두 개의 상황이 밀접한 관계를 맺고 있음을 나타낼 때는 the + 비교급, the + 비교급을 사용한다.

The older they get, **the richer** they are.(나이가 들수록 부자가 되네.)

The **more** dangerous it is, **the more** I like it.(위험할수록 더 좋아.)

The faster you drive, **the more** dangerous it is.(빠르게 운전할수록 더 위험해.)

The sooner we are done with the homework, **the sooner** we'll be free.
(과제를 빨리 할수록 더 빨리 한가해질 거야.)

The more you have, **the more** you want.(더 많이 가질수록 더 많이 원해.)

The more, the better. (다다익선)

The older we grow, **the wiser** we will be.(나이를 더 먹을수록 더 현명해질 거야.)

5) 정관사 the의 생략

부사	비교급 및 최상급 모두 the를 생략하고 more 또는 most만을 첨가	
	일부 부사(early, fast, hard, late, near, soon)는 형용사처럼 --er, --est를 첨가하고 better, best, worse, worst는 부사로도 사용	
형용사	최상급 앞에도 정관사를 생략하는 경우	소유격이 수식할 때
		최상급이 다른 명사를 수식하지 않고 서술적으로 사용될 때
		같은 사람이나 사물을 비교할 때
		most가 [대부분]이라는 의미로 사용될 때

English is the only language he speaks **most easily**.
(영어는 그가 가장 용이하게 구사하는 유일한 언어야.)

She **ran fastest** of the students.(그녀가 학생들 중에서 가장 빨리 달렸지.)

He looked **most** tired of them all.(그는 그들 모두 가운데에서 가장 피곤해 보였어.)
【문법적으로 위 문장이 옳지만 원어민들은 He looked the most tired of them all.을
보편적으로 사용한다.】

My greatest pleasure is to read books in silence.
(나의 최상의 기쁨은 조용히 책을 읽는 것이야.)

This river is **deepest** at this point.(이 강은 이 지점이 가장 깊어.)【같은 사물 비교】

My mother is **happiest** when she listens to classical music at home. 【동일인 비교】
(어머님은 집에서 고전음악을 들으실 때 가장 행복해 하셔.)

Most workers took to the streets.(대부분의 노동자들이 파업을 했어.)

Preposition
전치사

정의	명사/대명사 앞에서 다른 낱말과의 관계를 나타내는 단어로서 시간, 장소, 방향 등을 나타냄
활용 주의 사항	전치사 뒤에는 목적격이 와서 형용사구/부사구로 사용됨
	전치사 뒤에 동사를 사용할 때에는 동명사로 전환
	전치사 목적어로 부정사는 사용 불가능
	전치사는 부사나 접속사로도 사용 가능

Some people **in the hall** are congressmen.[형용사구]
(강당 안의 몇 사람은 국회의원이야.)

Put the sacks **around the column**.[부사구](자루는 기둥 근처에 둬.)

Have we met **before**?[부사](우리가 전에 만난 적이 있었나요?)

Before dinner, you have to wash your hands not to be infected with swine flu.
[전치사](돼지독감에 감염되지 않으려면 저녁 식사 전에 손을 씻어야 해.)

Before I met her on the street, I had seen her father in the city hall.
[접속사](거리에서 그녀를 만나기 전에 시청에서 그녀의 아버지를 만났었어.)

1) 전치사의 목적어

목적어가 필요한 품사: 타동사. 전치사, 일부 형용사(near, opposite, like, worth).

Be careful **in** dealing with explosives.(폭발물 취급할 때 조심해.)

On turning out the outcasts, they began to clean the building.
(부랑자들을 내쫓자마자 사람들은 건물 청소를 시작했어.)

Did you come here **with him** for an interview?(면접 보려고 걔랑 같이 왔어?)

Thank you very much **for letting** me know the result beforehand.
(사전에 결과를 알려줘 매우 고마워.)

2) 전치사의 위치

일반적 위치	목적어 앞
목적어가 앞으로 나가는 경우	의문사/관계대명사가 전치사의 목적어일 때
	부정사가 형용사구를 이루어 명사 수식할 때
	전치사 포함한 동사구가 수동형이 되는 경우

A) 의문문 말미의 전치사

With whom...? For what...? 등은 매우 드물고 격식을 차린 표현.
대신 Who...with? What... for? Where... to?   Where... from?를 사용.

What did you make the toy **with**? [의문사] (그 장난감 무엇으로 만들었어?)
With what did you make the toy?

B) 관계사 절의 전치사
전치사가 목적어 앞에 위치할 수도 있는데 매우 격식을 차린 표현이다.

something **with which** you write = something **which** you write **with**

the gentleman **about whom** I was talking = the gentleman **who** I was talking **about**

the concert **to which** we listened = the concert **which** we listened **to**

This is the house **which** my father was born **in**. [관계대명사]
(이 집이 아버님이 태어난 집이야.)
This is the house **in which** my father was born. [격식을 차린 표현]

C) 부정사가 형용사구로 쓰인 경우

He has no friend **to talk** to.[형용사구인 부정사]

(그는 대화할 친구가 없어.)

위 문장은 다음 두 문장의 의미를 합친 것이다(다음 두 문장이 의미상 모순이라고 할 수 있다. 이해를 돕기 위해 편의상 사용한 것이니 넘어가자.) He has no friend.와 He talks to the friend. 이 두 문장을 합칠 때 공통 성분을 제거하고 나머지 내용으로 문장을 만들면 위 예문이 된다. 즉 전치사 to 뒤의 생략된 목적어 the friend와 같은 성분인 (no) friend가 전치사 to 앞에 오게 된다.

D) 형용사+부정사 뒤의 전치사

He is easy to talk **with**.(그는 대화하기가 쉽다.)

It is easy to talk **with him**.

To talk with him is easy.란 문장은 가주어 it을 사용하면 It is easy to talk with him. 이 된다. 이 때 목적어 him을 주어로 사용하면 He is easy to talk with. 이 된다. 주의할 것은 위 두 번째 문장에서 논리상(또는 의미상) easy의 주체는 to talk with him이지 it 이 아니다. it은 편리상 사용한 가주어일 뿐이다. 다음 예문도 같은 이치로 설명이 가능하다.

She's interesting to talk **to**.
(그녀는 대화하기 흥미로운 사람이다.)

It is interesting to talk **to her**.

E) 수동태에서의 전치사

수동태에서는 "동사+전치사"가 함께 쓰인다.

The doctors operated **on him** last night.[능동태]
(의사들이 간밤에 그를 수술했어.)

He was operated **on** last night.[수동태]

An old lady was run **over** by a car on the street.
(거리에서 노파가 차에 치었어.)

A car ran **over an old lady** on the street.

3) 전치사의 종류

A) 형태적 분류

You should be an early bird **in** today's busy world.
(오늘날의 바쁜 세상에서는 아침형 인간이 되어야 해.)

Father came out **from under** the basement.(아버지께서 지하실에서 나오셨어.)

I couldn't chew any food **because of** chronic toothache.
(만성 치통 때문에 어떤 음식도 씹을 수가 없었어.)

I will negotiate with the company **instead of** you.(너 대신 내가 회사와 협상할게.)

They got married **in spite of** economic difficulties.
(경제적 어려움에도 불구하고 그들은 결혼했어.)

There used to be a big tree **in the middle of** the school.
(학교 중앙에 커다란 나무가 있었지.)

B) 기능적(의미상) 분류

a 수평적 장소의 전치사 at, in, on

at	"주변에, 근처에"라는 의미. 좁은 장소 앞에
in	"경계가 명확한 장소의 내부에." 주로 넓은 장소 앞에
on	"접촉해 있는 상태의" 위에

at my computer, **at** the bus stop, **at** the post office, **at** his house,
at 77 Carlisle Road, **at** the party, **at** the cinema(영화 관람 중)
at the mall(쇼핑 중)

We were **at** the post office.(우체국에 있었어.) [우편물을 보낸다는 의미]

in the park, **in** the kitchen, **in** York, **in** Seoul, **in** the street [영국영어],
in Carlisle Road [영국영어]

She will stay **in** London for 2 years to work as a financial consultant.
(재정 자문관으로 근무하기 위해 런던에 2년 간 머물 거야.)

It's too cold so we stayed **in** the post office for a while.
(너무 추워서 잠시 우체국 안에 머물렀지.)

sit **on** the chair, a number **on** the door, **on** the street [미국영어],
on this road[미국영어], **on** the Seine

ⓑ 수직적 장소의 전치사 on, over, above, beneath, under, below

on	위에 접촉해 있는 상태
over	위로 거리가 좀 떨어져 있을 때
above	매우 높이 떨어져 있을 때
beneath	접촉해 있는 상태의 아래
under	아래에 좀 떨어져 있는 상태
below	매우 아래에 있는 상태

There are two vases **on** the tea table.
(차탁 위에 두 개의 꽃병이 있어.)

Pass me the towel **over** the rack.
(선반 위로 수건 좀 건네 줘.)

The moon slowly moves **above** the sky.
(달이 하늘 위를 천천히 흘러가네.)

I always put my mobile phone **beneath** the pillow when sleeping.
(나는 잘 때는 이동전화를 항상 베개 아래에 두지.)

Put the glasses **under** the sofa when you go to bed.
(잠을 잘 때는 소파 아래 안경을 둬라.)

The fugitive was found dead **below** the cliff.
(도망자는 낭떠러지 아래에서 죽은 채 발견되었어.)

ⓒ 공간 이동을 가리키는 장소의 전치사 up, down, into, out of, in

up	윗부분으로의 이동
down	아랫부분으로의 이동
into	안으로의 이동
out of	밖으로의 이동
in	안에 정지된 상태

The climbers were headed **up** the mountain.(등산객들이 산 위를 향해 나아갔어.)

The dancers went **down** the stage to meet the spectators.

(무용수들이 무대 아래로 내려가 관객들을 만났지.)

A salesman came **into** my office and tried to sell a new car.

(판매원이 사무실로 들어와 신차를 팔려고 애썼어.)

The fire fighters rushed **out of** the collapsing building.

(소방대원들이 무너지는 건물 밖으로 급히 뛰어나왔어.)

The students are seated still **in** the classroom waiting for the test results.

(학생들이 시험결과를 기다리며 교실 안에 조용히 앉아있어.)

ⓓ 정지 상태의 장소를 가리키는 전치사 before, behind, after, between, among

before	(정지된 상태의) 앞
behind	(정지된 상태의) 뒤
after	(움직이는 상태의) 뒤
between	둘 사이
among	셋 이상의 사이

There should not be any secrets **between** husband and wife.

(남편과 아내 사이에는 어떤 비밀도 있으면 안 되지.)

There must be the criminal **among** the people in the theatre.
(극장 안의 사람들 중에 범인이 있음에 틀림없어.)

I came to find a bag full of money **before** my house.
(집 앞에 돈이 가득 들어있는 큰 가방을 발견하게 되었어.)

He hid the diamond in the toilet **behind** the gas station.
(그는 주유소 뒤 화장실에 다이아몬드를 숨겨두었어.)

The police chased **after** the drug traffickers at large. [at large: 도피중인]
(경찰은 도피중인 마약 거래사범들을 뒤쫓았지.)

ⓔ 수평 이동을 가리키는 전치사 by, beside, along, across, through

by	특정한 사물 옆
beside	나란히
along	옆길을 따라서
across	가로질러
through	중앙을 가로질러

By the rivers of Babylon, there we sat down.
(바빌론 강가에 우리는 앉아 있었어.)

She was standing **beside** me.
(그녀는 내 옆에 서 있었어.)

Walking **along** the street, I came across my ex-girlfriend.
(거리를 따라 가다가 예전의 애인과 마주쳤어.)

A dog was run over by a truck running **across** the road.
(개 한 마리가 길을 건너다 트럭에 치였어.)

The demonstrators are marching **through** the thoroughfare.
(시위대들이 대로 한복판을 행진하고 있어.)

f 특정 장소로의 이동을 가리키는 전치사 round, around, from, to, for, toward

round	(움직이는 상태에서) 주위에
around	(정지된 상태에서) 주위에
from	출발점 앞에
to	도착지 앞에
for	목적지의 방향을 강조
toward	움직이는 방향을 강조

The earth goes (a)**round** the sun.(지구는 태양 주위를 선회해.)

Some students are sitting **around** the teacher.(몇몇 학생이 교사 주위에 앉아 있어.)

The distance **from** Seoul **to** Singapore is about 5,000 kilometers.
(서울에서 싱가폴까지의 거리는 약 5,000킬로미터야.)

I left Korea **for** Istanbul, the largest city in Turkey.
(나는 터키 제1의 도시인 이스탄불을 향해 떠났어.)

Some tourists hurried **toward** Termini Station to catch the train bound for Pisa.
(몇몇 관광객들이 피사행 기차를 타기위해 테르미니 역을 향해 서둘러갔지.)

g 시간의 길이의 전치사 at, in, on

at	시, 분과 같은 비교적 짧은 시간, 식사시간, 2-3일의 기간 앞에
in	아침/저녁/하루의 부분, 1주 이상의 기간, 월/계절/해/세기처럼 비교적 긴 시간, 업무에 소요되는 시간
on	요일, 날짜, 특정한 날앞에

He will be here with us **at this time** tomorrow.
(내일 이맘때 쯤 그는 우리와 함께 여기 있을 거야.)

I get up **at 5** every morning to distribute newspapers.
(매일 아침 신문을 배달하기 위해 5시에 일어나.)

기타관용어구: **at** dawn(새벽에), **at** noon(정오에), **at** lunch time(점심시간에),

           at dusk(어둑어둑해질 때), **at** night(밤에), **at** midnight(자정에),

           at that time(그 당시에), **at** this time(이맘때쯤),

           at 4 o'clock, **at** the moment(지금), **at** the weekend,

           at Easter(부활절에), **at** Christmas,

Will you be able to finish this work **in two hours**?
(**두 시간 안에** 이 업무를 다 할 수 있겠어?)

My college starts at 10 **in the morning**.(우리 학교는 **아침** 10시에 시작해.)

We have a lot of snow **in January** every year.(해마다 **1월에는** 눈이 많이 오지.)

In the winter, we can enjoy skiing.(**겨울에** 스키를 탈 수 있어.)

There will be many good events **in 2024**.(**2024년에는** 많은 좋은 일들이 있을 거야.)

기타관용어구: **in** the dark(어둠 속에서),

           in the morning[afternoon, evening](아침에, 오후에, 저녁에),

           in one's life(생애에), in 2022, in February, in winter,

           in the 21st century, in the Christmas holiday,

           in the Michaelmas term(가을학기에)

What do you do **on Sundays?**(**일요일마다** 뭐하니?)

What resolutions did you have **on the morning of January 1**?
(**1월 1일 아침에** 어떤 결심을 했니?)

People don't enjoy going out **on hot days**.
(사람들은 **더운 날에** 외출하기를 즐기지 않아.)

기타관용어구: on Sunday, on Sunday afternoon, on 22 January,

           on that day, on Easter Monday, on Christmas Day,

※ 주의사항:

◉ night 사용시 주의해야 할 표현

　　at night, **on** Sunday night, **in** the night(in the middle of the night)으로 구분함.

　　tonight, last night의 경우 전치사가 쓰이지 않는다.

◉ every, last, next, this, tomorrow, 그리고 yesterday 앞에는 전치사 in, on, at을 사용하지 않는다.

　　See you **next** week.(다음 주에 만나자.)

　　I'll work again **tomorrow** morning.(내일 아침 다시 할 거야.)

🔢 시간의 경과를 나타내는 for, since, ago, before

for	"--동안"이란 의미 주로 현재완료시제와 쓰이나 다른 시제도 가능 긍정문에서는 생략도 가능
since	"--이후로"의 의미 현재완료시제와 쓰임
ago	"--전"이라는 의미 부사로서 현재부터 측정한 과거의 시간을 의미 과거시제와 쓰임
before	막연하게 "전에"라는 의미로 쓰일 때는 현재완료와 쓰임 과거완료 시제도 가능

She's been waiting **for** twenty minutes.(그녀가 20분 **동안** 기다리고 있어요.)

I studied English **for** more than 20 years.(20년 이상 **동안** 영어 공부를 했어.)

Father has saved money **for** 3 years.(아버님께서 3년**간** 저축을 하셨네요.)

Father hasn't seen mother **for** 3 years.(아버님이 어머님을 3년**간** 못 만나셨네요.)

She's been waiting **since** six o'clock.(그녀는 6시 **이후로** 기다리고 있네요.)

I have studied English **since** my middle school days.

(중학교 **이후로** 영어 공부를 해 왔지.)

I met her six years **ago** for the first time.(6년 **전** 그녀를 처음 만났어.)

She sent me a letter a long time **ago**.(오래 **전** 그녀가 내게 편지를 보냈지.)

He got married with her in 2019. He had met her three years **before**.
(그는 2019년 그녀와 결혼했어. 그는 그녀를 3년 **전에** 만났었지.)

Have we met **before**?(우리 **전에** 만난 적이 있나요?)

■ 시간의 지속을 나타내는 for, during, through, while, by, and until

for	시간의 양을 의미
during	특정한 시간대를 의미
through(out)	특정한 시간대의 "처음부터 끝까지"를 강조
while	시간의 의미를 지닌 접속사; 전치사 during과 대비됨
by	동작이 완료되는 시간; 행위의 완료를 강조
until(till)	상황이나 동작이 지속되는 시간; 행위의 진행을 의미 의미상 뒤에 절이 따라올 때에는 by 대신 by the time을 사용

I have been teaching English **for** 20 years.(20년**간** 영어를 가르치고 있어요.)

I stayed there **for** thirty minutes.(그곳에 30분**간** 있었어.)

I stayed there **during** winter vacation.(겨울방학 **동안** 그 곳에 있었지.)

She will visit her parents living in U.K. **during** summer break.
(그녀는 여름 방학 **중** 영국에 살고 계신 부모님을 찾아뵐 거야.)

The audience kept silent **during** the performance.
(공연 **중에** 청중은 침묵을 지켰어.)

We talked about the matter **through** the night.(밤새 그 문제에 관해 대화를 나눴지.)

I stayed there **through** the winter vacation.(겨울 방학 **내내** 그 곳에 있었지.)

The audience kept silent **while** the artist was performing.
(예술가가 공영하는 **동안** 청중은 침묵을 지켰어.)

I will come back **by** 7 p.m.(7시**쯤** 돌아올 거야.)

There won't be any spectators **by the time** we enter.
(우리가 입장할 **때쯤** 청중이 아무도 없을 거야.)
【우리의 입장을 전후해서 청중이 입장을 할 것이라는 의미】

There won't be any spectators **until the time** we enter.

(우리가 입장할 **때까지** 청중이 아무도 없을 거야.)

【우리가 입장을 하고 난 후부터 청중이 입장을 한다는 의미】

I will stay here **until** 7 p.m.(7시**까지** 여기 있을게.)

I will stay here **until** you come back.(네가 돌아**올 때까지** 여기 있을게.)

I will stay here **until the time you come back**. 구문도 가능함.

⬛ 시간의 전후를 나타내는 in, within, after, before, from

in	현재와 미래 시제에서 "--후에" 의 의미
within	"--이내에" 라는 의미
after	과거시제에서 "--후에" 의 의미 특정한 시점이나 일정한 시간의 후를 의미
before	특정한 시점이나 일정한 시간의 전을 의미
from	시간의 출발점을 의미

The captives will return to their motherland **in** 2 years.

(포로들은 2년 **후에** 고국으로 돌아갈 거야.)

The soldiers will be discharged **within** 2 years.(병사들은 2년 **안에** 제대할 거야.)

The police arrested the criminal **after** 3 years.(경찰은 3년 **뒤** 범인을 체포했어.)

Don't go out **after** dark.(어두워진 **뒤에는** 나가지 마라.)

You can smoke **after** work.(너는 일을 마친 **뒤에** 담배를 피울 수 있어.)

You must finish this work **before** dark.(너는 어두워지기 **전에** 이 일을 마쳐야 해.)

I will resume English study **from** next year.(나 내년**부터** 영어 학습을 재개할 거야.)

⬛ 비유의 전치사 as, like, as if

as	자격을 나타냄
like	비유를 나타냄 전치사지만 접속사(비격식)이기에 절이 따라오기도 함 이 때 like는 회화체이고 문어체에는 as가 쓰임
as if	if는 접속사라서 절이 오고 "--인 것처럼"이란 의미

She led them to the destination **as** a teacher.

(그녀는 교사**로서** 그들을 목적지로 인도했어.) 【그녀는 선생님】

She talked to them **like** a teacher.(그녀는 그들에게 선생님**처럼** 말했어.)
【그녀는 선생님은 아님】

They talked too much at the party **as/like** they always do.

(걔들은 늘 그러**듯이** 파티에서 말이 많았어.)

She behaves **as if** she has known him for a long time.

(그녀는 그를 오랫동안 알아온 것**처럼** 행동하네.)

◀ 재료, 수단, 결과 등의 전치사 of, from, into, in, by, with

of	원재료의 화학적 특성이 남아있는 경우 즉 물리적인 변화만을 의미
from	원재료로 복귀될 수 없는 상태로 변화한 경우 즉 화학적 변화를 의미
into	결과물 앞에 사용
in	재료 앞에 사용
by	행위자 앞에 사용
with	도구 앞에 사용

This table is made **of** wood.(이 탁자는 나무**로** 만들어졌어.)

A traditional Korean wine called Maggulli is made **from** rice.

(막걸리라고 부르는 한국의 전통주는 쌀**로** 제조해.)

Grapes are made **into** wine.(포도로 포도주**를** 만들지.)

All the forms should be completed **in** black ink.

(모든 서류는 검은 잉크**로** 작성해야 해.)

Macbeth was written **by** Shakespeare.

(맥베스는 셰익스피어**에 의해** 쓰였어.)

Cut the wood **with** an electric saw.(전기톱**으로** 나무를 베어라.)

ⓜ 찬성, 반대의 전치사 for, against

for	찬성을 의미
against	반대를 의미

Many congressmen were **for** the reform bill to increase the standard of national welfare.
(많은 의원들은 국민의 복지수준을 높이기 위한 개혁 법안에 **찬성**했어.)

She was **against** the proposal and went out slamming the door.
(그녀는 그 제안에 **반대**하여 문을 세게 닫고는 나가버렸어.)

ⓝ 교환 및 단위의 by, for

by	단위 앞에 사용
for	상품이나 가격 앞에 사용

Grains such as rice and barley are sold **by** the kilogram.
(쌀과 보리 같은 곡물은 킬로그램 **단위로** 판매되지.)

I paid 10,000 won **for** the book.(책값**으로** 10,000원을 지불했어.)
I bought the book **for** 10,000 won.(10,000원**을 주고** 책을 구입했어.)
[= The book cost me 10,000 won.(책값이 10,000원이었어.)]

ⓞ 설명의 전치사 on, about, of

on	서적, 서류 또는 공식적인 격식을 차릴 때 사용
about/of	"--에 대하여"라는 의미/호환 가능

He wrote several books **on** literature.(그는 문학**에 관한** 몇 권의 책을 썼어.)

The speaker produced some documents **on** the shortage of food in African countries.
(연사는 아프리카 국가들의 식량부족**에 관한** 몇 개의 서류를 꺼내들었지.)

We had a discussion **about(of)** the situation in earnest.
(우리는 그 상황에 **대해** 진지하게 토론을 했어.)

ⓟ except, except for, but, save etc.

except	예외적인 것을 말할 때 사용
except for	이미 발생한 상황에 대해 그 반대의 경우를 가정해서 말할 때 사용
except that	절이 따라옴
but for	except for 와 유사한 의미
but	"--는 제외하고"란 의미
save	"--는 제외하고"라는 의미의 문어체 표현

You can eat anything **except** meat.(뭐든지 먹어도 되지만 고기**만은 안 되지**.)

You can do anything **except** swimming.(수영**만 제외하면** 뭐를 해도 좋아.)

【수영은 해서는 안 된다: anything과 swimming 모두 do의 목적어가 될 수 있는

비슷한 종류의 행위임】

Except for your help, she would have been insolvent.

(너의 도움**이 없었다면** 그녀는 파산했을 것이다.)

【your help는 이미 발생한 상황】

I didn't tell her anything **except that** I (had) met her father.

(그녀의 아버지를 만났다는 **것 외에는** 그녀에게 아무 말도 하지 않았어.)

You can eat anything **but** meat.(고기만 **제외하면** 뭐든지 먹을 수 있어.)

I know nothing about him **save** his address.

(그의 주소 **외에** 그에 대해 아는 게 없어.)

ⓠ 양보의 전치사(구) in spite of, despite

in spite of	의미(--에도 불구하고)와 용법 동일
despite	전치사(구)로서 명사(구)나 동명사 목적어를 취함

In spite of her declining health, she worked strenuously.

Despite her declining health, she worked strenuously.

(쇠약해져가는 건강**에도 불구하고** 그녀는 줄기차게 근무했어.)

※ **주의사항:**

● although: 접속사. 뒤에는 절이 따라오는 것이 원칙

● in spite of/despite 전치사(구)로서 목적어가 오는 것이 원칙이기 때문에

뒤에 절로 표현해야 할 때에는 in spite of(despite) the fact that 구문을 사용한다.

She came back to her hometown **although** she did not succeed.

(성공하지 못했**지만** 그녀는 귀향했어.)

She came back to her hometown **despite(in spite of) the fact that** she did not succeed.

(성공하지 못했다는 **사실에도 불구하고** 그녀는 귀향했지.)

4) 전치사와 기타 품사의 결합

A) 전치사+명사

at the end(마지막에), **in** the end(마침내),

by air(bicycle, boat, bus, car, coach, ferry, helicopter, plane, rail, sea, ship, taxi, train)
비행기로(자전거로...)

    in the(my, your) car, **on** the train, **on** foot(걸어서)

    in a taxi, **in** a helicopter

    on my bicycle, **on** the boat(ferry, plane, ship, train)

by chance(accident, mistake) (우연히, 사고로, 실수로)

by check(credit card) 수표로(신용카드로), **in** cash(현금으로)

for sale(팔려고 내놓은) **on** sale(판매 중, 할인 중)

from my point of view, **in** my opinion(내 생각으로는)

in advance(미리미리),

in ink, **in** pen, **in** pencil, **in** writing,

on the Internet, **on** the phone, **on** the radio, **on** television,

on business(사업차), **on** holiday(휴가 중), **on** a journey(a tour, a trip)(여행 중)

on purpose(고의로),

on the(one's) way(가는 중인)

in the way(방해가 되는)

on the market(출시된) [cf. hit the market: 출시하다]

on the whole(대체적으로), **in** general(대체적으로)

up to date(최신의), **out of** date(한물 간)

B) 명사+전치사

belief **in** God, cost **of** living, damage **to** his fame, difficulty **with/over**,

expert **on** accounting, matter **with** someone,

reason **for** the result, success **at/in** the experiment,

an increase/rise **in the price**

a decrease/reduction/fall **in the number of the homeless**

[증가하거나 감소한 대상을 나타낼 때 in]

an increase/rise **of 7 dollars**

a decrease/reduction/fall **of 10%**

[증가 또는 감소한 폭을 표현할 때 of]

C) 형용사+ 전치사

accustomed **to**(익숙한), afraid **of**(두려운), amazed **at/by**(놀란),

angry **at/with** somebody(--에게 화가 나다), annoyed **at**(성가신),

ashamed **of**(창피한), aware **of**(알고 있는),

capable **of**(할 수 있는),

different **from**(다른), disappointed **with/about**(실망한),

eager **for**(열망하는), excited **about**(흥분한),

famous **for**(유명한), fed up **with**(질린), fit **for**(적합한),

fond **of**(좋아하는), full **of**(가득 찬)

guilty **of**(유죄인),

interested **in**(관심 있는), involved **of**(개입한),

late **for**(늦은)

prepared **for**(준비된), proud **of**(자부심이 있는),

ready **for**(준비된), responsible **for**(책임이 있는),

satisfied **with**(만족한), shocked **at/by**(놀란), similar **to**(유사한),

surprised **at/by** (놀란),

tired **of**(지친), typical **of**(전형적인),

(be) used **to**(익숙한) get used **to**(익숙해지다)

worried **about**(걱정하는)

D) 동사 + 전치사

ⓐ 숙어처럼 특정한 전치사하고만 쓰이는 동사가 존재한다.
의문문에서는 이 전치사들이 문미에 온다.
전치사에 따라 의미의 차이가 나타난다.

agree **with** A (A에 동의하다), approve **of** A (A를 승인하다),

apologize **for** A (A 때문에 사과하다), apply **for** A (A를 신청하다),

ask **for** A (A를 요구하다),

believe **in** A (A의 존재를 믿다), belong **to** A (A에게 속하다),

care **about** A (A에게 관심을 갖다), care **for** A (A를 좋아하다),

concentrate **on** A (A에게 집중하다)

decide **on** A (A로 결정하다)

laugh **at** A (A를 비웃다), listen **to** A(A를 경청하다),

look **at[after, for, into, to]** (A를 바라보다[돌보다, 찾다, 관찰하다, 기대하다])

pay **for** A (A의 대가를 지불하다)

rely **on** A (A에게 의지하다)

see **to** A (A를 배웅하다, 준비하다, 처리하다)

suffer **from** A (A로 고통 받다)

wait **for** A (A를 기다리다), wait **on** A (A를 시중들다)

Who does this pen belong **to**?(이 펜 누구 거지?)

What are you waiting **for**?(뭘 기다리니? 왜 기다려?)

ⓑ 타동사라서 전치사가 뒤에 따라올 수 없는 동사를 혼동하는 경우가 있다.

answer, approach, control, demand, discuss, enter, expect, leave, phone, reach, request

등은 동사로 쓰일 때 타동사라서 목적어가 바로 따라와야 한다.
하지만 다른 품사로 쓰이거나 동사로 쓰여도 의미가 바뀌면 전치사가 오기도 한다.

answer the question(질문에 답하다: 동사로 쓰임)
answer **to** the question(질문에 대한 답변: 명사로 쓰임)

discuss the matter(안건을 토의하다)
discussion **(of)about** the matter(안건에 관한 토론)

enter the classroom(교실에 들어가다: 물리적 공간에 들어가다.)
enter **into** the business(사업계에 진입하다: 추상적 공간에 진입하다.)

leave Seoul(서울을 떠나다.)
leave (another place) **for** Seoul(서울을 향해 출발하다)

I phoned the office.(사무실에 전화했어.)[***NOT*** ~~I phoned to the office.~~]

reach Seoul(서울에 도착하다)
reach **for** the ceiling(천정으로 팔을 뻗다.)

E) 동사+목적어+전치사

accuse someone **of**, add something **to**, aim something **at,** ask someone **for,**
blame something **for**, borrow money **from**,
compare A **with(to)** B, congratulate someone **on**, divide something **into**,
inform(apprise, notify, warn) someone **of**, insure something **against**,
   invite someone **to**,
prefer A **to** B, prevent someone **from**, provide someone **with** something,
regard A **as** B, remind A **about** B(상기시키다.),
   remind A **of** B(떠오르게 하다, 즉 닮았다)
spend money **on**, suspect someone **of**,
tell(ask, inform, warn) someone **about**, thank someone **for**, translate A **into** B,

F) 기타 주의해야 할 전치사

on --ing: as soon as "--하자마자"

how(what) **about** --ing? "--하는 게 어떨까?"

in --ing: when --할 때

Give credit where credit is due.(명예가 있어야 할 곳에 명예를 부여하라.)
정당하게 평가하라.

Don't cross the bridge till you come to it. (다리에 도달할 때까지는 건너지 마라.)
어려움이 발생하기 전까지는 괜한 걱정을 하지 마라.

Crosses are ladders that lead to heaven.(십자가[또는 고통]은 천국으로 인도하는 사다리이다.)

It is no use crying over spilt milk.(엎질러진 우유를 보고 울어봐야 소용없다.)

What can't be cured must be endured.(치료할 수 없는 것은 참아낼 수밖에 없다.)

Cut your coat according to your cloth.(천에 따라서 외투 재단을 하라.)
분수에 맞게 살아라.

They that dance must pay the fiddler.(춤춘 사람이 연주자 비용을 내야 한다.)

Dead men tell no tales.(죽은 자는 말이 없다.)

Desperate diseases must have desperate remedies.
(하늘이 무너져도 솟아날 구멍은 있다.)

Diamond cuts diamond.(다이아몬드가 다이아몬드를 깎는다.) 용호상박

Verb
동사

대분류	세분류	목적어 유무	보어 유무
자동사	완전자동사	무	무
	불완전자동사	무	유
타동사	완전타동사	유	무
	수여동사	2개의 목적어	무
	불완전타동사	유	유

*** 위 도표는 편의상 구분이므로 구애받을 필요는 없고 참고사항으로 이해해야 한다.
　　이 도표의 분류에 포함되지 않는 문장도 분명 존재하기 때문이다.

※ 주의사항:

● 많은 동사가 자동사와 타동사 두 가지 모두의 용법으로 사용됨.

● 대부분의 동사는 여러 가지 형식에 골고루 사용됨.

● 부사어구(부사나 부사구)는 문장의 성분에 포함시키지 않음.

1) 중요 동사

A) have

상태동사	"가지고 있다"는 의미의 have와 have got은 같은 의미
	have got은 좀 더 일상적 표현이며 have는 정중한 뉘앙스
동작동사	have 형태로만 사용되고 진행형 가능
	동사에서 전용된 명사를 목적어로 받아 다양한 표현 구성
사역동사	유사수동태 구문의 형태를 지님

a 상태동사 have: "가지고 있다"는 의미로서 have와 have got은 같은 의미.
　　have got은 구어체 표현이며 have는 문어체로서 정중한 뉘앙스.

● 단축형 "I have.", "have I?", "I have not." 은 회화체에서 잘 사용하지 않고 대신
　 "have got", "do...have?" 형태를 사용.
● 짧은 답변에서는 have got을 사용하지 않고 과거 시제도 had got이라고 쓰지 않음.
　 (e.g. Yes, I have.　No, I haven't.)
● I have got은 현재완료 시제가 아니라 I have와 같은 의미. 즉 현재의미로 have got 사용.
　 과거의미일 때는 got 을 지우고 had만 사용.
● do 와 got 은 함께 쓰이지 않는다. ~~Do you have got any children?~~(非文)
● 습관이나 반복적 행위 서술시 got 사용 불가.
　▲ 영국영어: 습관적 및 반복적 행위 서술시 do 형태 사용.
　　　　　　　기타의 경우 got 형태 사용.
　　　　　　　(e.g. I don't usually have colds. I haven't got a cold.)
　▲ 미국영어: 의문문과 부정문에서 got 형태는 드물고 do 형태가 모든 의미를 전달.
　　　　　　　(e.g. I don't have a cold.)
　　　　　　　영국영어는 차츰 미국영어와 비슷하게 변화하고 있다.

We have meetings **on Mondays.**(*NOT* ~~We've got meetings on Mondays.~~)
(월요일마다 모임이 있어.)

Do you **often** have colds? (*NOT* ~~Have you often got colds?~~)(감기 자주 걸려?)

The library **has** a lot of books. = The library **has got** a lot of books.
(도서관에 책이 많더라.)

He **doesn't have** much desire for success.
= He **hasn't got** much desire for success.(걔는 성공하고자 하는 열망이 적어.)

Do you **have** some money?(돈 좀 있지?)
Yes, I do.(응, 있지.)

Have you **got** the reference book?(참고서 있니?)
No, I haven't.(*NOT* ... ~~haven't got~~)(아니, 없는데.)

He **has** tons of trifle items in his study.(걔 서재에는 온갖 잡동사니가 다 있어.)

He **didn't have** much money when young.(걔 어릴 때 돈이 별로 없었어.)

Do you **have** any intention of meeting her again?(그녀를 다시 만날 용의가 있어?)

ⓑ 동작동사 have: have 형태로만 사용되고 진행형이 가능.
동사에서 전용된 명사를 목적어로 받아 다양한 표현 구성.

Did you **have lunch** at the cafeteria of the precinct? 〔have가 eat의 의미로 사용됨.〕
(구내식당에서 점심 먹었어?)

She **had a hard time** at the conference. 〔have가 experience의 의미로 사용됨.〕
(그 여자 회의에서 애를 먹었어.)

He **had a shower** in the bathroom of the basement. 〔had가 do의 의미로 사용됨.〕
(걔는 지층 화장실에서 샤워했어.)

They are **having** supper at the foyer.(휴게실에서 밥들 먹는 중이야.)

They are **having** a party at the lobby.(로비에 모여 있던데.)

I was **having** a shower when you came back.(네가 올 때 샤워 중이었어.)

have **a go** 시도해 보다

have **a look** 보다

have **a rest** 쉬다

have **a say** 의견을 말하다

have **a talk** 말하다

ⓒ 사역동사 have: 유사수동태 구문의 형태를 지닌다.

She repaired the chair.(그녀가 의자를 고쳤지.) 〔직접 수행한 행위〕
She **had**(=**got**) the chair repaired.(그녀가 의자를 고쳤지.)〔사역 행위〕
[She arranged for a repairman to do it as a service.]
이 때 문어체 have 대신 구어체인 get도 사용 가능.

I **had** my hair cut.(이발했어.)

You have to **have** your washing machine repaired.(세탁기 수리해야겠네.)

We need to **have** our house painted.(집 페인트 좀 칠해야겠네.)

🇩 "경험하다"는 의미의 have: 주로 "불행한 일을 당하다"라는 의미로 쓰임.

She **had** her car stolen.(그 여자 차 도난당했다는데.)
【누군가 주어의 차를 훔쳐갔기에 주어 입장에서는 도난당한 것.】
즉 Somebody stole her car.(= Her car was stolen by somebody.)
중요한 것은 사람이니 사람을 주어로 삼아 진술을 하기 때문에 위 문장을 사용.

Father **had** all his money forfeited.(아버지가 돈을 모두 압수당하셨대.)

B) do

평서문	be 동사를 제외한 다른 동사 앞에서 동사의 의미를 긍정적으로 강조
	do가 시제와 주어의 인칭을 반영하고 do 뒤에는 동사 원형 사용
명령문	be 동사를 포함한 모든 동사 앞에서 강조의 의미
	informal 표현으로 격식을 갖춰야 하는 상황에는 사용 불가
	명령문의 do는 어떤 경우 제안/초청의 의미(do는 정중하게 들리도록 함)

I love you.(사랑해.) I **do** love you.(정말로 사랑해.)

She came back home.(그 여자 귀향했어.)
She **did come** back home.(그 여자 정말 귀향했어.)

He studies hard.(걔 열심히 공부하네.)
He **does study** hard.(걔 정말 열심히 공부하네.)

Keep your room clean.(방 깨끗이 유지해.)
Do keep your room clean.(제발 방 좀 깨끗이 유지해라.)

Be quiet.(조용히 해.) **Do** be quiet.(좀 조용히 할래.)

Have some more cake.(케이크 좀 더 먹지 그래.)

Do have some more cake.(케이크 좀 더 드시지요.)

Come take whatever you want.(와서 원하는 거 뭐든지 가져가.)

Do come take whatever you want.(오셔서 원하시는 거 아무 거라도 가져가세요.)

Do sit down!(앉으시지요.)

Do stop making the noise!(제발 그만 좀 떠들어라.)

Don't be silly.(철 좀 들어라.)

【Act your age. 나이에 맞게 행동해라.】【Behave yourself. 얌전하게 굴어라.】

※ 주의사항:

◉ 평서문의 **be 동사** 의미 강조:

단축형이 아닌 온전한 형태를 사용하고 읽거나 말할 때 강세를 두어 읽고 말한다.

조동사 **have, will, should** 의 경우도 마찬가지임.

She's a teacher.(그 여자 교사야.)

She **IS(발음을 강하게)** a teacher.(그 여자 **분명** 교사야.)

It's awesome.(좋은데.) 대신 It **IS(발음을 강하게)** awesome.(**정말** 좋은데.)

You've come early enough.(일찍 오셨네요.)

You **HAVE** come early enough.(**정말** 일찍 오셨네요.)

I'll meet her tomorrow.(내일 그 여자 만나.)

I **WILL** meet her tomorrow.(내일 그 여자 **정말** 만나.)

C) get

수동태	be 동사 대용으로서 이 때 get은 자연스런 뉘앙스를 주며 우연히 발생한 또는 기대하지 않았던 상황임을 암시 부정문과 의문문에서는 do를 바탕으로 사용
사역동사	이때의 get은 유사수동태 구문

As many soldiers as came were caught by the enemies.

(도착한 군인 모두 적에게 생포되었어.)

As many soldiers as came **got** caught by the enemies.

(도착한 군인 모두 [뜻하지 않게] 적에게 생포되었어.)

The candidate was not elected president by the people.

 (그 대통령 후보는 국민의 부름을 받지 못했지.)

The candidate **did not get** elected president by the people.

(그 대통령 후보는 [뜻하지 않게] 국민의 부름을 받지 못했지.)

ⓑ 사역동사

She **got** her microwave oven repaired.(전자레인지를 수리했다.)

[주어가 누군가에게 부탁하거나 수리기사를 불러서 전자레인지를 수리했다는 의미]

[get이나 have 모두 사용 가능. have는 문어체적 표현이며 get은 구어체적 표현]

How often do you **get** your hair cut?(얼마나 자주 머리를 깎니?)

Why did you **get** your house painted new?

(왜 집 페인트 다시 칠했어?)

ⓒ 기타: get divorced(이혼하다.), get dressed(옷을 입다.), get engaged(약혼하다.), get lost(길을 잃다.), get married(결혼하다.), get started(시작하다.)

2) 동사를 기준으로 분류한 문장의 종류

(문장 구분은 단문을 기준으로 한다. 중문[단문주절 + 등위접속사 + 단문주절], 복문[단문주절 + 단문종속절(부사절, 명사절, 관계절)]은 단문의 분류에 준한다.)

A) 1형식 문장(완전자동사)

A human being **lives** as a mammal like many animals.

(인간은 많은 동물들과 마찬가지로 포유류로서 살아가지.)

Time **flies** without regard to human affairs.

(시간은 인간의 일상과 무관하게 흘러가지.)

Many people **live** in Seoul and in its suburbs.

(많은 사람들이 서울과 서울 근교에 살아.)

People around the world **cannot survive** without working hard.

(세상 사람들은 열심히 일하지 않으면 생존할 수 없어.)

Nowadays, many women **smoke**.(요즘 많은 여성들이 흡연하지.)

There **are** many people in the amphitheater.(원형극장에 많은 사람들이 있네.)

【There be 동사 구문의 주어는 be 동사 뒤에 오는 명사이다.】

B) 2형식 문장(불완전자동사)

🔳 [2형식에 사용되는 보어는 주어의 상태나 동작을 설명해 주는 주격보어인데 명사,형용사,
   부사 등이 올 수 있다.]

They **are** cancer patients waiting for an operation.

(그들은 수술을 기다리고 있는 암환자들이야.)

【be동사는 대표적인 2형식 동사이다】

He **has become** an average scholar.(그는 평균적인 학자가 되었어.)

※ 주의사항:

● 주의해야 할 be 동사의 용법: be being은 상태가 아니라 행위를 나타낸다.

You**'re being** prudent. = You**'re doing** prudent things.

(너 거만하게 행동하네.)

You**'re being** kind today. = You**'re doing** kind acts.

(너 오늘 친절하구나.)

b [--이 되다]라는 의미의 상태변화 동사(become, fall, go, grow, turn 등)은 2형식 문장에 사용될 수 있다.

They **fell** sick after a hunger strike for a week.
(일주일간의 단식 투쟁 후 그들은 병이 났어.)

Even in the refrigerator, foods **may go** bad after some time.
(냉장고 안에서도 음식은 일정한 시간이 지나면 상할 수도 있어.)

She **grew** pale to see her ex-husband in the wedding hall.
(그녀는 결혼식장에서 전남편을 보자 창백해졌어.)

Wells **run** dry in a long-term drought.(오랜 가뭄에 샘이 마르지.)

Leaves **turn** red in the autumn.(나뭇잎들은 가을에 단풍이 들지.)

c [--로 남아있다]라는 의미를 지닌 상태유지 동사(continue, hold, keep, remain, stay 등) 등도 2형식 문장에 사용될 수 있다.

The demand for housing for the homeless continued unabated.
(무주택자용 주택 수요는 지속적으로 증가했어.)

This MOU **will hold** good for three years.(이번 의향서는 3년간 유효할 거야.)

Weather **keeps** fine, to our luck.(우리가 운이 좋게도 날씨가 계속 좋네.)

The audience **remained** silent while the speaker was delivering a speech.
(연사가 연설을 하는 동안 청중들은 침묵했어.)

You should **stay** fit to live longer.(오래 살기 위해서는 건강해야 해.)

d 감각동사는 모두 2형식 문장에 사용된다.

You **don't have to feel** guilty in this law suit.
(이번 소송에서 죄의식 느낄 필요 없어.)

You **look** good in that jacket.(그 상의 네게 잘 어울리네.)

Bulgogi **smells** good especially when you are hungry.

(불고기는 특히 배고플 때 향긋하지.)

Classical music **sounds** good in a chamber.(고전음악은 실내에서 감미롭지.)

Apple juice always **tastes** good to me.(사과 주스는 늘 맛있어.)

ⓔ 원칙적으로 주격보어가 필요 없는 완전자동사가 사용된 구문에서도 주어의 상태를 설명해 주는 상황보어가 사용되는 경우가 있다.

He died last year.(그는 작년에 죽었다.)**[1형식]**

He died **a beggar**.(그는 거지로 죽었어.)**[상황보어가 사용된 2형식]**

[When he died, he was a beggar.]

He died **rich**.(그는 부유한 채 죽었지.)**[상황보어가 사용된 2형식]**

[When he died, he was rich.]

Father sits **surrounded by his children**.**[상황보어가 사용된 2형식]**

(아이들이 아버지를 에워싸고 앉아있네.)

[When father sits, he is surrounded by his children.]

C) 3형식 문장(완전타동사)

ⓐ 주어+완전타동사+목적어

All of us **like** food.(우리 모두 음식 좋아해.)

All of us **like to have** food when hungry.(우리는 배고프면 음식을 먹고 싶어 하지.)

All of us **like having** food when hungry.(우리는 배고프면 음식을 먹고 싶어 하지.)

ⓑ 주어+타동사구+목적어

In the classroom, we should **listen to** the teacher.

(교실에서는 선생님 말씀을 잘 들어야지.)

Many patients **looked at** the doctor.(많은 환자들이 의사를 쳐다봤지.)

No committee **objected to** the decision.(어느 위원도 그 결정에 반대하지 않았어.)

The rich must **pay attention to** the welfare of the poor.

(부자는 가난한 이들의 복지에 신경을 써야 해.)

Don't **pick up** any flower decorated on the stage.(무대 위 장식된 꽃 꺾지 마라.)

We should **take care of** our sick parents.(병든 부모님은 돌봐드려야지.)

ⓒ 주어+완전타동사+동족목적어

[동사와 어원이 같은 명사를 목적어로 취할 때 그 목적어를 동족목적어라고 한다.]

She **dreamed a lovely dream** last night.(그녀는 어제 밤 좋은 꿈을 꾸었지.)

I couldn't **sleep a sound sleep** for the noise of the pets.

(애완동물 소음 때문에 못 잤어.)

ⓓ 주어+완전타동사+목적절

[사실, 의지, 감정 등을 표시하는 동사는 목적어로 절을 취할 수 있다.]

I **heard that** she would refuse his marriage proposal.

(그녀는 그의 청혼을 거절할 거라고 들었어.)

I **know that** she is a hypocrite.(그녀가 위선자란 것을 알아.)

I **think that** he will succeed as a novelist.

(그는 소설가로 성공할 거야.)

D) 4형식 문장(수여동사)

ⓐ [주고받다.]라는 의미

● 4형식 문장은 주어가 무엇(직접목적어)을 누군가(간접목적어)에게 준다는 의미.

ask, buy, give, send, write 등이 포함된다.

전치사를 사용하여 간접목적어를 문장 뒤로 옮기면 3형식이 된다.

3형식으로 옮길 때 사용하는 전치사의 종류에 주의해야 한다.

The English professor always **asks** students some questions.

= The English professor always asks some questions of students.

(영어교수님은 학생들에게 늘 질문을 하셔.)

I **bought** her several books on religion.(그녀에게 종교 관련 서적 몇 권을 사 줬지.)

= I bought several books on religion for her.

She **gave** me a birthday present.(그녀가 내게 생일 선물을 줬어.)

= She gave a birthday present to me.

ⓑ 전치사 to를 사용하여 3형식으로 바꾸는 동사(deny, do, furnish, give, offer, owe, pass, pay, promise, read, sell, send, teach, tell 등)

I **owe my parents** what I am. = I **owe** what I am **to** my parents.

(오늘의 나는 부모님 덕분이지.)

He **read** his father some part of the sonnet.

= He **read** some part of the sonnet **to** his father.

(그는 아버님께 소네트 일부구절을 읽어드렸어.)

The gentleman **showed me** the way to the White House.

= The gentleman **showed** the way to the White House to me.

(신사분이 내게 백악관 가는 길을 알려주셨어.)

ⓒ 전치사 of를 사용하여 3형식으로 바꾸는 동사(ask, beg, demand, inquire, require 등) [요구하다.]라는 의미를 지닌 대부분의 동사

People **asked me** too many questions.(사람들이 내게 너무 많은 질문을 했어.)

= People **asked** too many questions **of** me.

ⓓ 전치사 for를 사용하여 3형식으로 바꾸는 동사(build, buy, choose, cook, fetch, find, fix, keep, make, order, prepare)는 [-를 위하여 -를 해 주다.] 라는 의미를 지닌 대부분의 동사

Would you **buy me** a doll? = Would you **buy** a doll **for** me?

(인형 좀 사 주실래요?)

Mother has **found me** some medicine.(어머니가 약을 찾아주셨어.)

= Mother has **found** some medicine **for** me.

I have **made my son** a small table. = I have **made** a small table **for** my son.
(아들에게 조그만 책상을 만들어 줬어.)

ⓔ 주어+비수여동사+간접목적어+직접목적어

● 수여동사가 아님에도 일부 동사는 두 개의 목적어를 필요로 하는데 두 개의 목적어 중 하나의 목적어만을 취해서 3형식으로 사용되기도 한다.

● 이 때 전치사는 사용되지 않으므로 특히 주의를 요한다.

● bet, charge, cost, earn, envy, forgive, last, pardon, save, take 등이 포함된다.

She envies him.(그녀는 그를 부러워해.)

She envies his health.(그녀는 그의 건강을 부러워해.)

She envies **him his health**.(그녀는 그의 건강을 부러워해.)

~~She envies his health of him.~~(非文)

God forgives us.(신은 인간을 용서해.)

God forgives our sin.(신은 인간의 죄를 용서해.)

God forgives **us our sin**.(신은 인간의 죄를 용서해.)

~~God forgives our sin of us.~~(非文)

※ 주의사항:

● 두 개의 목적어를 지닌 것으로 보이는 동사 중 describe, explain, say, suggest는 "직접목적어+전치사+사람"의 순서를 취한다.

Describe **the suspect to me**.(*NOT* ~~Describe me the suspect.~~)
(내게 용의자 인상착의를 말해 봐.)

Can you explain **the plan to us**?(*NOT* ~~Can you explain us the plan?~~)
(그 계획을 우리에게 설명해 줄 수 있어?)

I've come to say **goodbye to you**.(*NOT* ~~I've come to say you goodbye.~~)
(네게 작별 인사 하려고 왔어.)

I suggested **a new method to her.**(***NOT*** ~~I suggested her a new method.~~)
(그녀에서 새로운 방법을 제시했지.)

E) 5형식 문장(불완전타동사)

목적어의 상태나 동작을 나타내는 목적격보어가 필요하며 목적격보어로는 명사,
형용사, 부정사, 분사, 부사 등이 올 수 있다.

ⓐ 명사가 목적격보어로 사용된 경우

Americans **elected** Joe Biden **president** of the U.S.A in 2020.
(미국인들은 2020년 죠 바이든을 대통령으로 선출했어.)

A lot of Germans **called** Kant **a chronometer**.
(많은 독일인들은 칸트를 정밀시계라고 불렀지.)

She **thought** me **a real scholar**.(그녀는 나를 진정한 학자라고 생각했어.)

Many patients **believe** her **a good doctor**.(많은 환자가 그녀를 좋은 의사라고 믿어.)

Koreans **have made** him **an idol**.(한국인들은 그를 우상으로 만들었지.)

ⓑ 형용사가 목적격보어로 사용된 경우

Her children **made** her **happy**.(그녀는 자녀들 덕분에 행복했어.)

They **kept** their kids **pretty**.(그들은 자식들을 예쁘게 키웠어.)

Workers **painted** the house **green**.(인부들이 집을 녹색으로 칠했네.)

ⓒ to-부정사가 목적격보어로 사용된 경우:

많은 수의 타동사가 목적어의 상태나 동작을 가리키기 위해 to-부정사를 사용하는 데
동사의 의미에 따라 다음의 4가지로 대별할 수 있다.

● 추정의 동사: believe, guess, imagine, suppose, think 등
People **think** her **to be cunning**.(사람들은 그녀를 간교하다고 생각해.)
I don't **suppose** him **to be honest**.(그가 정직하다고 생각하지는 않아.)

● 기대의 동사: expect, intend, want, wish, would like 등

I would **like** you **to go home** right now.(네가 얼른 집으로 가면 좋겠어.)

Do you really **want** me **to go out**?(내가 정말 나가기를 원해?)

She **expected** me **to accompany her**.(그녀는 내가 자기와 함께 하기를 기대했어.)

● 요구의 동사: advise, ask, cause, compel, enable, encourage, force, get, order, persuade, require, tell, urge 등

The money parents gave me **enabled** me **to go abroad** for traveling.
(부모님이 주신 돈 덕택에 여행하러 외국에 갈 수 있게 되었어.)

They **forced** her **to own up to** her faults.
(그들이 그녀에게 자신의 잘못을 모조리 자백하라고 강요했어.)

● 허락의 동사: allow, forbid, permit 등

They don't **allow** you **to park** here. = You are not allowed to park here.
(여기 주차하면 안 됩니다.)

They **forbid** you **to wear jeans** in a formal gathering.
= You are forbidden to wear jeans in a formal gathering.
(공적 모임에 청바지 착용은 금지야.)

ⓓ [전치사+명사]가 목적격보어로 사용된 경우: accept, consider, define, interpret, know, look upon, recognize, refer to, regard, take, think of, treat 등

Don't **think of** me **as a mean person**.(나를 치사한 사람으로 생각하지 마라.)

They **regard** her **as a beauty**.(그녀는 미인이라네.)

You should **consider** her **as the boss**.(그녀를 사장으로 생각해야지.)

ⓔ 부사가 목적격보어로 사용된 경우: bring, drive, find, get, lay, lead, leave, put, send, sit, stand 등

What **brought** you **here**?(여기에 무슨 일로 오셨죠?)

My friend **drove** me **home** last night.(어젯밤 친구가 집까지 태워다 줬어.)

ⓕ 원형부정사가 목적격보어로 사용된 경우(본동사가 사역동사인 경우): have, help(사역동사와 일반 동사로 사용됨.), let, make

The lady **had** him **fix** the roof.(부인이 그에게 지붕 수리를 맡겼지.)

He **made** the mechanic **fix** the machine.(그가 기계공에게 기계 수리를 맡겼어.)

At last, her parents **let** me **get** married to her.
(드디어 그녀 부모님이 나와 그녀의 결혼을 승낙했어.)

My supervisor **helped** me **(to) finish** my work.
(상사가 내 업무 마무리를 도와줬어.)

ⓖ 원형부정사가 목적격보어로 사용된 경우(본동사가 지각동사인 경우): feel, hear, notice, observe, see, smell, watch 등

I **saw** the thief **take** the diamond ring.(도둑이 다이아몬드 반지 집어가는 걸 봤어.)
Did you **hear** her **sing** a ballad?(그녀가 발라드 부르는 것 들었어?)
I **watched** some passengers **read** some books.
(승객 몇 명이 책 읽는 걸 봤어.)

3) 구동사(Phrasal verb)

ⓐ 정의: "동사 + 부사" 또는 "동사 + 전치사" 조합을 통해 동사 원래의 의미와 다른 새로운 의미 단위로 쓰이는 동사구로서 다음과 같은 종류가 있다.

▲ 타동사구: 타동사+부사

자동사+전치사

타동사+목적어+전치사

▲ 자동사구: 자동사+부사

　　　　자동사+부사+전치사

ⓑ 범주: 구동사는 숙어에 포함되나 숙어가 구동사인 것은 아니다. 구동사를 동사구라고 할 수는 있지만 동사구가 구동사인 것은 아니다.

ⓒ 대표적 구동사

act up(말썽피우다)

believe in(존재를 믿다), break down(고장 나다), break up(이별하다),
　　bring in(도입하다), burn out(지치다)

call off(취소하다), check out(살펴보다), clean up(깨끗이 청소하다),
　　come about(발생하다), come down(진정하다), come in(들어오다),
　　come on(성화할 때 쓰는 표현, 어서 해라, 제발 좀),
　　come up(발생하다, 가까이 오다, 떠오르다[with], count on(믿다, 의지하다),
　　crush on(짝사랑하다), cut back(지출을 줄이다)

draw up(작성하다),　　eat out(외식하다)

fall behind(뒤처지다), fall out(사이가 틀어지다), fight off(물리치다),
　　figure out(알아내다, 이해하다), fill in(채워 넣다, 기재하다),
　　find out(발견하다), fix up(결정하다), freak out(당황하다),

get on(계속하다, 타다, 해 나가다), get out of(내리다), get up(일어나다),
　　give up(포기하다), go away(사라지다), go back(돌아가다), go off(폭발하다)

hold on(기다리다), hold up(연기하다), hurry up(서두르다),　knock off(그만두다)

lay off(해고하다), leave out(생략하다), let down(실망시키다),
　　look forward to(기대하다), look out(밖을 보다), look up to(존경하다)

make after(따라가다), make out(이해하다), make toward(s)(향해 가다),
　　make up(결심하다, 꾸며내다, 발명하다, 변명하다, 화장하다, 화해하다),
　　mess up(망쳐버리다)

pass away(죽다), pass by(지나가다), pass out(나눠주다), pass off(이루어지다),
　　pay off(보상받다), pick out(두드러지다), pick up(줍다, 태워주다, 획득하다),
　　put forward(제안하다), put off(연기하다), put on(입다, 걸치다, 살이 찌다)

ring someone back(답전화하다), run out(= run short 소진되다)

send out(나누어 주다), set up(설립하다), show off(자랑하다), show up(나타나다), step down(사직하다)

take off(벗다, 풀다, 이륙하다, 자리를 뜨다), take on(색깔을 띠다, 받아들이다), take out(꺼내다), take over(인수하다, 맡아서 하다), talk into(설득하다), throw away(포기하다), try on(시험 삼아 입어보다), turn down(거절하다, 음량을 줄이다), turn off(끄다), turn on(켜다), turn round(돌다), turn up(나타나다, 도착하다, 음량을 높이다)

wash up(설거지하다), work on(꾸준히 하다, 열중하다), work out(계산하다, 운동하다, 결과를 가져오다), write down(기록하다),

B) 구동사의 어순

"동사+부사"가 결합된 구동사(phrasal verb)에서 명사가 목적어일 때 목적어의 위치는 부사의 앞이나 뒤 어디에나 올 수 있지만 대명사가 목적어일 때에는 반드시 동사와 부사 사이에 와야 하며 목적어가 수식되어 길 때에는 부사 뒤에 온다.

take the coat **off** = take **off** the coat

write the letter **down** = write **down** the letter

turn **down** the proposal = turn the proposal **down**

Don't leave **out** the last article **written by Chomsky**. [수식된 목적어는 부사 뒤]

pick **up** the trash = pick the trash **up** = pick **it** up[*NOT* ~~pick up it~~]

try **on** the muffler = try the muffler **on** = try **it** on[*NOT* ~~try on it~~]

cut **it** up(*NOT* ~~cut up it~~); switch **it** off(*NOT* ~~switch off it~~) up, off 는 부사

Adages

Beauty is only skin-deep.(아름다움은 고작 피부 한 꺼풀.)
Blood is thicker than water.(피는 물보다 진하다.)
Blood will have blood.(=Violence begets violence.)(피는 피를 부른다. 폭력은 폭력을 낳는다.)

The bread never falls but on its buttered side.(재수없는 사람은 자빠져도 코가 깨진다.)
Murphy's Law라는 것을 많은 사람들이 알 것이다. 미국 공군 대위였던 Edward Murphy에게서 유래한 이 법칙은 결과가 잘못되거나 불리한 상황이 반복되는 상황을 표현할 때 사용되면서 보편적으로 쓰이게 되었다.

1) 종류

분류	기능 및 특징	종류
일반조동사 (auxiliary verbs)	문장의 형태를 전환함	be, do, have
법조동사 (modal verbs)	화자의 심적 태도를 나타냄	can, may, must, would, should, will, shall, ought to, used to, need, dare
	부정사형과 분사형이 없어서 be able to, be allowed to, have to를 사용함	
	뒤에 동사원형을 사용하며 시제나 인칭에 따른 변화가 없음	

※ 주의사항:

◉ 조동사 및 일반동사로 쓰이는 dare와 need의 경우 조동사로 쓰인 경우와 일반동사로 쓰인

경우를 잘 구분해야 한다.

Amundsen **dared** the perils of arctic travels.[일반동사]

(아문젠은 극지방 여행의 위험을 무릅썼어.)

How **dare** you **say** that![조동사](네가 감히 어찌 그런 말을 해!)

He **needs** some money.[일반동사](그는 돈이 좀 필요해.)

He **need not leave** right now.[조동사](그는 지금 당장 떠날 필요는 없어.)

A) 일반조동사

ⓐ Be

◉ 수동태와 진행형에 사용됨.

I **was born** in 1991.(나는 1991년생이야.)

The soldier **was found** wounded at the battlefield.

(그 병사는 전쟁터에서 부상당한채로 발견되었지.)

He **was studying** English when their parents came back.

(부모님이 돌아 오셨을 때 그는 영어 공부 중이었어.)

They **were haggling** over the price of the house.

(그들은 집값을 흥정하는 중이었어.)

ⓑ Do의 용법(자세한 내용은 동사 부분 참조)

- ⦿ do는 본동사로도 쓰이고 조동사로도 쓰임.
- ⦿ 본동사로 쓰일 때에는 [하다]라는 의미.
- ⦿ 의문문과 부정문에서는 조동사로 쓰임.
- ⦿ 동사의 의미를 강조하는 조동사, 다른 동사 대용으로 쓰이는 대동사로도 사용됨.

I **do** the work every day and night.[일반동사](난 매일 밤낮으로 일을 해.)

What **do** you do for a living?[조동사](직업이 뭐니?)

We **do**n't want much money.[조동사](우리는 많은 돈을 원하지 않아.)

I **do** want to go home right now.[조동사](정말 지금 당장 집에 가고 싶어.)

I like studying English. So **do** I.[대동사](영어공부를 좋아해. 나도 그런데.)

ⓒ Have(자세한 내용은 동사 부분 참조): 완료시제에 주로 사용된다.

I **have met** her before.(나는 전에 그녀를 만난 적이 있어.)

He **has studied** English for ten years.(그는 10년째 영어 학습을 하고 있지.)

She **has lost** her Rolex watch.(그녀는 롤렉스 시계를 잃어버렸어.)

They **have finished** the project.(그들은 사업을 완료했지.)

B) 법조동사

ⓐ will/shall 용법

will	주어와 화자가 일치할 때 주어(화자)의 의지(주어가 1인칭인 경우)
	"예측/의도/위협/약속"의 의미를 나타냄
	will you...?는 "지시, 명령, 요청,"의 의미; won't 는 "거절"의 의미
	주문/제안/약속/초대할 때 사용
	일반적인 미래를 나타냄
	계획이나 의도와 무관
	말하는 순간 결정하거나 동의하는 상황 의미
shall	주어와 화자가 일치하지 않을 때(주어가 2인칭/3인칭) 화자(의문문일 경우는 청자)의 의지를 표현할(물어볼) 때 사용
	주어가 1인칭일 때도 사용할 수 있으나 다소 문어체적인 활용임
	의문문에서는 제안/암시의 의미
	격식을 차린 뉘앙스이며 미국 영어에서는 사용하지 않음

● 인칭별/문장 종류별 will/shall 의 변화

	단순미래		의지미래	
	평서문	의문문	평서문 (화자의 의지)	의문문 (청자의 의지)
1인칭	will	will	will	shall
2인칭	will	will	shall	will
3인칭	will	will	shall	shall

I **will** get married to her next year whatever happens.

(무슨 일이 있더라도 나는 내년에 그녀와 결혼할 거야.)

I **will** be 25 years old next year.(나는 내년에 25세가 되네.)

He **will** have done the work quite well. 【추측】(그는 그 일을 꽤 잘 해냈을 거야.)

I'm starving. I'**ll** have anything edible from the fridge.

(배가 너무 고파. 냉장고에 먹을 거 아무 거라도 먹을래.)

It's raining outside. I'**ll** drink some rice wine of Korea.

(밖에 비가 오네. 막걸리 좀 마셔야겠다.)

Will you come over for a drink tonight?(오늘 밤 한 잔 마시러 올래?)

You **shall** be given this book if you want it.

(네가 원한다면 이 책을 줄께.)[I will give this book if you want it.]

Shall he come here right now?(그를 지금 오라고 할까요?)

[Do you want him to come here right now?]

● Shall I/we...? 는 지시, 결정을 묻거나 제안 제시하는 의미.

What on earth **shall** we do?(도대체 뭘 하지?)

Shall I carry your bag?(가방 들어줄까?)

Shall I take your coat?(코트 걸어 드릴까요?)

Shall we dance?(춤추실래요?)

※ 주의사항:

● would: 과거의 예측 또는 가능한 상황에 대한 예측.

would you...?는 더 부드러운 표현

He got up very early this morning. He **would** be sleepy until noon.(가능한 상황)

(걔 오늘 아침 무지 일찍 일어났어. 정오까지 졸릴 거야.)

Would you come this way, please?(부드러운 표현)

(이리 오실라우?)

● 성향, 고집의 will/would; I won't 는 강한 거절의 의미.

The door **won't** open.(문이 열리지 않는다.)【성향】(잘 열리던 문이 안 열린다.)

The door isn't open.(문이 열려있지 않아.)【문이 닫혀 있는 상태】

The door doesn't open.(그 문은 늘 닫혀 있어.)【문이 항상 열리지 않는다.】

The door **wouldn't** open.(문이 열리지 않았어.)【과거의 성향】

The door wasn't open.(문이 열려있지 않았어.)【문이 닫혀 있었다.】

The door didn't open.(그 문은 열리지 않았어.)【문이 항상 닫혀 있었다.】

ⓑ can

"--할 수 있다"거나 "능력을 지니고 있다"는 의미
일반적으로 약하게 발음
부정 표현인 cannot/can't는 강하게 발음. "--일리가 없다."는 의미
의문문일 경우 "--일 수 있을까?"라는 강한 의심
현재 시제에서 문어체 표현은 can 대신에 be able to를 사용
to 부정사와 다른 조동사 그리고 현재완료 시제 뒤에는 반드시 be able to를 사용
미래 시제는 will be able to
미래의 가능한 행위를 암시할 때 사용
미래에 무엇을 할 것인가에 관해 현재 결정을 내릴 때 사용 (기타의 경우에는 will be able to 사용)

I **can** see you tomorrow morning for half an hour.
(내일 아침 자네를 30분 정도 볼 수 있네만.)

One day we **will be able to** live without wars.(언젠가 전쟁 없이 살 수 있겠지.)

Any child **can** solve such an easy question.
(이렇게 쉬운 문제는 어린애라도 풀 수 있어.)

You **cannot** be wrong.(네가 틀렸을 리가 없잖아.)

Can it be true?(그게 사실일까?)

I **will be able to** go abroad next year.(내년에 외국에 갈 수 있을 거야.)

She **cannot have done** such a cruel thing. 【과거의 추측】
(그녀가 그렇게 잔인한 일을 했을 리가 없어.)

I **could have met** her then.
(그 당시 그녀를 만날 수도 있었는데.) 【결과적으로 만나지 못함】

They have many kinds of recipes. They **can/are able to** cook a lot of dishes.
(그들은 많은 종류의 조리법을 보유하고 있어. 그들은 많은 요리를 할 줄 알지.)
It's desirable to **be able to** go there tonight.(오늘밤 그 곳에 갈 수 있어야 해.)

She must **be able to** support her parents.(그녀는 자기 부모를 도와줄 수 있어야 해.)

I've been able to observe her behavior.(그녀 행동을 관찰할 수 있었지.)

If he has much money, he **can**/will **be able to** go abroad.
(돈이 많으면 그는 외국으로 갈 수 있을 거야.)
I'm afraid she **can't/won't be able to** bring home the bacon.
(그녀는 가족을 부양할 수가 없어서 걱정이야.)

We **can** go and try the newly-opened cafe.(새로 연 카페에 가 보자.)

※ 주의사항:

● 부탁하거나 요청할 때의 표현

Can/Could 구문.
Do you mind/Would you mind + ing 구문
Would you like to 구문
"찾는 물건 + please" 구문
"I'd like + 찾는 물건" 구문
"I'll have +음식(음료)명" 구문.

Can you do me a favor?(부탁 좀 들어줄 수 있어?)

Could you do me a favor?(부탁 좀 들어주실 수 있으세요?) **【could은 정중한 표현】**

Do you mind bringing a cup of coffee?(커피 좀 가져 올래?)

Would you mind fetching a cup of coffee?(커피 좀 가져 오실래요?)

Would you like to bring some coffee for me?(커피 좀 가져올래요?)
【이 때 Do you like -- 구문을 사용하지는 않는다.】

Can I/we have a pencil, **please**?(연필 좀 줄래?)

Could I/we have a free lunch, **please**?(무료 점심 좀 먹을 수 있을까요?)
Some shirts for a male, please.(남성용 셔츠 좀 주세요.)

I'd like some socks.(양말 좀 주세요.)

I'll have an espresso coffee.(에스프레소 커피 주세요.)

● 반면 누군가에게 지시할 때는 I want someone to를 사용.

(친구처럼 허물없는 사이에서 사용하고 모르는 사람이나 격식을 차려야 할 때는 사용하지 않는다.)

윗사람이 아랫사람에게 말할 때에도 명령형보다는 "I want you to..." 또는 "I would like you to
--" 또는 "You must--"구문을 사용한다.

I want you to come to my room quickly.(내 방으로 얼른 좀 오시게.)

I would like you to be more diligent.(좀 부지런했으면 좋겠는데.)

You must cooperate with your coworkers well.(동료들과 잘 협력하세요.)

c could vs. was able to

과거의 능력이나 기회를 표현할 때 could이나 was/were able to를 사용.
능력이나 기회가 특정한 행동에서 비롯되었거나 실제 발생한 상황의 결과로 생겼 다는 뉘앙스일 때는 was/were able to로 표현하며 could은 사용 불가.
부정문과 의문문에서는 두 가지 구문 모두 사용 가능하고 지각동사(observe, see, smell etc.)와 인식동사(think, understand etc.)는 could만 사용.
가정법 표현인 could을 would be able to 의 의미로 사용 가능.
어떤 한 경우(on one occasion)에 뭔가를 해낼 수 있었다는 표현을 할 때는 can의 과거형 could이 아닌 managed to 또는 succeeded in --ing 를 사용.

I **had** a lot of money when in college. I **could/was able to** study only.

(대학 시절 돈이 많았어. 오로지 학업에만 열중할 수 있었지.)

Their parents **were** very rich. They **could/were able to** be generous.

(걔네 부모님 부자야. 돈을 펑펑 쓸 수 있었지.)

He **was able to** buy a new car thanks to the balance in the bank.

(걔는 은행 잔고 덕택에 새 차를 살 수 있었어.) 【은행 잔고라고 하는 **특정 상황.**】

She **was able to** make him do what she wants him to.

(그녀는 자기 뜻대로 그 남자를 부릴 수 있었지.) 【**실제 할 수 있었음.**】

The troops **were able to** withdraw from the battlefield. 【철수를 확실히 함.】
(군대는 전장에서 퇴각할 수 있었어.)

He **could** help others when he was still young. 【과거의 능력】
(그는 아직 어렸을 때부터 타인을 도울 수 있었어.)

He **was able to** help others thanks to his money from lottery. 【특정한 상황】
(그는 복권 당첨금 덕분에 타인을 도울 수 있었지.)

It was cloudy so we **couldn't/weren't able to** fly kites.
(구름이 껴서 연을 날릴 수 없었어.)

Could you/**Were** you **able to** visit the palace?(궁전을 방문할 수 있었어?)

I **couldn't**(*NOT* ~~wasn't able to~~) see the meaning of the word.[지각동사]
(그 단어의 의미를 알 수 없었어.)

He **could**(*NOT* ~~was able to~~) smell some toxic chemical.[지각동사]
(유독성 화합물질 냄새가 났어.)

They **could**(*NOT* ~~were able to~~) understand what he was saying.[인식동사]
(걔네들은 그의 말을 이해할 수 있었지.)
【이 문장의 경우 were able to도 원어민 귀에는 틀리지 않는 것으로 이해된다고 한다.】

The soldiers **couldn't**(*NOT* ~~weren't able to~~) think on their own.[인식동사]
(군인들은 스스로 생각할 수 없었어.)

I **managed to** get up early today.[on one occasion](아침 일찍 일어날 수 있었지.)

After six hours, we **succeeded in** getting to the top of the mountain.
[on one occasion](6시간 후 산 정상에 다다를 수 있었어.)

She **could** read when she was four.[not on one occasion]
(그녀는 네 살 때 읽을 수 있었지.)

He **couldn't** find the ticket.[He didn't manage it]
(그는 입장권을 구입하지 못했어.)

● 지각동사(feel, hear, see, smell, taste)와 can/could을 사용하면 진행의 의미.

I **can see** Jeanne coming.[*NOT* ~~I'm seeing...~~](지안이 오는 게 보여.)

What's in the soup? I **can taste** something funny.
(수프에 뭐가 있지? 이상한 냄새가 나네.)

d can(could) vs. may

허락을 구하는 표현으로 could은 보다 더 정중하고 may는 다소 격식을 차린 표현.
상대가 허락을 구할 때 용인하려면 can이나 may를 사용하고 could은 사용 불가.
이 때 may는 다소 형식적 표현이며 회화체에는 잘 사용하지 않음.
거부할 때에는 can't 또는 may not을 사용하고 could not은 사용 불가.
강한 금지는 must not 사용.

Can I carry your bag?(가방 들어 줄까?)

I **could** do some shopping for you, if that would help.
(도움이 된다면 네 대신 장을 봐 줄 수도 있어.) 【could은 덜 확정적: 제안/요청에 사용】

Can I use the telephone?(전화 좀 써도 되겠니?)

May I come in?(들어가도 되겠습니까?)

May I use your calculator?(계산기를 좀 사용해도 될까요?)

Could you repeat what you said just now?
(방금 하신 말씀 다시 한 번 해 주시겠습니까?)

Could I use your pen on the desk?(책상 위 펜 좀 써도 될까요?)
Of course, you **can**.(네 그러세요.)

You **can** use the telephone.(전화 쓰셔도 됩니다.)
You **may** use the stationery on the rack. 【게시판의 공지 사항】
(선반 위 문구류 사용하세요.)
You **can't** use the telephone.(전화 사용하시면 안 되는데요.)

Tenants **may** not make noises at night.

(입주민들은 밤에 소음을 발생시키면 안 됩니다.)

You must not take anything in the garage.(차고의 어느 것도 반출하면 안 된다.)

※ 주의사항:

◉ 특정한 상황이나 실제 발생한 상황에서 비롯된 허가에 대해 말할 때는
was/were allowed to 구문만 사용.

I **was allowed to**(*NOT* ~~could~~) watch the movie after class. 【실제 발생한 행위】
(수업 후 영화를 보도록 허가를 받았지.)

Some inmates of the prison **were allowed to**(*NOT* ~~could~~) play soccer when
the Prime Minister paid a visit to the prison. 【특정한 상황 하에서】
(국무총리가 감옥을 방문했을 때 일부 수감자들은 축구 경기 허락을 받았다.)

Am I **allowed to** use a calculator in the math exam? 【사용 규정 유무를 묻는 표현】
(수학시험에서 계산기를 사용해도 되나요?)

ⓔ 기타 may(might)의 용법

허가(--해도 좋다) 또는 추측(--일지도 모른다)의 의미.
기원문에서는 문장의 앞에 위치.
허가의 부정은 must not을 사용.
기타 관용어구에 사용.

You **may** come if you want to.(원하면 와도 좋아.)

What he said **may** not be true.(그가 한 말은 사실이 아닐지도 몰라.)

May the Queen live long!(여왕폐하 만수무강하십시오!)

He **may have** got the tickets. 【추측】(그가 입장권을 구했을지도 몰라.)

They called me **so that** they **might** get some information on that matter.(목적의 의미)

They called me **in order that** they might get some information on that matter.

They called me **so as to** get some information on that matter.

Grammar Set Free

155

They called me **in order to** get some information on that matter.

They called me **for the purpose of** getting some information on that matter.

(걔들은 그 문제에 관한 정보를 얻으려고 나한테 전화했어.)

You **may well** go right now.(너 지금 가는 게 당연해.)

[= It is natural that you go right now.]

You **may as well** start studying English from now.(지금부터 영어공부 하는 게 좋지.)

[= You had better start studying English from now.]

🔢 must의 용법

필요나 의무(--해야 한다) 또는 강한 추측(--임에 틀림없다)을 의미.
부정은 don't have to 또는 need not이며 must not은 강한 금지의 의미.

It's too late. I **must** go now.(너무 늦었어. 이제 가야겠네.)

His excuse **must be** true.(걔 변명은 사실이 분명해)【강한 추측, 부정은 cannot be】

They **must have stolen** the money from the bank.

(걔들이 은행에서 돈을 훔쳤음에 틀림없어.)

【과거의 강한 추측, 부정은 cannot have +과거분사】

You **must not** give him anything to eat.(걔한테 먹을 것은 절대 주면 안 된다.)

Must I do this work at once?(이 일 얼른 해야 하나요?)

Yes, you **must**.(그래. 빨리 해야만 해.)

No, you **don't have to**.(아니, 그럴 필요 없어.)[No, you **need not**.]

● 과거형과 미래형은 have to를 바탕으로 한다.

　또한 to-부정사와 다른 조동사 그리고 현재완료 뒤에는 have to를 사용.

　부정문과 의문문은 do를 기본형으로 사용.

People in Korea are supposed to elect new president this year. They **must/have to** think about the future of their motherland.

(한국 국민들은 올해 새 대통령을 선출하게 되어 있어. 그들은 그들 모국의 미래에 대해 생각해야 해.)

He has a plan to be a teacher after graduation from college. He **must/has to** study hard during college.

(그는 대학 졸업 후 교사가 될 계획이야. 그는 대학 재학 중 열심히 공부해야 해.)

I want to be able to support my family. I **must/have to** live a diligent life.

(난 가족 부양을 할 수 있기를 원해. 난 부지런한 삶을 살아야 해.)

She **had to** attend the meeting reluctantly yesterday.

(그녀는 어제 마지못해 모임에 참석해야 했었어.)

He **will have to** return the book he borrowed in three days.

(그는 대출한 책을 사흘 후에 반납해야 할 거야.)

I don't want you to **have to** do what you don't want to.

(네가 하기를 원치 않는 일을 하게 되는 것을 원치 않아.)

When you find yourself in a financial difficulty, you **might have to** do anything to make money.

(궁핍할 때는 아무 거라도 해서 돈을 벌어야 할지도 몰라.)

He has **had to** gaze at the object of the experiment to find the reason of the subtle phenomenon.

(신비한 현상의 이유를 밝혀내기 위해 실험대상을 응시해야 했어.)

You **don't have to** come that early.

(그리 일찍 올 필요는 없어.)

Did you **have to** pick her up at the station?

(그녀를 역에서 데려와야 했니?)

⑨ must vs. have to vs. should(ought to)

must	화자(주어가 아닌)가 필요하다고 느낄 때 사용. 명령/충고/제시/의무의 의미. 특히 1인칭 주어와 함께 쓰일 때는 소망의 뉘앙스
have to	상황 즉 목적 또는 외부에서 비롯된 의무를 표현. have got to를 사용하기도 하는데 주로 현재 시제에 사용되며 회화체 표현

should	화자의 충고, 의무, 도덕적 책임, 당연, 필요, 적당함 등의 의미 강한 제시, 충고, 견해에 사용 명령과 지시를 좀 더 정중하게 할 때 사용 어찌해야 할 지 모를 때 묻는 의문문에 사용
ought to	should과 동일한 용법

You **must** be careful. (조심해야 해.) 【화자 "I"가 주어 "you" 에게 충고하는 상황】

We **must** leave now.(지금 떠나야 해.)
【화자 "I" 가 상대방 "you" 또는 다른 구성원들에게 충고하는 상황】

I **have to** save money for my future.(미래를 위해 저축해야 해.)
【누군가 "I" 에게 충고를 한 상황】

We **have to** arrive in time.(시간 안에 도착해야 해.) 【규칙이나 규정일 경우】

I **have to** paint the wall of my house. Father asked me to do so.
(집 벽을 페인트칠을 해야 해. 아빠가 하라고 시키셨어.)

We **have to** lend some money to James. He did lend money to us the other day.
(제임스에서 돈을 좀 빌려줘야 해. 걔가 전에 우리에게 빌려줬잖아.)

I **must** stop smoking.(담배 끊어야지.) 【주어의 희망】

I've **got to** stop smoking.(담배 끊어야 해.) 【의사의 권유】

Must you wear those dirty jeans?(그 더러운 청바지를 입어야겠어?)
【Is that what you want?그걸 원해?】

Do you **have to** wear a tie at work?(근무 중 넥타이를 매야 하는 건가?)
【Is there a rule?그런 규정이 있어?】
We **must** obey our parents.(부모님 말씀을 잘 들어야 해.) 【의무】

You **have to** study hard to succeed in life.(성공하려면 열심히 공부해야 해.) 【목적】

You **should** leave right now not to be late for the last train.
(막차를 잡으려면 지금 떠나라.) 【권유】

Applications **should** be sent before June 30th.(신청서는 6월 말일까지 내세요.) **[필요]**

Should I change my job or stay where I am?(전직할까 그냥 있을까?) **[의견 요청]**

He **ought to** marry her nonetheless.(그 남자는 그래도 그녀와 결혼해야지.) **[충고]**

I **have to/have got to** call her right now.(지금 즉시 그녀한테 전화해야 해.)

She **has to/has got to** buy some clothes.(그녀는 옷을 사야 해.)

Do we **have to** confess our wrongdoing?/**Have** we **got to** confess our wrongdoing?

(우리 잘못을 고백해야 할까?)

※ 주의사항:

● 위 설명을 간단히 정리하면 다음과 같다:

have to	목적 강조
You **have to** study English to get as many chances to succeed as possible. (가능한 성공할 기회를 많이 잡기 위해서는 영어를 공부해야 해.)	
must	의무 강조
We **must** obey our parents in any circumstances. (어떤 상황에서라도 부모님께 복종해야 해.)	
should(ought to)	화자의 판단 강조
You **should(ought to)** start right now before it gets dark. (어두워지기 전에 지금 출발해야 해.)	

ⓗ mustn't vs. needn't

mustn't	"바람직하지 못한 생각/또는 강한 금지"의 의미
needn't	"필요하지 않다"는 의미

You **mustn't** let him drink any more liquor. He is already drunk.

(그 친구 술 더 못 마시게 해라. 이미 취했어.)

He **mustn't** go out of his house. He is under house arrest.

(걔 집 밖에 나가면 안 돼. 가택 연금 중이야.)

I **mustn't** eat anything for 6 hours. I am supposed to have a CT scan.

(6시간 금식이야. CT 촬영을 하게 되어 있어.)

You **needn't** come to my help. There are several volunteers for me.

(나를 도우러 올 필요 없어. 도와준다는 지원자 여럿 있어.)

He **needn't** buy any furniture. He managed to find a furnished house.

(걔는 가구 살 필요 없어. 가구 딸린 집을 구할 수 있었어.)

We **needn't** run toward the venue. The meeting has been delayed.

(모임 장소까지 달릴 필요 없어. 모임 취소되었어.)

※ 주의사항:

> don't have to/don't need to/needn't: "--할 필요가 없다." 는 의미
>
> 과거형은 didn't have to 또는 didn't need to.

You **don't have to/don't need to** find a new house. Your parents will buy you a house.

(새 집을 살 필요가 없잖아. 부모님이 사줄 텐데 뭘.)

He **doesn't have to/doesn't need to** buy a new computer. He can use any computer installed in the conference room.

(걔는 새 컴퓨터 살 필요 없어. 회의실 컴퓨터 사용하면 되는데.)

> didn't need to: 과거에 "무엇인가를 할 필요가 없었다"는 의미.
>
> needn't have + pp: "과거에 할 필요가 없었던 행위를 했다."는 의미.

She **hadn't bought** a new textbook. Her senior students donated textbooks for the juniors including her. She **didn't need to** buy one.

(그녀는 새 교재 구입을 안했어. 그녀를 포함한 후배들을 위해 선배들이 교과서를 기부했어. 그녀는 교재를 살 필요가 없었지.) **【그래서 사지 않았다는 의미】**

I went to the library to borrow the book I had had in mind. Coming back home, I came to see that I had already borrowed the same book from a friend of mine. I **needn't have gone** to the library.

(염두에 두었었던 책을 빌리려고 도서관에 다녀왔어. 집에 오다가 똑같은 책을 이미 친구한테 빌린 것을 알게 되었어. 도서관에 갈 필요가 없었는데.)

【결과적으로 도서관에 이미 다녀온 상황】

would

용법	will의 과거형
	과거의 불규칙적인 습관(--하곤 했다)
	정중한 부탁(--해 주시겠습니까?)
	간절한 희망(--하고 싶다)
	부정문에서는 강한 거절(--하려 하지 않았다)의 의미

I thought that I **would** finish the work by then. 【시제의 일치】

(그 때까지는 그 일을 끝내리라고 생각했다.)

We **would** visit him in the afternoon when he was free. 【과거의 불규칙적 습관】

(그가 한가한 오후에 그를 방문하곤 했다.)

Would you make way, please?(길 좀 비켜주시겠습니까?) 【정중한 부탁】

I **would** like to see her now.(지금 그녀가 보고 싶다.) 【간절한 희망】

The lady **would not** open her bag. (그녀는 자신의 가방을 열려고 하지 않았다.)
【강한 거절】

used to

용법	과거의 규칙적인 습관/과거의 계속적인 상태를 의미

When I was a high school student, I **used to** meet her at a bus stop every morning on our way to school.
(고등학생 시절 매일 아침 학교 가는 길에 버스정거장에서 그녀를 만났었지.)

There **used to** be a grand theatre around here fifty years ago.
(50년 전에 이 곳 근처에 커다란 극장이 있었지.)

※ 주의사항:

● used to vs. be used do vs. get used to

used to	[과거의 규칙적 습관]
I **used to** go abroad when young.(어릴 때 외국에 나가곤 했었어.)	
get used to	[익숙해지다:행위]

I will **get used to** going abroad in the future.(장차 외국에 나가는 게 익숙해질 거야.)	
be used to	[익숙해져 있다:상태]
I **am used to** going abroad.(외국에 나가는 것에 익숙해져 있어.)	

🅚 should

	shall의 과거형
용법	의무(--해야 한다)/간절한 희망의 표현
	가정법에 사용
	과거에 이루지 못한 것에 대한 표현
	화자의 주관적/이성적/감정적 판단을 나타내는 형용사(natural, necessary, strange 등)가 쓰인 절의 종속절에 [should+동사원형]을 사용
	주절 동사가 부탁(ask), 요구(demand), 주장(insist), 명령(order), 제안(propose) 추천(recommend), 권고(suggest) 등과 같이 동사가 나타내는 행위가 아직 완료되지 않았을 때 즉 가정법적 상황일 때에 종속절에 [should+동사원형]을 사용

All of us thought that I **should** become thirty next year. 【시제의 일치】
(우리 모두는 내가 내년에 30살이 된다고 생각했어.)

You **should** live by the maxim your parents have set for you.
【의무, 화자의 주관적 판단】
(부모님이 자네를 위해 정한 금언에 따라 살아가야 한다네.)

I **should**(would) like to go abroad with her. 【간절한 희망】
(그녀와 함께 해외로 가고 싶어.)

It is necessary that you **should** get married to her. 【화자의 주관적 판단】
(자네 그녀와 결혼해야 해.)

They insisted that he **should** pay for the food this time. 【가정법적 상황】
(이번에는 그가 음식 값을 내야 한다고 사람들이 주장했어.)

You **should have come** here a bit earlier to see her.
【과거에 이루지 못한 것에 대한 후회】
(그녀를 보려고 했으면 여기 조금 일찍 왔어야 했었어.)

❶ shall vs. should

Shall I?	해 주겠노라고 제안할 때
Shall we?	함께 하자고 제안할 때
shall	의문문에서는 제안의 의미. 조언을 구할 때 shall 또는 should
should	최선 또는 행해야 옳은 것을 나타낼 때 사용

Shall I go there with you? No, thanks. I can go by myself.
(같이 갈까? 아니, 괜찮아. 혼자 갈 수 있어.)

Shall we go shopping? We run short of groceries.
(장보러 갈까? 식료품이 부족해.)

When **shall** we leave for Jeju Island?(제주도에 언제 갈까?)

I failed at the exam again. What **shall/should** I do?
(시험에 또 떨어졌어. 어쩌지?)

Students **should** be able to prepare for their future.
(학생들은 미래를 대비할 수 있어야 해.)

You **should**n't be extravagant when you start making money.
(돈을 벌기 시작했으면 낭비하지 않아야 해.)

※ 주의사항:
● 권유의 표현

Shall we--?	--할까?
Let's --	--하자.
주어 + could	--할 수 있잖아.
Why don't--?	--하지 그러니.
What(How) about --ing?	--하는 게 어떨까?

There are too many people waiting for the bus. **Shall we** go on foot?
(버스를 기다리는 사람이 너무 많네. 걸어갈까?)

The weather is clear. **Let's** take a walk.(날씨가 좋네. 걷자.)

You **could** call her to make up.(그녀에게 전화해서 화해해.)
I'm about to call her now.(지금 전화할 참이야.)

Why don't you try this shirt on?(이 셔츠 입어볼래?)
What(How) about trying this shirt on?(이 셔츠 입어보는 게 어때?)

● 제안의 표현

will이나 can 사용
의문문에는 shall이나 can 사용
식음료 제공시 Would you like나 Will/Won't you have 구문 사용
허물없는 사이에서는 단순한 명령법 사용

I'll move the chair first. (내가 의자를 먼저 옮길게.)
Thank you so much.(너무 고마워.)

I can accompany you to the city hall.(시청까지 같이 가 줄 수 있어.)
I'd appreciate that.(그리 해주면 고맙지.)

Shall I bring some more milk?(우유 더 드릴까요?)
That's very kind of you.(친절도 하셔라.)
Can I pack the small boxes?(작은 상자들은 포장할까?)
That's a big help for me.(큰 도움이 되겠네.)

Would you like some coffee?(커피 드실래요?)
Why not?(당연한 거 아냐?)

Would anyone like some cheese?(치즈 먹을 사람?)
Yes, please.(네, 주세요.)

Will you have something to drink?(뭐 좀 마실래?)
Not at the moment.(지금은 됐어.)

Won't you have some fruit?(과일 좀 먹지 않을래?)

Oh, lovely.(좋지.)

Have some cookies.(과자 좀 먹어.)

Thanks a lot.(고마워.)

㎡ should(ought to) vs. had better vs. be supposed to

should (ought to)	최선 또는 옳은 것을 말할 때 사용 의문문에서는 조언을 구하는 의미 진행형 사용 가능
had better	어떤 상황에서의 최선이 무엇인가를 말할 때 should 나 ought to 보다 좀 더 강한 의미 직접적인 표현이니 정중한 요청에는 사용하지 않음 과거형도 아니고 비교급 표현도 아님
be supposed to	일상적이거나 정확한 행동방식에 관한 표현 임박한 미래를 가리킴 should나 ought to 보다 더 긴급함을 나타냄

I **ought to** go and see Fred one of these days.(조만간 Fred를 만나야 해.)

Well, you**'d better** do it soon.(음, 곧 그렇게 하는 게 좋겠구나.)

You**'d better** help me or there'll be trouble.(나 안 도와주면 골치 아플 거야.)

Whenever you feel under the weather for quite a long period of time, you **should/ought to** consult a doctor.(꽤 오랜 기간 몸이 무거우면 의사 진찰을 받아야 해.)

You **should/ought to** keep your word in order to get the trust of others.
(타인의 신뢰를 얻으려면 약속을 지켜야 해.)

What **should** I do in this situation?(이럴 때 어떻게 해야지?)

How **should** I get over this difficulty?(이 난관을 어떻게 이겨내나?)

How **ought** I **to** get over this difficulty?(이 난관을 어떻게 이겨내나?)

Parents will come anytime soon. I **should** be studying.
(부모님이 곧 언제라도 들이닥칠 거야. 공부하고 있어야 해.)

Others are doing something now. You **ought to** be doing something as well.
(다들 뭔가를 하고 있잖아. 너도 뭐를 좀 하고 있어야지.)

We are still in poverty. We **had better** be more frugal.(아직도 가난해. 더 아껴야 해.)

You **had better** call him right now not to make him annoyed.
(그를 짜증나지 않게 하려면 즉시 전화하는 게 좋겠다.)

All drivers **are supposed to** observe regulations regarding driving.
(운전자라면 운전관련 규정을 준수해야 해.)

What **am** I **supposed to** do with the love I have for you?
(그대 향한 나의 사랑을 어찌 하나요?)

ⓝ need

본동사	긍정문에서
법조동사	의문문과 부정문에서

I **need** to meet her right now.(지금 즉시 그녀를 만날 필요가 있어.)

Do I **need** to pay now? or **Need** I pay now?(지금 내야 하나요?)

He doesn't **need** to go.(or He **need**n't go.)(걔는 갈 필요 없어.)

ⓞ dare

본동사	긍정문에서
법조동사	의문문과 부정문에서

Some students **dare** to retort their teacher.
(어떤 학생들은 감히 선생님께 말대꾸를 해 대지.)

They **dare** not see their parents.(그들은 감히 부모님을 쳐다보지도 못해.)

How **dare** you say such a thing to me?(네가 어떻게 나에게 그런 말을 하니?)

□ 조동사 + 완료형(have been)

may have + pp might have + pp	과거에 발생한 것으로 추측되는 상황에 사용
could have + pp	과거에 발생한 것으로 추측되는 상황 또는 활용하지 않았던 기회/실제 발생하지 않은 가능한 결과에 사용

They **may(might) have watched** the movie. 【아마도 영화를 봤을 것이다.】

(걔네들은 영화를 봤을지도 몰라.)

I **could have gone** abroad but I decided to stay home.

(외국으로 갈 수도 있었지만 집에 머물기로 했지.)

may/might not have + pp	과거에 발생하지 않았던 상황을 짐작하여 말할 때
couldn't have + pp	과거에 발생할 수 없었던 상황.

He **may/might not have sent** any letter to his girlfriend.

【아마도 편지를 보내지 않았을 것이다.】

(걔는 여자 친구에게 편지를 보내지 않았을지도 몰라.)

She **couldn't have made** much money. She was unemployed then.

(많은 돈을 벌수가 없었어. 당시 실직 상태였었거든.)

must have + pp	과거에 발생한 상황이 사실이라는 의미
can't have + pp	과거의 상황이 있을 수 없었다는 의미.

He has a long face. Something bad **must have happened** to him.

(걔 표정이 안 좋은데. 뭔가 안 좋은 일이 일어난 게 분명해.)

She **cannot have found** the diamond ring in the drawer. Her husband sold it the other

day.(그녀는 서랍에서 다이아몬드 반지를 찾을 수 없었지. 남편이 전에 팔았어.)

should have +pp/ ought to have + pp	과거에 했어야 하는 일을 하지 않았음을 의미.

You didn't see the singer. You **should have seen** the singer.
(가수 못 봤구나. 봤어야 했는데.)

Though he was very hungry, he had nothing to eat. He **ought to have taken** something to eat.(배가 고팠지만 먹을 게 없었어. 먹을 거를 가져갔어야 했는데.)

The stock price of the company kept on increasing. I **shouldn't have sold** the stocks of the company.(회사 주식이 계속 상승세야. 주식을 팔지 말걸.)

Adages

Coming events cast their shadows before.(모든 사건은 전조가 있기 마련이다.)

A man is known by the company he keeps.(친구를 보면 그 사람을 알 수 있다.)

Constant dropping wears away a stone.(낙숫물에 돌도 갈아 사라진다.)
인내심을 갖고 꾸준히 하면 목표를 이룰 수 있습니다.

Don't count your chickens before they are hatched.
(병아리가 부화하기도 전에 헤아리지 마라.) 김칫국 마시지 마라.

What's done's done. (저지른 일은 돌이킬 수 없는 법.)

A picture is worth a thousand words. (백문이 불여일견.)

Let sleeping dogs lie. (긁어 부스럼 만들지 마라.)

Practice makes perfect. (연습이 대가를 만든다. 연습만이 최선이다.)

Man plans, the God disposes.(인간이 계획을 세워도 성패 여부는 신이 결정한다.)

An outsider has the best perspective. (훈수 두는 사람이 더 잘 본다.)

Let bygones be bygones. (과거를 묻지 마라.)

Opportunity never knocks twice. (좋은 기회는 두 번 다시 오지 않는다.)

Still waters run deep. (조용히 흐르는 물이 깊은 법이다.)

Death levels all classes. (누구나 죽는 법.)

Money talks. (돈이 지배한다.)

The pot calls the kettle black. (똥 묻은 개가 겨 묻은 개 나무란다.)

Penny-wise, pound foolish. (적은 돈 아끼려다 큰 돈 나간다.)

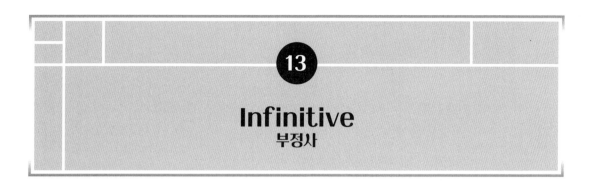

Infinitive
부정사

형태	to+동사원형(또는 경우에 따라 동사원형)	
기능	주어, 목적어, 보어, 형용사구, 부사구 등으로 사용	
용법	명사적 용법	주어, 목적어, 보어로 사용
	형용사적 용법	명사를 수식
	부사적 용법	형용사나 부사 수식; 원인, 결과 판단의 근거 등으로 사용

1) 부정사의 명사적 용법

A) 주어

To **see** is **to believe**.(보는 것이 믿는 것이지.)

To **know** is one thing; **to practice** is another.
(알고 있다는 것과 실행하는 것은 별개야.)

To borrow any amount of money is the last thing I would do.
(돈을 빌리는 것은 절대 하고 싶지 않은 일이야.)

It is natural for your parents **to become** furious.(네 부모님이 화내시는 게 당연해.)

It's important **to look** into the results.(결과를 조사하는 게 중요해.)
It's necessary for me **to visit** the palace.(궁궐에 가 봐야겠어.)

It's foolish of you **to have behaved** like that.
(네가 그렇게 처신한 건 어리석었어.)

B) 진주어(또는 의미상 주어의 행위)로서의 to 부정사

It is desirable for her **to pay** the bill.(그녀가 계산하는 게 옳지.)[진주어]

He has arranged for you **to get** what you wanted.[의미상 주어의 행위]
(네가 바라던 것을 손에 넣도록 그가 손을 썼어.)

C) 주격 보어

● to 부정사가 자동사의 보어로서 주어의 상태나 행동을 설명한다.

She seems **to be happy**.(그 여자 행복해 보여.)

They appear **to have been rich**.(걔네들 부자였나 봐.)

He seems **to be considering** his career path.(걔 취업을 생각하는 것 같아.)

What I should do right now is **to help** her out.
(내가 지금 해야 할 일은 그녀를 도와주는 거야.)

D) 목적격 보어

● to 부정사가 목적어의 상태나 동작을 가리키는 목적보어로 사용됨.

They wanted me **to help** them.(걔들은 내가 자기들을 돕기를 원했어.)

She allowed him **to stay** in her apartment.
(그녀는 자기 아파트에 그를 살게 했어.)

I asked her **to com**e over quickly.(그녀에게 빨리 오라고 요구했지.)

Parents expect the parcel **to be delivered** within this week.
(부모님이 소포가 이번 주 안에 도착되기를 원하셔.)

She didn't allow me **to use** her computer.(그녀는 자기 컴퓨터를 쓰지 못하게 했어.)

I would like you **to get dressed** for the party.(네가 파티복으로 갈아입으면 좋겠어.)

His status allowed him **to get** permission for free.
(그의 신분 덕택에 그는 무료로 입장할 수 있었지.)

※ 주의사항:

● 동사 suggest는 목적격 보어로 to 부정사를 채택할 수 없다.

They suggested **to me** that I should marry her.
(사람들이 나보고 그 여자하고 결혼하라고 은근히 말했어.)
[*NOT* ~~They suggested me to marry her.~~](非文)

● 목적격 보어로 현재분사가 쓰이기도 하며 행위를 강조한다.

I'm awfully sorry for keeping you **waiting**.(기다리게 해서 정말 미안해.)

I can't imagine you **being frugal** like that.(그 정도로 검소한 줄은 몰랐어.)

Do you mind people **smoking** here?(여기서 흡연해도 되나?)

Can you remember Curtis **visiting** us?(커티스가 우리 찾아왔던 거 기억해?)

E) 동사의 목적어(부정사는 전치사의 목적어로 사용하지 못함.)

ⓐ 타동사 뒤에

I decided **to go** there shortly.(즉시 거기로 가기로 했지.)

We hope **to meet** again in no time.(곧 다시 만나고 싶어.)

I decided **to return** to my motherland.(귀국하기로 했어.)

They expected **to have been** able to pay the bill in time.
(걔들은 기한 내에 청구서 납부를 할 수 있기를 기대했어.)

The committee agreed **to discuss** the agenda in depth.
(위원회는 그 사안을 심도 있게 논의하기로 의결했어.)

Grammar Set Free

People thought it impossible for me **to pass** the examination.(진목적어)

(사람들은 내가 시험에 통과할 수 없다고 생각했어.)

※ 주의사항:

● to 부정사만을 목적어로 취하는 동사(구)

　주로 [기대, 선택, 희망, 의도하다]라는 의미를 지닌 동사

agree, aim, appear, arrange, ask, attempt, can't afford, can't wait, care, choose, decide, demand, desire, expect, fail, happen, hope, manage, mean, offer, plan, prepare, pretend, promise, prove, refuse, seem, tend, threaten, turn out, undertake, want, wish

● 목적어 형태(to 부정사/동명사)에 따라 의미가 변화하는 동사.

▲ like 계열 동사

　hate, like, love, prefer 등의 동사는 목적어 형태(to 부정사/동명사)에 따라 의미가 좀 다르기도 하지만 큰 차이라고 볼 수는 없다.

I like **to watch** a movie.(영화가 보고 싶다.)【현재의 상태】

I like **watching** a movie.(영화 보기를 좋아한다.)【성향】

She likes **to play** the piano.(피아노 연주 하고 싶다.)【현재의 상태】

She likes **playing** the piano.(피아노 연주를 좋아한다.)【성향】

▲ remember 계열 동사

　forget, go on, need, regret, remember, stop, try 등의 동사는 목적어 형태(to부정사/동명사)에 따라 의미가 확연히 달라진다.

He remembers **to send** the letter.

(그는 편지 보내야 하는 것을 기억해.)【미래 상황】

He remembers **sending** the letter.

(그는 편지 보낸 것을 기억해.)【과거 사건】

I forgot **to meet** them at the theater.

(극장에서 걔네들을 만나야 하는 걸 잊었어.)【미래 상황】

I forgot **meeting** them at the theater.

(극장에서 걔네들을 만난 걸 잊었어.)【과거 사건】

I regret **to tell** you that you're in the wrong.

(네가 잘못했다고 말하게 되어 유감이야.)【현재의 행위】

I regret **telling** you that you're in the wrong.

(네가 잘못했다고 말한 것이 유감이야.)【과거의 행위】

Try **to make** her happy.(그녀를 기쁘게 해 주려고 노력해 봐.)

Try **making** her happy. (그녀를 기쁘게 해 주려고 시도해 봐.)

Go on **explaining** the matter.(그 문제 계속 설명해 봐.)【같은 내용의 반복】

Go on **to explain** the accident.(그 사건에 대한 설명으로 넘어가 봐.)【다른 설명】

I **need to study** hard.(공부를 해야 한다.)【능동의 의미】

My car **needs repairing**.(차를 수리해야 해.)【수동의 의미】

Stop **smoking**.(금연하시오.)【행위의 중단; 동명사 목적어】

Stop **to smoke**.(담배 좀 피게 잠깐 서.)

【부정사가 목적어가 아닌 목적의 의미를 지닌 부사적 용법.】

▲ begin 계열 동사

begin, continue, intend 등의 동사는 to 부정사/동명사 목적어의 의미가 같다.

She began **to draw** a picture of the forest.(그녀가 숲을 그리기 시작했어.)

She began **drawing** a picture of the forest.(그녀가 숲을 그리기 시작했어.)

Will you continue **to practice** the instrument?(악기를 계속 연습할 거야?)

Will you continue **practicing** the instrument?(악기를 계속 연습할 거야?)

▲ would like 구문

hate, like, love, prefer 앞에 would가 사용되면 일반적으로 to 부정사 목적어가 온다.

I'd like **to watch** a movie tonight.(오늘밤 영화 보고 싶다.)

Grammar Set Free

I'd love to come to your party.(네 파티에 가고 싶어.)

*청자 중심으로 말을 해야 하기 때문에 go가 아닌 come을 사용해야 한다.

**I'd like의 의미는 I want now이고 정중한 표현이며 I like는 I enjoy의 의미.

I'd like **to take** a walk; it's raining and it'll be romantic.(1회성)

(걷고 싶어; 비도 오고 낭만적일 것 같아서.)

I like **taking** a walk. I always enjoy taking a walk.(습관성)

(걷는 것을 좋아해. 항상 산책을 즐기지.)

ⓑ [의문사 + to부정사](명사적 용법에 포함)

● to 부정사가 ask, decide, discuss, explain, know, learn, say, think, wonder 등의 동사 뒤에 의문사와 함께 목적어로 쓰일 수 있다,

I didn't know **what to say** to her in such a confusing situation.

(이런 혼란스런 상황에서 그녀에게 무슨 말을 해야 할지 몰랐어.)

I didn't know **how to thank** you for your generosity.

(후하게 대해 줘서 어떻게 고맙다고 해야 할지를 모르겠어.)

They knew **when to give** the performer a big hand.

(그들은 공연자에게 언제 박수를 쳐 줘야 할지를 알았어.)

I can't decide **what to do** right now.(당장 뭘 해야 할 지 모르겠어.)

They didn't know **when to start** producing the goods.

(제품 생산을 언제 시작해야 할 지 몰랐어.)

She is wondering **how to please** him.

(어떻게 해야 그를 기쁘게 할지 그녀가 궁금해 하네.)

ⓒ 간접목적어 +의문사+ to 부정사 구문(명사적 용법에 포함)

● to 부정사가 advise, ask, show, teach, tell 등의 동사 뒤의 간접목적어 뒤에 의문사와 함께 목적어로 쓰일 수 있다.

James showed **me how to cook** an omelette.

(James가 오믈렛 조리법을 알려줬어.)

She told **the guests when to return** the keys to their room.
(그녀가 투숙객들에게 방 열쇠를 언제 반납해야 하는지 설명했지.)

F) 형용사+의문사+to부정사 구문

to 부정사가 clear, obvious, sure 등의 형용사 뒤에 의문사와 함께 쓰일 수 있다.

I am not **sure what to do** first.
(뭘 먼저 해야 할지 모르겠어.)

It isn't **obvious what to do** next.
(다음에 뭘 해야 하는지 분명치가 않아.)

G) 전치사+의문사+to 부정사 구문

We need to get informed **as to what to do** in the drill.
(훈련에서 뭘 해야 할지에 관한 정보를 입수해야 해.)

She has no idea **of when to hand** in the report.
(그녀가 과제를 언제 제출해야 하는지 모르네.)

※ 주의사항:

◉ 의문사 why는 to 부정사 앞에 쓸 수 없다.

I don't know **why I have to go there.**(***NOT*** ~~I don't know why to go there.~~)
(거기 왜 가야 하는지 모르겠는데.)

◉ how many, how much, what, which, whose는 형용사의 성격을 지니기 때문에 명사(부정사의 명사적 용법)를 끌고 올 수 있다.

I can't decide **what contents to select** for the book.
(어떤 내용을 책에 골라 담을지 결정을 못 내리겠네.)

No one knows **which ingredients to be included** in the sauce.
(양념에 어느 성분을 포함시켜야 하는지 아는 사람이 없어.)

● whether는 부정사 앞에 쓸 수 있으나 if 는 사용할 수 없다.

> I was wondering **whether to meet** her or not.(그녀를 만나야 할지 말지를 몰랐어.)
>
> I was wondering **if(whether) I have to meet** her or not.
>
> (그녀를 만나야 하는지 몰랐어.)(***NOT*** ~~I was wondering if to meet her or not.~~)

2) 부정사의 형용사적 용법

> He agreed to help me (to)move my furniture.(걔가 내 가구 옮기는 것 돕기로 했어.)
>
> He forgot his agreement **to help** me move my furniture.
>
> (걔가 내 가구 옮기는 걸 **도와주기로 한** 약속을 까먹었어.)

> He refused to lend me some money.(걔가 내게 돈 빌려주기 싫댔어.)
>
> His refusal **to lend** me some money made me disappointed.
>
> (걔가 나한데 돈 **빌려주기 싫다니까** 실망스럽더라.)

> She wants some books **to read** in her free time.(여가 시간에 **읽을** 책을 원해.)
>
> There are a lot of work **to be done**.(**할** 일이 태산 같아.)

> I will call you in time **to come**.(**조만간** 전화할게.)

> There are a lot of data **to be analyzed**.(**분석할** 자료가 많지.)

> The work for me **to do** is not that easy.(**할** 일이 그리 쉽지는 않아.)

> I am not a man **to avoid** such responsibility.
>
> (나는 이런 책임을 **회피할** 사람이 아냐.)
>
> = I am not a man who will avoid such responsibility.

> Korea has many famous places **to visit**.(한국은 **가볼 만한** 명소가 많아.)

> Some students don't even carry a pencil **to write** with.[전치사의 목적어 수식]
>
> (몇몇 학생들은 **필기할** 연필조차 가지고 있지 않다.)
>
> = Some students don't even carry a pencil that they can write with.
>
> Walking fast is a good way **to stay** fit.[동격명사 수식]

(빠르게 걷는 것은 건강을 **유지하기 위한 좋은** 방법이다.)

= Walking fast is a good way that we can stay fit.

3) 부정사의 부사적 용법

A) 목적의 부정사구

I called her on the phone **to apologize.**(**사과하려고** 그녀에게 전화했어.)

They came early **to take** the free giveaways.(걔들은 공짜 선물을 **타려고** 일찍 왔어.)

I have saved a lot of money **to support** my family.
(가족을 **부양하려고** 많은 돈을 저축했어.)

I visited Glasgow **to attend** an international conference on gardening.
(원예 관련 국제회의에 **참가하려고** Glasgow를 방문했어.)

> ### ※ 주의사항:
>
> ● in order to, so as to는 be, have, know 동사 앞에 쓰인다. 또한 in order 와 so as는 not to 앞에서 주로 쓰인다. 다른 동사가 in order to 또는 so as to와 사용되는 것은 문어체의 경우이다.
>
> She sat down to rest.(*NOT* for rest or for resting)
> (쉬려고 앉았어.)
>
> I got up early **in order to be** ready to leave at eight.
> (8시에 떠나기 위한 준비를 하려고 일찍 일어났지.)
>
> She studied English **in order to have** a better chance of getting a decent job.
> (그녀는 좋은 직장을 구하는 유리한 기회를 잡으려고 영어를 공부했어.)
>
> I came to Britain **so as to know** more about British culture.
> (영국 문화를 좀 더 잘 알기 위해 영국에 왔지.)
>
> I spoke quietly **so as not to** frighten her.[*NOT* I spoke quietly not to...]
> (그녀를 놀라게 하지 않으려고 소곤소곤 말했어.)

B) 원인의 부정사구

She was happy **to win** the lottery.
(복권 **당첨이 되어** 그녀는 기뻤지.)

He was angry **to hear** that his daughter had flirted with her boyfriend.
(딸이 애인과 도망갔다는 **말을 듣고** 그는 화가 났어.)

C) 결과의 부정사구

He has grown well **to be** a physician.(그는 잘 자라서 의사가 **되었지**.)

She grew up **to be** a diplomat.(그녀는 자라서 외교관이 **되었지**.)

D) 판단의 근거(조건)의 부정사구

You must be a fool **to believe** what he said.
(그가 한 말을 **믿다니** 멍청하기는.)

I should be sorry **to work** with him.(그 사람과 함께 **일한다면** 유감일 거야.)

E) 형용사/부사 수식하는 부정사구

This house is really convenient **to live** in.(이 집 **살기** 정말 편해.)

The street lamps are bright enough **to attract** a lot of moths.
(가로등은 많은 나방을 **끌어들일** 만큼 충분히 밝아.)

This magazine is difficult **to understand**.(이 잡지 **이해가** 어려워.)

This machine is quite safe **to use**.(이 기계 아주 **사용하기** 안전해.)

Greek is very hard **to learn**.(그리스어는 **배우기** 무척 어려워.)

You are old enough **to see** the film.(너는 그 영화를 **봐도 될** 만큼 성숙해.)

4) 원형부정사를 사용하는 경우

> 조동사 뒤나 특수한 표현 뒤에 원형부정사를 사용한다.
>
> 5형식 구문에서 목적보어로 to부정사가 사용되는 경우가 많은데 이 때 원형부정사를 사용해야 하는 경우가 있다.

A) 조동사, had better, would rather 등의 뒤에

I can **do** whatever I want.(내가 원하는 거 뭐라도 할 수 있어.)

You had better **do** what you really want.
(자네가 정말 원하는 것을 하는 게 좋아.)

You must **listen** to the advice of your seniors well in order to succeed.
(성공하려면 선배들의 조언을 잘 들어야 해.)

You had better not **go** abroad.(외국에 가지 않는 게 좋아.)

I would rather **throw** out the book than read it.
(그 책을 읽느니 차라리 버리겠다.)

I cannot but **laugh** at the clown.(광대를 보니 웃음이 터지네.)

She did nothing but **sing** songs for three days.(그녀는 3일간 노래만 불렀다.)

You may well **be** fond of her.(네가 그녀를 좋아하는 것은 당연해.)

He may as well **get** married to her.(그는 그녀와 결혼하는 게 좋아.)

B) 사역동사+목적어, 지각동사+목적어 뒤에

Father **made** me **study** hard while I was in college.(대학 시절 아버지는 공부를 강요하셨어.)

He **saw** her **run** toward the station.(그는 그녀가 역을 향해 뛰는 것을 봤어.)

I **had** my wife **clean** the room everyday.(나는 부인에게 매일 방 청소를 시켰어.)

She **let** me **attend** the meeting.(그녀는 나의 회의 참석을 허락했어.)

Father **had** me **go** there.(아버지가 가라고 하셨어.)

She **let** me **use** her computer during her absence.
(그녀가 부재 중 자기 컴퓨터 사용을 허락했어.)
[수동태 = I **was let to use** her computer during her absence.]

He **helped** me (to) **do** the homework.(그가 내 과제를 도왔어.)

> ### ※ 주의사항:
> ● had의 목적어가 행위의 대상인 경우
>
>   I **had** my hair **cut**.[by a barber.](이발했어.)
>   I **had** my car **repaired**.[by a mechanic.](차 수리했지.)
>   I **had** my purse **stolen**.(지갑 도난당했어.)
>
> ● get: 일반동사지만 사역동사의 의미로도 사용.
>
>   I want to **get** the work **done** within this week.(이번 주 안에 마치고 싶네.)

5) 부정사의 의미상 주어

A) 형용사/동사 뒤에 오는 for...to 구문(부정사의 의미상 주어 구문)

Ann will be happy **for the children** to help you.
(Ann은 아이들이 너를 도와서 기쁠 거야.)
My idea was **for her** to learn Russian.(내 생각은 그녀가 러시아어를 배우는 거였어.)

> ### ※ 주의사항:
> ● 의미상 주어 앞에 전치사 for를 쓰는 것이 일반적이지만 그 앞의 형용사가 사람의 성격을 나타내

는 형용사(bad, brave, careless, clever, foolish, generous, good, honest, kind, mean, nice, polite, sensible, silly, stupid, wrong 등)일 때에는 of를 사용한다. 다음 문장은 주의를 요한다.

It is **good for you to** run on a regular basis.(규칙적으로 달리면 좋지.)
【**good은 달리기의 결과를 의미**】

It is **good of you to** run with me.(함께 달려 줘서 고마워.)
【**good은 의미상 주어의 성격을 의미**】

● there is 의 부정사 구문인 there to be 도 for와 함께 쓰일 수 있다

It's important **for there** to be enough jobs for everybody.
(모두를 위한 충분한 직업이 있는 것이 중요하지.)

B) 의미상 주어가 일반인일 경우 생략 가능

She's easy **to amuse**.(= She's easy **for people** to amuse.)
(또는 It is easy to amuse her.)(그녀는 기쁘게 해 주기 쉬워.)

Just open the packet, and it's ready **(for people) to eat**.
(포장만 풀면 곧장 먹을 수 있어.)

6) 부정사의 시제

단순부정사(to+동사원형)	본동사의 시제와 동일
완료부정사(to+have+과거분사)	본동사보다 시제가 앞섬

A) 단순부정사

People **think** her **to be** honest. = People **think** that she **is** honest.
(사람들은 그녀가 정직하다고 생각해.)
I **thought** him **to be** rich. = I **thought** that he **was** rich.
(나는 그가 부자라고 생각했지.)

● She **expects** you **to succeed** in your new business.

(그녀는 당신이 새로운 사업에서 성공하기를 기대해.)

= She **expects** that you **will succeed** in your new business

【기대/희망/소망의 의미를 지닌 동사는 그 의미의 속성상 본동사의 시제보다

시간적으로 뒤에 오는 미래의 시제를 의미한다.】

B) 완료부정사

She **believes** me **to have been** bright. = She **believes** that I **was** bright.

(그녀는 내가 똑똑했다고 믿어.)

She **believed** me **to have been** bright. = She **believed** that I **had been** bright.

(그녀는 내가 똑똑했었다고 믿었지.)

● I **wanted to have seen** her at the fair.(나는 박람회에서 그녀를 보고 싶었어.)

= I **had wanted to see** her at the fair.

= I wanted to see her at the fair, but I didn't see her.

【기대/희망/소망의 의미를 지닌 동사의 "과거형 + 완료부정사" 또는

"과거완료형+ 단순부정사" 형태가 사용되면 예전에 이루지 못한 소망을 나타낸다.】

● was/were, would like, meant + 완료부정사 = 실현하지 못한 상황 진술

He **was to have gone** to art college but he fell ill.(He didn't go.)

(미대에 가고 싶었지만 아팠어.)

I'd like to have been sitting there when she walked in.(I wasn't there.)

(그녀가 걸어올 때 내가 그 곳에 앉아있고 싶었었는데.)

I **meant to have telephoned** but I forgot.(전화하려고 했었는데 깜빡 했어.)

7) 대부정사

A) 의미가 명확할 때 사용

'Are you moving?'(이사 갈거니?) 'I hope to (move).'(그러고 싶어.)

'Come and have a drink.'('와서 한 잔 해.')

'I'd like(또는 love) **to**.'[*NOT* ~~I'd like.~~]('그러고 싶네.')

B) to 생략

if you like/want (to), when you like/want (to) 그리고 as you like (to) 표현에서 마지막의 to 생략.

8) 부정사의 부정

부정사를 부정할 때에는 그 앞에 부정부사 not 또는 never를 사용한다.

I would like you to stay here.(자네가 여기 남았으면 좋겠네.)

I would like you **not** to stay here.

(자네가 여기 남지 않았으면 좋겠어.)

She asked me to return to her home.

(그녀가 내게 자기의 집으로 돌아오라고 요구했어.)

She asked me **never** to return to her home.

(그녀가 내게 자기의 집으로 절대 돌아오지 말라고 했어.)

9) 독립부정사

정의	문장의 일부 구 또는 문장 전체를 독립적으로 수식하는 부정사구
의미	조건이나 양보의 의미
활용	문장의 성분으로 기능하지 않고 독립적인 구로 사용

To make a long story short, it is a failure.(간단히 말하면 그건 실패작이야.)

To make matters worse, she had her purse stolen.

(설상가상으로 그녀는 지갑도 도난당했어.)

To begin with, let's have something for breakfast.(우선 아침으로 뭐 좀 먹자.)

To tell the truth, she is a widow.(사실 그녀는 과부야.)

He speaks French well, **not to speak of** English.
(그는 영어는 말할 것도 없고 불어도 잘 구사해.)

To be sure, Scotland will be independent.(확실히 스코틀랜드는 독립할 거야.)

He is, **so to speak**, a walking dictionary.(그는 말하자면 걸어 다니는 사전이지.)

to be frank with you = 솔직히 말하자면,

to do someone **justice** = 누군가(someone)를 공정히 평가하자면,

Adages

Believe nothing of what you hear, and only half of what you see.
(들은 것은 아무 것도 믿지 말 것이며 본 것도 반만을 믿으라. 신중하게 판단하라.)

A friend in need is a friend indeed.(어려울 때 친구가 진정한 친구다.)

Full cup, steady hand.
(잔이 가득 찼을 때는 손놀림이 일정해야 한다.)[잘 나갈 때 조심해라.]

Genius is an infinite capacity for taking pains.(천재란 고통을 감내하는 무한한 능력이다.)

A tale never loses in the telling. (말을 할수록 늘고 되질은 할수록 준다.)

Speak of the devil. (호랑이도 제 말하면 온다.)

Time and tide wait for no man. (세월은 사람을 기다리지 않는다.)

Subsidiary expenses surpass the original outlay. (배보다 배꼽이 더 크다.)

There is no place for an idler.(게으른 자에게까지 갈 자리는 없다.)

Scratch my back, and I will scratch yours.(가는 정이 있어야 오는 정이 있는 법.)

Gerund
동명사

형태	동사 원형+ ing
의미	동사적 성질과 명사적 성질
기능	명사의 기능인 주어, 목적어, 보어로 사용됨; 목적어 수반 가능

1) 기능

A) 주어

Retaining command of English is a must in this era of global community.
(지구촌 시대에 영어 구사력을 보유하는 것은 필수야.)

Swimming is a good exercise, especially for someone suffering from arthritis.
(수영은 특히 관절염을 앓고 있는 사람에게 좋은 운동이지.)

Going Dutch after a meal is a common practice among young people in Korea.
(식사 후 각자 계산하는 것이 한국 젊은이들 사이에서는 흔한 모습이지.)

B) 보어

My dream was **becoming** a doctor.(내 꿈은 의사가 되는 것이었어.)

His plan is **creating** a biological environment like that of Mars in a dome.
(그의 계획은 돔 안에 화성의 것과 같은 생물학적 환경을 만드는 것이야.)

C) 목적어

🅰 동사의 목적어

Girls like **talking** about anything among themselves.
(여학생들은 자기들끼리 뭔가에 대해 대화하기를 좋아해.)

Young Korean ladies enjoy **visiting** cafeterias in the suburbs of Seoul.
(한국의 젊은 여성들은 서울 근교의 카페 방문을 좋아해.)

🅱 전치사의 목적어

Most U.N. Security Council member countries objected to **invading** Afghanistan.
(대부분의 유엔 안전보장이사회 회원국들은 아프가니스탄 침공을 반대했어.)

The success of this project depends on **marketing** the new product.
(이번 사업의 성공은 신제품 출시에 달려있어.)

2) 목적어의 형태

A) 주의해야 할 동명사

동사 mind 는 주로 부정문이나 의문문에 사용.
Do you mind standing for a while?(잠깐 서 계실래요?)

조동사 can't 나 couldn't 뒤에 쓰이는 help, face, resist, stand 는 반드시 동명사만을 목적어로
취하며 help는 "돕다"가 아니라 "회피하다"라는 의미.
I can't help **buying** any books on anthropology.(인류학 관련 도서 아무거나 살래.)

She couldn't face **cleaning** the whole house alone.
(그녀는 혼자 집안 전체를 청소하는 것을 견딜 수 없었어.)

They couldn't resist **tasting** the ice cream.
(걔들은 아이스크림 유혹을 떨쳐낼 수 없었어.)

We can't stand **working** late at night any more.

(더 이상 밤늦게 일하는 것을 참을 수 없어.)

B) 동명사만을 목적어로 취하는 동사

주로 [회피, 분리, 연기, 종료, 포기] 등 "이탈"이라는 개념을 지닌 의미를 가진 동사들

admit, avoid, can't face, can't help, carry on, consider, delay, deny, enjoy, escape, finish, give up, go on, imagine, involve, keep(on), mind, postpone, put off, recommend, resent, resist, risk, stop, suggest

C) 동명사 목적어와 부정사 목적어의 의미상의 차이

ⓐ 동명사: 습관적 행위
ⓑ 부정사: 일시적 행위.

> I like **smoking**.(난 흡연 좋아해.)【평상시의 습관】
> I like **to smoke**.(나 담배 피우고 싶네.)【말하는 당시의 상황】

※ 주의사항:

● 다음 사항은 습관적/일시적 행위와 다른 결의 의미 차이를 갖는다.

> He stopped **smoking**.(그는 담배를 끊었다.)【동명사 목적어; 지속적 상황】
> He stopped **to smoke**.(그는 담배 피우려고 걸음을 멈추었다.)
> 【목적의 의미를 지닌 부사적 부정사; 일시적 상황】

● 동명사 목적어는 과거의 행위를 가리키고 부정사 목적어는 미래의 행위를 의미.

> I remember **meeting** her.(그녀는 만났던 것을 기억해.)【과거의 상황】
> I remember **to meet** her.(그녀를 만나야 하는 것을 기억해.)【미래의 상황】

> I forgot **remitting** some money to her.(그녀에게 송금한 것을 잊었어.)【과거의 상황】
> I forgot **to remit** some money to her.(그녀에게 송금할 것을 잊었어.)【미래의 상황】

3) 동명사의 의미상 주어

A) 소유격(주어와 동일하면 생략)

He enjoys (his) **meeting** his friends outside of the house.
(걔는 집 밖에서 친구들 만나기를 좋아해.)

He doesn't like **her taking** his things without asking.
(걔는 그녀가 자기 물건을 묻지 않고 가져가는 걸 싫어해.)

B) 일반명사 목적격 가능(구어체적 표현)

I was upset about **Mary leaving** her hometown.(Mary가 고향을 떠나서 우울했어.)

C) 동사 또는 전치사 뒤에 목적격 사용 가능(구어체적 표현)

He objected to **meeting** her again.(그는 그녀를 다시 만나는 것을 반대했지.)
He objected to **me meeting** her again.(그는 내가 그녀를 다시 만나는 걸 반대했어.)

They discussed **me presiding** over the meeting.
(그들은 내가 모임을 주재하는 문제를 상의했지.)

D) 일반인이 의미상 주어면 생략 가능

She insisted on [her 또는 their] **going** on a diet.
(그녀는 [자신이 또는 일반인이] 식이요법을 해야 한다고 주장했어.)

4) 동명사의 부정

A) 동명사 앞에 부정어 not을 첨가

I remember your **not posting** the letter.(네가 편지를 보내지 않은 것을 기억해.)

Your **not paying** for the vehicle will cause a serious problem.
(네가 자동차 값을 지불하지 않으면 심각한 문제가 생길거야.)

B) No를 사용할 경우

No를 동명사 앞에 사용하면 허용되지 않음을 나타낸다.

NO SMOKING(금연)　　**NO PARKING**(주차금지)　　**NO SWIMMING**(수영금지)
NO WAITING(대기 금지)　**NO TRESPASSING**(출입금지)　**NO COOKING**(취사금지)

5) 수동적 의미의 동명사

동사 가운데 deserve, need, require, stand, want 등은 동명사가 목적어로 사용될 때
수동의 의미를 지닌다.

This bill **requires reforming**.(이 법안은 수정이 필요해.)【법안이 수정된다.】
[= This bill requires to be reformed.]

This machine **needs fixing**.(이 기계는 수리가 필요해.)【기계가 수리된다.】
[= This machine needs to be fixed.]

This room **wants cleaning**.(이 방은 청소해야 해.)【방이 청소되어진다.】
[= This room wants to be cleaned.]

6) 동명사의 시제

A) 단순동명사: 본동사와 시제 일치.

I am sorry for **being** lazy.(게을러서 유감이야.) = I am sorry I am lazy.

I am sorry for **your being** lazy.(네가 게으른 것이 아쉽네.)
= I am sorry you are lazy.

B) 완료동명사: 본동사보다 앞선 시제.

I am sorry for **having been** lazy.(게을렀던 게 아쉬워.) = I am sorry I was lazy.

I am sorry for **your having been** lazy.(네가 과거에 게을렀던 것이 아쉽네.)
= I am sorry you were lazy.

7) 자주 사용되는 관용적 동명사

A) above --ing: 결코 --하지 않다.

I am **above betraying** people around me.
(나는 결코 주위 사람을 배신하지 않아.)

B) can't help --ing: --하지 않을 수가 없다.

(help가 조동사 can, can't, could, couldn't와 함께 사용되면 avoid의 의미.)

I **can't help buying** the coat. It's a good buy.
(코트를 사지 않을 수가 없네. 정말 싸다.)

C) far from --ing: 결코 --하지 않다.

He is **far from being** sly.(그는 절대 간사하지 않아.)

D) feel like --ing: --하고 싶다.

I **feel like sharing** a good experience with her.(그녀와 좋은 경험을 나누고 싶어.)

E) It goes without saying that-- that 이하는 말할 필요도 없다.

It goes without saying that they are a couple.(그들이 연인임은 말할 필요도 없지.)

F) go -ing: --하러 가다.

I used to **go shopping** alone when in Newcastle.
(뉴카슬에 있을 때 홀로 장보러 가곤 했었어.)

G) make a point of --ing: --하는 것을 규칙으로 하다.

I **make a point of buying** a book a week.(일주일에 책 한 권씩 사는 게 규칙이야.)

H) never do without --ing: do 하기만 하면 --한다.

I never read a book **without perusing**.(독서할 때마다 정독을 해.)

I) on --ing: --하자마자

On withdrawing some money, she ran to the hospital.

(돈을 인출하자마자 그녀는 병원으로 달려갔어.)

= As soon as she withdrew some money, she ran to the hospital.

= No sooner had she withdrawn some money than she ran to the hospital.

= Hardly(Scarcely) had she withdrawn some money when(before) she ran to the hospital.

Adages

Whom the gods love die young.(신이 아끼는 사람은 일찍 죽는다.) 미인박명; 재사단명

Good fences make good neighbors.(좋은 담이 좋은 이웃을 만든다.)
사돈집과 화장실은 멀어야 한다.

The grass is always greener on the other side of the fence.
(담장 건너편 풀이 항상 더 푸르러 보인다.)[남의 떡이 더 커 보이는 법.]

All that glitters is not gold.(반짝인다고 해서 모두 다 금인 것은 아니다.)

Set a thief to catch a thief. (도둑으로 도둑을 잡아라.) 이열치열; 독으로 독을 다스린다.

The third time's a charm. (삼세번만의 행운)

Haste makes waste.(서두르면 낭비하게 된다.) 급하게 먹는 밥이 목에 걸린다.

History repeats itself.(역사는 반복한다.)

Honesty is the best policy.(정직이 최선의 정책이다.)

A watched pot never boils. (바라본다고 물병이 끓는 게 아니다. 조급하면 되는 일이 없는 법이다.)

Love lasts only as long as the money holds out. (돈이 떨어지면 사랑도 멀어진다.)

When the wine is in, the wit is out. (술에 취하면 누구나 이성을 잃는다.)

It is not work that kills, but worry. (일 때문이 아니라 걱정 때문에 죽는다.)

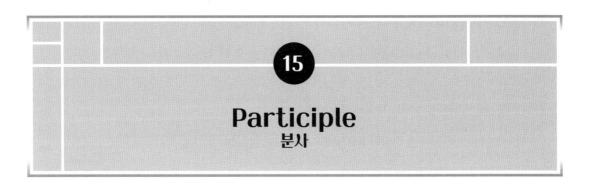

형태	현재분사	동사원형 + ing
	과거분사	동사의 과거분사형
기능	동사와 형용사의 역할	
종류	현재분사	능동의 의미이며 진행형에도 사용
	과거분사	수동의 의미. be동사와 수동태로; have동사와 완료형에 사용

1) 분사의 종류

Father is **reading** a newspaper on the sofa.(아버님은 소파에서 신문을 읽고 계셔.)
[보어로 사용된 현재분사]

The Internet was **introduced** by the Department of Defense of the U.S.A.
(인터넷은 미국 국방성에 의해 도입되었어.)**[수동태에 사용된 과거분사]**

Parents have already **had** lunch with the neighbours.**[완료형에 사용된 과거분사]**
(부모님은 이웃 분들과 함께 벌써 점심을 드셨어.)

2) 분사의 의미

You don't have to stop the **crying** baby.(우는 아기 달랠 필요 없어.)**[능동의 의미]**

The **defeated** soldiers were **detained** in the refugee camp.**[수동의 의미/수동태]**
(패배한 병사들은 난민 수용소에 억류되었어.)

Fallen leaves are accumulating on the stairs.**[자동사의 과거분사: 상태 능동]**
(낙엽이 계단에 쌓이고 있네.)

Falling raindrops make me happy.**[자동사의 현재분사: 행위 능동]**
(떨어지는 빗방울은 나를 행복하게 하지.)

3) 분사의 용법

한정적 용법	명사나 대명사를 앞이나 뒤에서 수식
서술적 용법	보어로 사용

On the street, I came to see a **singing** gypsy.**[한정적 용법]**
(거리에서 노래하는 집시를 보게 되었어.)

The burglar was said to have entered through the **broken** window.**[한정적 용법]**
(강도는 깨진 창문을 통해 침입한 것이라고 했어.)

The audience heard the actress **citing** a part of a poem.**[보어]**
(청중은 여배우가 시의 일부분을 인용하는 것을 들었지.)

The commander had the bodies of dead soldiers **cremated**.**[보어]**
(사령관은 죽은 병사들의 시신을 화장하도록 했어.)

4) 분사와 동명사 차이

분사	동사적 성질을 지니고 형용사처럼 사용[동작/상태를 의미]
동명사	동사적 성질을 지니고 명사처럼 사용[용도/목적을 의미]

This train has two **sleeping cars**.(이 기차에는 침대칸이 두 량 있어.)**[동명사]**
In this train, there are several **sleeping babies**.**[현재분사]**
(기차에 잠든 아기들이 몇 명 있어.)

Don't stand by the **swimming pool**.(수영장 근처에 서 있지 마시요.)**[동명사]**

In the swimming pool, there are several **kids swimming**.**[현재분사]**

(수영장에 수영하는 아이들이 몇 명 있네.)

5) 분사의 의미상 주어

의미상 주어	주격이나 목적격으로 표기
주어 생략	의미상 주어가 전체 문장 주어와 동일하거나 내포되어 있을 때

I always feel **tired** after exercise.(운동 후에 늘 피곤해.) **[주어와 동일]**

They saw her **reading** a newspaper. **[목적어가 분사의 주체]**

(그녀가 신문 읽는 것을 봤어.)

Mother **being** sick, I couldn't go out. **[being의 주체는 mother]**

(어머님이 편찮으셔서 외출할 수가 없었어.)

Being sick, I couldn't go out. **[being의 주체는 "나" 자신]**

(아파서 외출할 수가 없었어.)

6) 분사의 부정

부정사나 동명사의 부정과 마찬가지로 분사 바로 앞에 not이나 never 사용.

Not having had anything until then, he ran toward the kitchen.

[Because he hadn't had...]

(그 때까지 아무것도 먹은 게 없어서 그는 부엌으로 뛰어갔어.)

Not knowing when to begin a speech, the speaker kept silent for a while.

[Because the speaker didn't know...]

(연설을 언제 시작해야 할 지 몰라 연사는 한동안 침묵을 지켰어.)

7) 분사구문

정의	시간, 이유, 원인 등의 부사절을 간략하게 만들기 위한 장치
형태	[접속사+주어+동사]로 구성된 종속절을 [동사원형+--ing]형태 분사구로 단축
기능	주절에서 전달하고자 하는 중요한 정보를 신속히 전달

As soon as I graduated from the college, I got a good job in Edinburgh.

→ **Graduating** from the college, I got a good job in Edinburgh.

(대학을 졸업하자마자 에딘버러에서 좋은 직장을 구했어.)

After I had attended the conference, I went shopping with my colleagues.

→ **Having attended** the conference, I went shopping with my colleagues.

(회의에 참석한 뒤 동료들과 함께 쇼핑을 했어.)

8) 분사구문 만드는 순서

A) 접속사 생략. 하지만 접속사 의미를 강조하고자 할 때는 존속.

B) 종속절(분사구문으로 단축시킬 절)의 주어가 주절의 주어와 같을 때는 생략. 다를 때는 존속.

C) 종속적 시제와 주절 시제가 동일하면 [동사원형 + ing]
종속절 시제가 앞서면 [Having + 과거분사]
종속절이 수동태일 때 [being 또는 having been + 과거분사]
종속절이 진행형일 때 [being 또는 having been + --ing]
이 때 being 또는 having been은 생략 가능.

When I met them on the campus, I shook hands with them.

→ **Meeting** them on the campus, I shook hands with them.

(캠퍼스에서 그들을 만났을 때 악수했어.)

Because it was quite hot, we bought some ice cream cones.

→ **It being** quite hot, we bought some ice cream cones.

(날씨가 제법 더워서 아이스크림을 사먹었어.)

After the kids had finished their homework, they could play video games.

→ **Having finished** their homework, the kids could play video games.

(과제를 마친 후 아이들은 비디오 게임을 할 수 있었어.)

Though this book was written in broken English, it was still readable.

→ **(Being) written** in broken English, it was still readable.

(엉터리 영어로 쓰여 있었지만 그 책은 여전히 읽을 만했어.)

While I was knitting a sweater, I had a talk with my sister.

→ **(Being) knitting** a sweater, I had a talk with my sister.

(스웨터를 뜨면서 여동생과 대화를 나누었지.)

【위 문장은 While knitting a sweater… 구문이 더 자연스럽다.】

9) 분사구문의 복원

A) 생략된 접속사가 무엇인가는 문맥으로 결정
B) 부사절인 시간, 조건, 양보, 이유, 동시상황 등의 접속사가 필요

시간의 접속사: after, as, since, when, while

조건의 접속사: if, suppose

양보의 접속사: although, as, though

이유의 접속사: as, because, since

부대(동시)상황의 접속사: and, as, while, with

Giving some money to me, she ran toward the post office.

→ **After** she **gave** some money to me, she ran toward the post office.

(내게 돈을 좀 주고는 그녀는 우체국으로 달려갔지.)

Not **starting** now, you will be late for the last train.

→ **If** you don't **start** now, you will be late for the last train.

[Unless you start now, you will be late for the last train.]

(지금 출발하지 않으면 마지막 기차를 놓칠 거야.)

Being short of money, he is always trying to help others in need.

→ **Though** he **is** short of money, he is always trying to help others in need.

(돈이 부족하지만 그는 항상 어려운 사람들을 도와주려고 해.)

Being fond of her, he got married to her.

→ **Because** he **was** fond of her, he got married to her.

(그녀를 좋아했기 때문에 그는 그녀와 결혼했어.)

Preparing for the final exam, he listened to English news.

→ **While** he **was preparing** for the final exam, he listened to English news.

(기말고사를 준비하면서 그는 영어뉴스를 들었어.)

10) 분사구문의 활용

A) 두 상황이 동시에 벌어질 때 주요 행위를 본동사로 표기하고 다른 행위는 분사로 표기할 수 있다.

I waited for my friend in the library **reading** a magazine.

(도서관에서 친구를 기다리면서 잡지를 읽었어.)

【기다리는 것이 주요 행위이고 그 시간 동안 잡지를 읽는 행위.】

We can't **speak eating** some food.

(먹으면서 말할 수는 없지.)

B) 하나의 행위가 다른 행위가 진행되는 중간에 전개될 수도 있는데 이때는 오래 진행되는 행위를 분사로 표기하고 짧게 진행되는 행위는 과거동사로 표기한다.

I **fell** asleep **studying** mathematics.【공부하는 행위가 더 오래 지속됨.】

(수학 공부 하다가 잠들었어.)

She **cut** herself **making** some toys for her sister.【만드는 행위 중 다침.】

(그녀는 여동생에게 장난감을 만들어 주다가 베었어.)

C) 두 행위가 연이어 전개될 때 첫 번째 행위를 분사(주로 완료분사)로 표현한다.

Taking a book from the bookshelf, Jeanne **read** it from the first.

[She took a book and then read it from the first.]

(서가에서 책을 꺼내 지안이는 처음부터 읽었어.)

Igniting the car, Moosung **drove** onto the thoroughfare.

[He ignited the car and then drove onto the thoroughfare.]

(차 시동을 켠 뒤 무성이는 도로를 질주했지.)

Having finished her homework, Jaeok **went** to the gym.

[After finishing her homework, Jaeok went to the gym.]

(과제를 마친 뒤 재옥이는 체육관으로 갔어.)

Having hung up the phone, Kimoon went out for a walk.

[After hanging up the phone, Kimoon went out for a walk.]

(전화를 끊고 나서 기문이는 산책하러 나갔어.)

11) 분사구문을 활용한 생략법

A) 주절과 종속절의 주어가 일치하는 경우

Because they missed one another, they arrived at the venue early.

→ **Missing** one another, they arrived at the venue early.

　(서로를 그리워한 나머지 두 사람 모두 약속 장소에 일찍 도착했어.)

After they got the work done, they returned home.

→ **Getting** the work done, they returned home.

　(과제를 마친 뒤 그들은 귀가했어.)

When they have[had] eaten up all the food served, they went to bed.

→ **Having eaten** up all the food served, they went to bed.

　(차려진 음식을 전부 먹고서 그들은 잠자리에 들었어.)

B) 주절과 종속절의 주어가 상이한 경우

Because it was sunny, they went to the beach.

→ **It being** sunny, they went to the beach.

(날씨가 화창해서 그들은 해변으로 나갔어.)

Because mother was very sick, father had to cook for us.

→ **Mother being** very sick, father had to cook for us.

(어머님이 편찮으셔서 아버지가 요리를 하셔야 했어.)

C) 의미의 오해를 피하기 위해 종속절의 접속사를 존속시킨 경우

Although she loved him, she wasn't able to get married with him.

→ **Although loving** him, she wasn't able to get married with him.

(비록 그를 사랑했지만 그녀는 그와 결혼할 수는 없었어.)

Since I didn't have much money, I couldn't buy a car.

→ **Since not having** much money, I couldn't buy a car.

(돈이 별로 없어서 차를 살 수가 없었어.)

After we had heard the terrible weather conditions, we gave up on the travel plan.

→ **After having heard** the terrible weather conditions, we gave up on the travel plan.

(악천후 예보를 들어서 여행 계획을 포기했지.)

12) 비인칭 독립분사구문

분사구문의 주어가 일반인이라 굳이 표시할 필요가 없을 때 관용적으로 사용.

Frankly speaking, women are smarter than men in some areas of study.
(솔직히 말해 어느 학문 분야에서는 여성이 남성보다 더 우수해.)

Judging from his accent, he must be a Texan.
(억양으로 보아 그는 텍사스 출신임이 분명해.)

Strictly speaking, you deserve an F in English composition.
(엄밀히 말해 너는 영작문에서 낙제를 받아도 할 말이 없어.)

Generally speaking, money and health are the two most valuable matters in life.
(일반적으로 말해 돈과 건강이 인생에서 가장 가치 있는 두 가지 사안이지.)

Adages

Diligence is the mother of good luck.(근면은 행운의 어머니.) 부지런해야 행운도 생기는 법.

Every bullet has its billet.(모든 총알은 제 자리가 있다.) 누구에게나 적합한 일이 있기 마련이다.

Civility costs nothing.(예의를 갖추는 데는 돈이 들지 않는다.)

Like father, like son.(부전자전)

First come, first served.(선착순)

It is the first step that is difficult.(첫 발 떼기가 어려운 법)

Heaven helps those who help themselves.(하늘은 스스로 돕는 자를 돕는다.)

There's no such thing as a free lunch.(공짜 점심같은 것은 없다.) 세상에 공짜는 없다.

Money is always changing hands. (돈은 돌고 도는 법.)

Care killed the cat.(걱정은 몸에 해롭다.)

Much coin, much care.(돈이 많으면 걱정도 많은 법.)

Too much is as bad as too little. (과유불급이다.)

Clergymen's sons always turn out badly.(자식농사만큼 힘든 게 없다.)

Never falter in doing good. (선을 행함에 있어 결코 주저하지 마라.)

Every cloud has its silver lining.(어려운 상황 속에도 희망은 있다.)

Appearance can be deceptive. (겉모습만으로 판단하지 마라.)

Treasure friendship. (우정을 소중히 여겨라)

Truth will prevail. (진리는 영원하다.)

No one can undo the past. (아무도 과거를 돌이킬 수는 없다.)

Conjunction
접속사

정의	단어와 단어, 구와 구 또는 절과 절을 연결하는 어휘	
종류	등위접속사	같은 위격을 가진 성분 즉 단어와 단어, 구와 구 또는 절과 절을 연결
	종속접속사	주절과 종속절(명사절, 부사절 또는 형용사절)을 연결

1) 접속사의 종류

A) 등위접속사

기능	동일한 품사의 단어, 또는 동일한 문법 요소를 연결
종류	and, but, for or, so 등

I have two brothers **and** three sisters.(내게는 형제 둘과 누이 둘이 있어.)

I can go to Singapore **or** Malaysia for my vacation.
(휴가 때 싱가포르나 말레이시아에 갈 수 있지.)

I have a small family **but** he has a large family.
(나는 핵가족이지만 그는 대가족을 거느리고 있어.)

She likes to have coffee **and** I like to have tea.
(그녀는 커피를 마시고 싶어 하고 나는 차를 마시고 싶어.)

Between you **and** me, she is a liar.(우리끼리 얘기지만 그녀는 거짓말쟁이야.)

Not money **but** health should be our priority in life.
(돈이 아니라 건강이 삶에서 우선시되어야 해.)

※ **주의사항:**

◉ 명령문 + and : --하라 그러면 --할 것이다

◉ 명령문 + or : --하라 그렇지 않으면 --할 것이다.

Be filial to your parents, **and** they will be happy.

(부모님께 효도하면 행복해하실 거야.)

Be filial to your parents, **or** they will be unhappy.

(부모님께 효도하지 않으면 불행해하실 거야.)

◉ 접속사 and가 동사 사이에 사용될 때의 의미

▲ 다음 세 문장은 모두 같은 의미이다.

I will go and see a doctor.

I will go to see a doctor.

I will go see a doctor.(의사 진료를 받으러 가야겠네.)

▲ 다음의 세 문장도 같은 의미이다

Please come and see my new pet dog.

Please come to see my new pet dog.

Please come see my new pet dog.(저의 새 애완견 보러 오세요.)

B) 등위상관접속사

정의	두 단어 이상으로 이루어진 접속사구
기능	등위접속사와 같은 역할
주의사항	주어를 잘 확인해야 함

다음 문장의 *italic* 체가 주어임.

Not only I but also *you* are supposed to bring something to eat for the orphan.

You **as well as** I are supposed to bring something to eat for the orphan.

(나 뿐 아니라 너도 고아를 위해 먹을 것을 가져와야 해.)

Either you or *I* am to bring home the bacon.(너나 내가 생계를 책임져야지.)

Neither father **nor** *mother* is sick.(아버지와 어머니 두 분 모두 건강하셔.)

C) 종속접속사

● 주절과 종속절(명사절, 부사절 또는 형용사절)을 연결.

🄰 명사절을 이끄는 종속접속사 that, whether, if

◆ that: 주어, 목적어, 보어로 사용되는 절 즉 명사절을 이끈다.

That he is married doesn't matter in getting a new job.[명사절: 주어]
(그가 기혼이라는 것이 새로운 직장을 구하는 데 문제가 되지는 않아.)

I clearly know **that he still wants to study abroad if possible**.[명사절: 목적어]
(내가 분명히 알고 있는 것은 그는 가능하면 아직도 유학가고 싶어 한다는 것이야.)

What he said is **that the world has become more intimate than ever**.
[명사절: 보어] (그가 한 말은 세상이 전보다 더 가까워졌다는 것이야.)

> ※ 주의사항:

● 접속사 that의 생략: 구어체에서 가능; 흔한 동사와 형용사 뒤에서 가능.
  또한 구어체에서 so, such, now, provided 뒤에 가능.

She knew **(that)** I was right.(내가 옳다는 것을 그녀는 알았지.)

I'm glad **(that)** you're better.(좋아졌다니 다행이구나.)

Come in quietly so **(that)** she doesn't hear you.
(그녀가 네 소리를 듣지 않도록 살금살금 들어와.)

◆ whether는 타동사의 목적절과 주절을 이끌지만 if는 타동사의 목적절만을 이끈다.

Whether you are right or not doesn't count at this moment.[주절]
(네가 옳은가 여부는 지금 중요하지 않아.)

[*NOT* ~~If you are right or not is not important.~~]

They asked **whether(if)** I still wanted to stay in Korea.

(내가 아직도 한국에 머무르고 싶어 하는지 그들이 물었어.)

※ 주의사항:

● whether와 if : ask, doubt, know, learn, see, tell, wonder 등의 동사 뒤에 목적절이
따라올 때 whether 대신 if를 사용할 때가 있다. if는 구어체 및 격식을 차리지 않는 문장
에서 whether 대신 사용되는 경향이 있고 if--or와 상관적으로 사용되기도 한다.(I did not
know if it was right or not.) 또한 조건절을 이끄는 if와의 혼동을 피하기 위해 목적절이
문장 앞에 나올 때, 주절과 보어절 그리고 동격절을 이끌 때는 보통 whether를 사용한다.

What matters is **whether** he will come or not.[명사절:보어]

(중요한 것은 그가 오는 가 아닌 가야.)

The matter of **whether** he will come or not doesn't matter.[동격절]

(그가 오는가 안 오는가는 중요치 않아.)

D) 형용사절을 이끄는 종속접속사(관계대명사가 해당; 관계사 부분에서 자세히 설명)

This is the latest proposal **which he has given us.**[형용사절: 명사 수식]
(이것이 그가 우리에게 제시한 가장 최근의 제안이야.)

This is the house **which** my father built himself ten years ago.
(이 집이 아버님께서 10년 전에 손수 지으신 집이야.)

The lady **who** is standing there is my elder sister.
(저기 서 있는 여인은 나의 누님이셔.)

E) 부사절을 이끄는 종속접속사

● 시간, 장소, 이유, 원인, 조건, 양보, 비교, 목적, 결과, 방법 등의 의미를 지닌 접속사.

ⓐ 시간 부사절 유도: after, as, before, since, till, until, when, while 등.

Students were making noises **as** their teacher delivered a lecture. [진행 중인 시간]
(선생님께서 강의를 진행하시는 동안 학생들은 떠들고 있었어.)

He had already come home **before** I called to see where he was.
(그가 어디 있나 알아보려고 내가 전화를 하기 전에 그는 이미 집에 와 있더라.)

Ten years have passed **since** his father died. 【전후 시제에 주의할 것】
(그의 아버님이 돌아가신 후 10년이 흘렀지.)

When I arrived there, I was surprised to see the lady in question. 【정지된 시간】
(내가 그 곳에 도착했을 때 나는 문제의 그 여인을 보고는 놀랐어.)

While I was having breakfast, I finished reading the newspaper.
(아침 먹는 동안 나는 신문을 다 읽었어.)

※ 주의사항:

구어체에는 while 사용	문어체에는 whereas 사용

The summers here are wet, **while** the winters are very dry.
(이 곳 여름은 습한데 반면 겨울은 매우 건조해.)

Sound travels at 330 meters per second, **whereas** light travels at 300,000 kilometers per second.
(소리는 초당 330미터를 이동하는 반면 빛은 초당 30만 킬로미터를 이동한다.)

b 장소 부사절 유도: where와 wherever.

You can be seated **where** there is some room.(공간이 있는 곳에 앉으세요.)

Wherever you may go, you will be loved.(너는 어디를 가든 사랑 받을 거야.)

c 이유, 원인 부사절 유도: because, since, as.

because	직접적 원인이나 이유를 즉석에서 밝힐 때 사용; 주로 주절 뒤에 위치.
since	because만큼 원인이나 이유를 강조하지는 않고 주절 앞/뒤 어디나 가능. 또한 논리적 관계가 분명할 때 사용.
as	since보다 원인이나 이유의 뜻이 약하며 주절 뒤에 오지 않고 문장의 앞에 온다.

I go to school **because** I always want to learn something new.

(나는 항상 뭔가 새로운 것을 배우고 싶어 학교에 간다.)

Since(As) I always want to learn something new, I go to school.

(나는 항상 뭔가 새로운 것을 배우고 싶기 때문에 학교를 다닌다.)

Since I love her, I cannot let her go away from me.

(그녀를 사랑하기에 그녀가 내게서 떠나게 할 수 없어.)

As it was cold last night, I went to bed earlier than before.

(어제밤에 추워서 전보다 일찍 잠자리에 들었다.)

※ 주의사항:

for vs. because

for	등위접속사로서 이미 말한 바에 대한 이유나 설명을 후에 생각난 것처럼 말할 때 사용. 문장의 앞에 사용 불가. [그 이유는]처럼 주관적 이유를 추가로 말할 때 사용.
because	종속접속사로서 객관적 원인을 직접적으로 밝히는 강한 표현. 주절보다도 because 절이 의미의 중심.

I go to school, **for** I always want to learn something new.

(내가 학교에 다니는 이유는 항상 뭔가 새로운 것을 배우고 싶기 때문이야.)

I didn't go to school **because** I had something to do.

(할 일이 있어서 학교에 가지 않았어.)

d 조건 부사 유도: if와 unless.

If you don't study hard, you will not be able to succeed.

(열심히 공부하지 않으면 성공할 수 없을 거야.)

Unless you send the letter within this week, your parents will not get it next week. [unless = if--not]

(금주 안에 편지을 보내지 않으면 부모님께서 다음 주에 편지를 받지 못할 거야.)

ⓔ 양보 부사절 유도: though, although, even if, as

though	회화체 표현; 가정적 표현에도 사용; 문미에 오면 "그러나"의 의미.
although	문어체 표현; 주로 사실을 서술.
even though (even if)	although에 비해 더 강한 뉘앙스; 강조할 때 사용.
as	형용사, 부사, 무관사 명사 뒤에 와서 부사절 형성

Though/Although I liked the book, I didn't buy it.(책은 좋았지만 사지는 않았어.)

I liked the book. I decided not to buy it, **though.**

(책은 좋았지. 하지만 사지 않기로 했어.)

Even though you like jeans, you should wear a suit for the party.

(청바지가 좋아도 파티에는 정장을 입어야지.)

Though I am weak, I can do the work alone.

(내가 약해도 그 일은 혼자 할 수 있어.)

Although she is poor, she tries to start her own business,

(그녀는 가난해도 자기 사업을 시작하려고 해.)

Even if I grow old, I always try to stay fit.

(내 비록 늙어가지만 항상 건강하려고 애써.)

Young **as** he was, he did his best to make it.

(어렸지만 그는 해 내려고 최선을 다했어.)

※ 주의사항:

● 접속사와 그 절이 문두에 올 때는 comma 사용.

If you need help, come and see me.(도움이 필요하면 내게 와.)

Come and see me if you need help.

● [무관사 명사, 형용사, 부사] + as(또는 though) + 주어 + 동사 = 양보의 부사절.

Youth as he was, he established a community club in the village.

(그는 어렸어도 마을회관을 세웠어.)

Young as he was, he was full of the willpower to change the world.
(그는 어리지만 세상을 변화시키려는 의지가 가득했어.)

Hard as he tried, he failed at the entrance examination.
(열심히 노력했지만 그는 입학시험에 실패했어.)

f 비교 부사절 유도: as와 than.

You are as sincere **as** he is in dealing with every family affair.
(너는 가사를 처리할 때 그 사람만큼 성실하네.)

The result was worse **than** I expected.(결과는 내가 기대했던 것보다 나빴어.)

g 목적 부사절 유도: so that -- may, in order that -- may.

● to vs. in order to
문어체에서는 in order to 또는 so as to 사용.

I got up early **to** catch the first train bound for Busan.
(부산행 첫 기차를 타려고 일찍 일어났어.)
I got up early **in order to** catch the first train bound for Busan.
I got up early **so as to** catch the first train bound for Busan.
(부산행 첫 기차를 타기 위해 일찍 일어났습니다.)

● 부정문에서는 in order not to 또는 so as not to를 사용; not to 는 사용 불가.

I got up early **in order not to** miss the first train bound for Busan.
I got up early **so as not to** miss the first train bound for Busan.
[*NOT* ~~I got up early not to miss the first train bound for Busan.~~]
(부산행 첫 기차를 놓치지 않으려고 일찍 일어났어.)

※ 주의사항:

● 목적의 의미를 표현하는 구문: so that + 주어 + 동사 vs. for

so that 또는 in order 뒤에 절 사용.
현재의 목적을 의미할 때 will 또는 can 사용.
과거의 목적을 의미할 때 would 또는 could 사용.
목적을 의미할 때 to 부정사 또는 for --ing 형식 사용.
특정한 행위 표시할 때 for + ing 형식 사용 불가.

I got up early **so that** I **could** catch the first train bound for Busan.
(부산행 첫 기차를 타기 위해 일찍 일어났습니다.)

This sawing machine is **to cut** large trees. 【일반적 행위】
This sawing machine is **for cutting** large trees. 【일반적 행위】
(이 절단기는 큰 나무를 자르기 위한 것이야.)

He turned the switch on **to illuminate** the room. 【구체적 행위】
[*NOT* ~~He turned the switch on for illuminating the room.~~]
(그는 방을 비추기 위해 스위치를 켰어.)

She is going to the community center early **so that** she **may** get a good seat.
(그녀는 좋은 자리를 차지하려고 마을 회관에 일찍 갈 거야.)

I ran as fast as I could **in order** that I **might** catch the last train for Seoul.
(서울행 마지막 기차를 타려고 최대한 뛰었어요.)

🔢 결과의 부사절을 이끄는 종속접속사: so--that/such--that.

They dug up the ground **so** deep **that** they found some water.
(그들은 구덩이를 깊게 판 결과 물을 찾았다.)

Hyokyung was **such** a diligent lady **that** she was respected in her town.
(효경이는 매우 부지런한 여인이라 마을에서 존경을 받았어.)

Grammar Set Free

방법의 부사절을 이끄는 종속접속사 as, as if 그리고 as though

as if와 as though 뒤의 동사는 주로 가정법 과거나 과거완료형이 오지만 직설법 현재나 현재완료가 오기도 한다..

Do as Romans do in Rome.(로마에 가면 로마인처럼 행동하라.)

He explains **as if** he **knew** everything about the topic.
(그는 그 사안에 대해 전부 아는 것처럼 설명한다.)

He talks **as if** he **had been** at the crime scene then.
(그는 그 때 범죄현장에 있었던 것처럼 말한다.)

※ 주의사항:

as if	주로 가정법 과거나 과거완료형을 사용하고 주어와 동사 생략 가능하며 가정에 초점이 있다. be 동사가 필요할 때는 was 대신 were를 사용한다. 직설법 구문도 올 수 있다.
as though	as if와 비슷한 용법이지만 비교에 초점이 있다.

The patient moved his fingers **as if** to write something.
(환자는 무엇인가를 쓰려는 듯이 손가락을 움직였어.)

The fugitives ran **as if** their lives depended on it.
(도망자들은 걸음아 날 살려라 하듯이 도망갔어.)

She speaks **as if** she were a walking dictionary.
(그녀는 자신이 만물박사인 것처럼 말하네.)

You look **as though** you slept badly.(잠을 제대로 못 잔 것 같네.)

It looks **as though** we're all done now.(이제 우리는 다 끝난 것 같구나.)

※ 주의사항:

like	전치사/접속사로 사용되며 회화체에서는 접속사로도 사용.
as	접속사/전치사로 사용되며 직업, 역할, 기능에 관해 말할 때는 전치사로 사용.

Like father, **like** son.(부전자전)

You do **as** I tell you to.(내가 하라는 대로 해.)

He did that **like** I did many years ago.

(내가 몇 년 전 그랬듯이 걔도 그렇게 했어.)

As a teacher, I warn you not to do such behaviour again.

(교사로서 네가 이런 행동을 반복하지 않도록 경고한다.)

2) 접속사 구문의 "주어 + be동사" 생략

접속사가 사용된 부사절과 주절의 주어가 같고 부사절에 be동사가 사용될 때 부사절 즉 접속사가 사용된 절의 주어와 be동사를 생략하는데 이 구문은 분사구문과 비교해서 살펴봐야 한다. 분사구문으로 단축시킨 구문에서 의미의 혼동을 피하고자 접속사를 살려두고자 할 때 이런 구문이 나온다.

I was pretty when **(I was)** young.(난 어릴 때 예뻤어.)

Although **(she was)** having a hard time, Sarah managed to get the work done.

(어려운 시기를 겪었지만 Sarah는 일을 해 냈어.)

While **(he was)** reading the newspaper, Jaeyeon had dinner.
(신문을 읽는 동안 재연이는 저녁을 먹었지.) **【현재의 먹는 행위 중심】**

While **(he was)** reading the newspaper, Jaeyeon had dinner.

After**(I was)** talking to you, I felt better.

(너와 대화한 뒤 나아졌어.)

Look in the mirror before**(you are)** driving off.

(차 끌고 나가기 전에 거울을 들여다봐라.)

3) 접속사 절의 시제

A) 미래시제의 will 대신 현재시제 사용.

I will be delighted if he **wins**.(걔가 이기면 기쁘겠다.)

I don't know if he **will win** or not.

(그가 이길지 질지 난 몰라.)

이 문장에서 if 이하는 동사 know의 목적어 즉 명사절로 사용되었기 때문에 원래의 의미대로 조동사 will을 사용하지만 앞의 문장에서와 같이 부사절일 경우에는 미래 대신 현재시제를 사용한다.

B) 미래완료 대신 현재완료 사용.

I'll tell you when I've **finished**.(완료되면 말을 해 줄게.)

Let me know when you **will have read** the book. (책을 다 읽었을 때를 알려 줘.)

이 문장에서는 when 이하가 동사 know의 목적어 즉 명사절로 사용되었기 때문에 본래의 의미대로 미래완료를 사용했지만 앞의 문장에서는 when 이하가 부사절이기 때문에 미래완료 대신현재완료가 사용되었다.

Adages

Do right and fear no man.(옳음을 행하라 그러면 아무도 두렵지 않다.)

A drowning man will clutch at a straw.(물에 빠진 사람은 지푸라기라도 잡는다.)

Eagles don't catch flies.(독수리는 파리를 잡지 않는다.) (죽어도 자존심을 지킨다)

Walls have ears. (낮말은 새가 듣고 밤말은 쥐가 듣는다.)

In for a penny, in for a pound. (일단 시작한 일은 끝까지.)

The mills of God grind slowly. (하늘의 응보는 늦더라도 반드시 온다.)

Live and let live. (함께 잘 살자.)

Relative
관계사

1) 관계대명사

정의	문장을 간략하게 만들기 위한 장치로서 접속사와 대명사를 합쳐서 만듦
기능	접속사 + 대명사의 역할(주어, 목적어, 보어)
종류	아래 도표 참조
주의사항	주어로 쓰인 관계대명사 뒤의 동사는 선행사의 인칭과 수에 일치

A) 관계대명사의 종류

선행사	주격	소유격	목적격	보어
사람	who	whose	whom	
사물	which	whose, of which	which	
기타	that	없음	that	
선행사포함	what	없음	what	
형용사	없음	없음	없음	which
문장일부/전체	which	없음	없음	

※ 주의사항:

● 관계대명사 that을 사용하는 경우:

사람과 사물이 선행사일 때.
의문사 who가 선행사일 때.
최상급 형용사, 한정의 의미가 강한 서수, all, the same, the only, the very가 선행사를 수식할 때.
선행사가 something, anything, everything, nothing일 때
구어체에서 who/which 대용.

● 관계대명사 whom: 문어체의 목적격; who는 구어체 목적격 표현.

B) 관계대명사를 활용한 문장 결합

ⓐ 두 문장에서 공통되는 단어나 구를 찾는다.

ⓑ 어느 것을 선행사로 할 것인지를 정한다.

ⓒ 선행사의 종류나 수식어에 따른 관계대명사를 결정한다.

ⓓ 선행사가 아닌 명사나 대명사가 문장에서 하는 역할이 무엇인가를 확인한 후 관계대명사의 격을 정한다.

ⓔ 선행사가 있는 문장을 선행사까지 쓰고 관계대명사로 연결한 뒤 선행사가 있는 문장의 나머지 부분을 쓴다.

I have **two sons**.(아들이 둘 있어.)

They have become teachers.

(아들들이 교사가 되어 있지.)

I have two **sons, who** have become teachers.

(아들이 둘이 있는데 둘 모두 교사가 되어 있어.)

※ I have two **sons who** have become teachers. 【아들이 셋 이상일 때】

(교사가 된 아들이 둘이 있어.)

Look at the girl.(저 소녀를 봐.)

She is my sister.(내 누이동생이야.)

Look at **the girl who** is my sister.

(내 누이인 저 소녀를 봐봐.)

This chair is very expensive. I bought it in the department store.

This chair **(which)** I bought in the department store is very expensive.

(내가 백화점에서 구입한 이 의자는 매우 비싸.)

This is the only cooking book.   I bought the book in England.

This is **the only cooking book (that)** I bought in England.

(이것이 내가 영국에서 사온 유일한 요리책이야.)

I don't like the thing.   She gave me the thing.

I don't like **the thing that** she gave me. = I don't like **what** she gave me.

(나는 그녀가 내게 준 것을 좋아하지 않아.)

C) 관계대명사의 기능

ⓐ 주어: 선행사가 사람일 때 who 또는 that 사용.
선행사가 사물일 때 which 또는 that 사용.

At the airport, I met Melanie. She came back from her travel abroad.

At the airport, I met Melanie **who**(=and she) came back from her travel abroad.
(공항에서 외국여행에서 돌아오는 멜라니를 만났어.)
※ At the airport, I met Melanie **coming** back from her travel abroad.[분사구문]

I don't like them. They talk too much at the party.

I don't like those **who** (= because they) talk too much at the party.
(난 파티에서 말이 많은 사람들이 싫어.)(those who로 변환됨을 주의)
※ them이 those로 전환됨: those who --(--하는 사람들)

I can't find the book. The book deals with astronomy.

I can't find the book **which/that**(= and it) deals with astronomy.
(천문학을 다룬 책을 찾을 수가 없네.)
※ I can't find the book **dealing** with astronomy.[분사구문]

Can you show me the computer? The computer is on sale.

Can you show me the computer **that/which**(= and it) is on sale?
(염가판매 중인 컴퓨터 좀 보여주실래요?)
※ Can you show me the computer **(being)** on sale?[분사구문]

ⓑ 목적어: who, which, that을 사용.
목적어로 쓰인 관계대명사는 생략 가능.
문어체에는 who 대신 whom 사용.

James met **two gentlemen** on the street.

He gave some free gifts to **them** as souvenirs.

James gave some free gifts as souvenirs to the two gentlemen

who(m)/that(= and them) he met on the street.

(James는 거리에서 만난 두 신사에게 기념품으로 무료 선물을 좀 줬어.)

I don't know the man. The police have arrested him.

I don't know the man **who(m)/that** the police have arrested.

(나는 경찰이 체포한 그 남자를 몰라.)

D) 관계대명사 절의 전치사

관계대명사가 타동사가 아닌 전치사의 목적어로 쓰일 때가 있다.
이 때 관계대명사 that과 who 앞에는 전치사 사용 불가.
전치사가 관계대명사 앞에 올 때 who는 반드시 whom으로 전환.

The guests arrived late at night. I have to wait on them.

▶ The guests **who/that**(=and them) I have to wait on arrived late at night.

▶ The guests **on whom**(*NOT* ~~that~~) I have to wait arrived late at night.

▶ The guests I have to wait **on** arrived late at night.

(내가 모셔야 할 손님들이 밤늦게 도착했어.)

E) 소유격 관계대명사

관계대명사가 명사를 수식하는 소유형용사 기능 수행.
수식받는 명사와 함께 주어, 동사의 목적어, 전치사의 목적어로 쓰임.
선행사가 사람일 때 whose, 사물일 때는 whose 또는 of which를 사용.

I came across a man. His appearance was very impressive.

▶ I came across a man **whose**(=and his) appearance was very impressive.
(외모가 매우 출중한 사람을 우연히 만났어.)

He has built a new house. The roof of the house is green.

▶ He has built a new house **the roof of which** is green.

▶ He has built a new house **of which the roof** is green.

▶ He has built a new house **whose roof** is green.

(그가 새 집을 지었는데 지붕이 녹색이야.)

He has built a new house. He painted the roof of the house green.

▶ He has built a new house **the roof of which** he painted green.

▶ He has built a new house **of which the roof** he painted green.

▶ He has built a new house **whose roof** he painted green.
(그가 새 집을 지었는데 지붕을 녹색으로 칠했어.)

I came across a man. My success depended upon his support.

▶ I came across a man **upon whose support** my success depended.

(나의 성공을 가능하게 했던 사람을 우연히 만났지.)

F) 선행사가 포함된 관계대명사

a 접속사 + 대명사 = 관계대명사
선행사 + 관계대명사 = what
what의 의미는 the thing(선행사)+that(관계대명사).

This restaurant serves a good meal.

I enjoy the meal.

▶ This restaurant serves a good meal **which**(=and+the meal) I enjoy.

▶ This restaurant serves **what**(a good meal+which) I enjoy.

(이 식당은 내가 좋아하는 음식을 팔아.)

That's the thing. I want it.

▶ That's the thing **that**(=and+it) I want.

▶ That's the thing I want.

▶ That's **what**(the thing+that) I want.(그게 내가 원하는 거야.)

b 강조할 때는 what을 문두에 위치.

What I want is that.(내가 원하는 건 바로 그거야.)

What we really want is to employ an expert.
(우리가 정말 원하는 건 전문가를 고용하는 거야.)
(= **The thing that** we really want is to employ an expert.)
【중립적 의미의 We really want to employ an expert.를 강조하여 표현한 것.】

G) 강조 구문: it + be + 강조할 성분 + 관계대명사(that)

다음 문장에서 동사를 제외한 성분은 모두 it...that 구문을 활용하여 강조할 수 있다.

I met Jane at the park yesterday.(어제 공원에서 Jane을 만났어.)

▶ It was **I** that(=who) met Jane at the park yesterday.

(어제 공원에서 Jane을 만난 사람은 나야.)

▶ It was **Jane** that(=who) I met at the park yesterday.

(어제 공원에서 내가 만난 사람은 Jane이야.)

▶ It was **at the park** that(=where) I met Jane yesterday.

(내가 어제 Jane을 만난 곳은 공원이었어.)

▶ It was **yesterday** that(=when) I met Jane at the park.

(내가 공원에서 Jane을 만난 시간은 어제였어.)

사람을 강조할 때 that 대신 who 사용 가능. 그러나 우선순위는 that.

동사를 강조할 때는 대동사 do 활용.

I **did meet** Jane at the park yesterday.(어제 공원에서 Jane을 **진짜** 만났어.)

H) 관계대명사절의 용법

한정적 용법	관계대명사 절이 선행사 수식; 목적격 관계대명사 생략 가능
계속적(추가 정보제공) 용법	선행사에 관한 추가 정보를 제공하는 용법
	관계대명사 앞에 comma를 사용하여 표시
	목적어로 쓰인 관계대명사라도 생략 불가

ⓐ 한정적 용법

The author **(who)** I met last week was very interesting.

(내가 지난주에 만난 작가는 상당히 재미있는 분이었어.)

The lady **(whom)** we met last night turned out to be his sister.

(바로 어제 밤에 만난 숙녀분이 그의 누이였어.)

I have a son **whose son** has become a teacher.

(교사가 된 아들을 둔 아들이 하나 있어.)

I have a son **(whom)** many people love very much.
(많은 사람들이 사랑하는 아들이 하나 있지.)

I have two sons **who** have become teachers.
(내게는 교사가 된 아들이 둘이 있어.) 【아들이 더 있다는 의미.】

She has several books **(which)** she bought abroad.
(그녀는 외국에서 구입한 책을 몇 권 가지고 있어.)

I have a son **who** prefers reading to playing outside.
(밖에서 놀기보다 책읽기를 더 좋아하는 아들이 하나 있어.)

Do you still have **what** I gave last night?
(내가 어젯밤 준 것 아직 가지고 있어?)
(what은 타동사 gave의 목적어이기도 하지만 타동사 have의 목적어로도 사용되기 때문에 커머를 사용할 수 없다.)

I picked up a book **that** was brand-new.
(아주 새것인 책을 한 권 샀어.)
[*NOT* ~~I picked up a book, that was brand-new~~].(非文)

b 계속적(추가정보제공)용법

She has several books, **which** she bought abroad.
(그녀는 책이 몇 권 있는데 그녀가 외국에서 구입한 것이지.)

I have two sons, **who** have become teachers.
(내게는 아들이 둘 있는데 모두 교사가 되었다.)

I have a son, **who** prefers reading to playing outside.
(아들이 하나 있는데 밖에서 놀기보다 책읽기를 더 좋아해.)

The lady, **whom** we met last night, turned out to be his sister.
(그 숙녀 분을 어제 밤에 만났는데 알고 보니 그의 여동생이었더라.)

The author, **who** wrote a lot of steady sellers, was interesting.
(그 작가는 꾸준히 팔리는 여러 권의 책을 썼는데 재미있는 사람이었어.)

I) which의 특수용법

선행사가 형용사, 또는 구나 절일 때 사용.

She was very rich, which made him feel happy.
(그녀는 매우 부유했고 이 점이 그를 기쁘게 했어.)
[which 는 she was very rich 라는 절을 받는다.]

He was **young**, which I was not.(그는 젊었는데 난 아니었지.)
[which 는 형용사 young을 받는다.]

※ 주의사항:

● 문장 일부나 전체(단문 기준)를 선행사로 받을 때에는 관계사 which를 사용한다.

The dentist pulled out **the teeth which/that** were causing the trouble.
(치과의사가 통증을 일으키는 치아들을 뽑았어.)

The dentist had to pull out two of my teeth, which was a real pity.
(치과의사가 내 치아 중 2개를 뽑아야 했는데 정말 아쉬웠어.)

J) 관계대명사+be 동사의 생략

ⓐ 관계대명사와 be 동사를 생략해도 의미 전달에 무리가 없으면 생략.
ⓑ "관계대명사 + be 동사" 뒤의 보어가 분사일 때 관계대명사와 be 동사 생략.
ⓒ 분사가 후치 수식하는 형용사 기능 수행.

Do you know that man **(who is)** standing near the door?
(문 옆에 서 있는 사람 알아?)

The man **(who was)** accused of the killing said that he had been at the cinema
at the time.(살인죄로 고소당한 남자는 당시 영화관에 있었다고 말했어.)

The truck **which is** carrying much luggage broke down on the road.
▶ The truck carrying much luggage broke down on the road.
(과도한 화물을 수송하는 트럭이 도로 위에서 고장이 났어.)

People **who were** interested in the match came to the stadium.

▶ People interested in the match came to the stadium.

(경기에 관심이 있는 사람들이 운동장으로 몰려들었지.)

K) 관계대명사를 대체하는 to 부정사 구문

🅰 관계대명사+동사 구문을 to 부정사 구문으로 축약 가능.

🅑 주로 first, second, next, last, only, 그리고 최상급 형용사와 함께 쓰여 의미가 분명할 때는 명사의 생략이 가능 (only의 경우 생략 불가).

China was the first country **to suffer** from corona virus.

(중국이 코로나 바이러스로 고통 받은 첫 번째 국가였다.)

[the first country **which suffered** from corona virus.]

She was the only colleague **to call** me back within time.

(그녀가 시간 안에 응답전화를 해 준 유일한 동료였지.)

[She was the only colleague **who called** me back within time.]

The soldier was **the last** (**one**) to withdraw from the battlefield.

(그 군인이 전쟁터에서 후퇴한 마지막 군인이었어.)

The soldier was **the only one** to withdraw from the battlefield.

(그 군인이 전쟁터에서 후퇴한 유일한 병사였어.)

She is **the youngest (applicant)** to apply for the membership.

(그녀가 회원권 신청자 중 가장 어려.)

L) 관계대명사의 생략

목적격 관계대명사(who, whom, which, that) 생략 가능.
a. 관계대명사가 타동사의 목적어일 때.
b. 관계대명사가 전치사의 목적어이고 전치사가 제자리에(주로 동사 뒤) 있을 때.
c. There be, It be 구문에서 주어로 사용된 관계대명사 생략 가능.

This is the book **(which)** I bought in that book store.

(이 책은 내가 저 서점에서 구입한 것이야.)

This is the gentleman **about whom** I talked the other day.[생략 불가]
(이 분이 내가 지난번에 말씀드린 신사분이야.)

This is the gentleman **(whom)** I talked **about** the other day.

This is the gentleman **(that)** I talked **about** the other day.

【관계대명사 that 앞에는 전치사 사용 불가】

There is a gentleman **(who)** teaches French.(프랑스어를 가르치는 분이 계시네.)

M) 관용적으로 사용되는 관계대명사

I am different from **what I was**.(난 과거의 내가 아냐.)

[what+사람주어+be동사]는 주어의 성질이나 상태를 나타낸다.

what is called, what you(we, they) call은 [소위]라는 의미이다.

The teacher is, **what you call**, a Mr. Know-it-all.(선생님은 소위 만물박사야.)

N) 복합관계대명사

a. 선행사를 포함하고 있는 관계대명사임과 동시에 양보절(--라도)을 끌고 옴.
b. whoever, whomever, whichever, whatever, whosever가 해당.
c. 복합관계대명사가 이끄는 절에서의 역할에 따라 격을 결정.
d. whoever = it doesn't matter who/ no matter who/anybody who/ the person who
e. 명사적용법(주어 또는 목적어로 사용될 때)으로 사용될 때 [anyone+who] 또는 [anything+which]로 전환 가능.

Whoever wants to buy the book can buy it only if (s)he pays for it.

[Anyone who wants to buy the book can buy it only if (s)he pays for it.]
(책을 사고 싶어 하는 사람은 누구라도 대금만 지불하면 살 수 있어.)

Whoever told you that was lying.(네게 그 말을 누가 했든 거짓말이야.)

Whoever comes to the door, tell them I'm out.(문가에 누가 와 있더라도 나 없다고 말해.)

I'm not opening the door, **whoever** you are.(당신이 누구든 간에 문 안 열겁니다.)

Take **whoever** wants to go.[= Take anyone who wants to go.]
(가고 싶어 하는 사람 아무나 데리고 가.)

Whichever you take as your career, the responsibility belongs to you.
(직업으로 무엇을 택하더라도 책임은 너에게 있는 거야.)

※ 주의사항:

◉ 복합관계대명사 뒤에는 현재시제로 미래를 의미함.

Whatever you **do**, I'll always love you.[***NOT*** ~~Whatever you'll do...~~]
(네가 뭘 하더라도 널 사랑할거야.)

◉ Whether ...or ... 구문은 'It doesn't matter whether... or...' 의 의미.

Whether we go by bus or train, it'll take at least six hours.
(버스로 가건 기차로 가건 적어도 6시간은 걸릴 거야.)

I'm staying **whether** you like it or not.(네가 좋아하든 말든 여기 있을래.)

◉ 복합관계대명사는 양보의 부사절을 끌고 오기도 한다.

Whoever comes, I will not change my mind.

= [**No matter who comes**, I will not change my mind.]
(누가 와도 내 마음을 바꾸지 않을 거야.)

O) 유사관계대명사

정의	문장 내에서 관계대명사처럼 사용되는 단어	
종류	as	such, the same, as, so 등이 선행사를 수식할 때
	but	부정문에서 관계대명사 that과 뒤의 부정부사 not을 합친 것
	than	비교구문에서 관계대명사 역할 대행

As many men **as** came were killed by enemy snipers.
(온 사람은 모두 적군의 저격수에 의해 피살당했다.)

Give me **the same** food **as** you serve your family everyday.
(당신 가족에게 매일 해 주는 같은 음식을 주세요.)

There is **no** rule **but** has some exceptions.

[There is **no** rule **without** some exceptions.]

[There is **no** rule **that** does **not** have some exceptions.](예외 없는 규칙은 없다.)

They gave me much more money **than** I had expected.

(그들은 내가 기대했던 것보다 더 많은 돈을 주었어.)

2) 관계부사

정의	접속사와 부사의 역할을 수행하는 단어
종류	선행사에 따라 when(시간)/where(장소)/why(이유)/how(방법)/that으로 전환 가능 that은 선행사와 함께 사용해야 하며 계속적 용법에는 사용 불가능
특성	[전치사+관계대명사]로 전환 가능
	관계대명사가 전치사와 쓰일 때 "전치사+관계대명사"를 관계부사로 전환 가능
	where와 when만 comma 뒤에 사용 가능; the way와 how는 함께 사용 못함

※ 관계부사의 종류

	선행사	관계부사	전치사+관계대명사
시간	the time(day, month, year) 등	when	at(in, on) which
장소	the place(village, house) 등	where	at(in, on) which
방법	(the way)	how	in which
이유	the reason	why	for which

A) 관계부사 구문의 생성

This is the house. I was born in this house.

이 두 문장은 다음의 과정을 거쳐 마지막 문장으로 변형된다.

▶ This is the house **and** I was born **in this house**.

▶ This is the house **which**(and+this house) I was born **in**.

▶ This is the house **in which** I was born.

▶ This is the house I was born **in**. 또는

▶ This is the house **where** I was born.

Do you know the time?   I met her at that time.

이 두 문장은 다음의 과정을 거쳐 마지막 문장으로 변형된다.

▶ Do you know the time **and** I met her **at that time**?

▶ Do you know the time **and at that time** I met her?

▶ Do you know the time **at which**(and+that time) I met her?

▶ Do you know the time **which** I met her **at**?

▶ Do you know the time **when**(that) I met her? 또는

▶ Do you know the time I met her?

She prefers to leave at night, **when** stars are shining.

(그녀는 밤에 떠나기를 좋아하는데 그 때 별이 빛나기 때문이지.)

Saturday is the day **when** we go on a picnic.(토요일은 소풍을 가는 날이야.)

This is the city **where** I attended college.

(이 곳이 내가 대학을 다녔던 도시야.)

No one knows **the reason why** he didn't come to school.

(그가 왜 학교에 오지 않았는지 아무도 이유를 모른다.)

[위 문장은 No one knows the reason.란 문장과 He didn't come to school for that reason. 란 문장을 합친 것이다.]

Let me know **the way (that)** she got the book for free.

(그녀가 그 책을 무료로 구한 방법을 알려다오.)

[Let me know **how** she got the book for free.]

위 두 문장은 Let me know the way.란 문장과 She got the book for free in that way.란 문장을 합친 것이다.

B) 관계부사의 용법

when과 where: 앞에 커머(,)가 오면 **계속적 용법**으로 사용되고 없으면 **한정적 용법**.
why와 how: 의미상 앞에 커머(,)가 절대 올 수 없어서 **한정적 용법**으로만 사용.

This house is the very place **in which** my father was born.
(이 집이 아버님께서 태어나신 바로 그 곳이야.)

[This house is the very place and there my father was born.]

[This house is the very place **where** my father was born.]

This tennis court is the very place **where** I work out on a regular basis.
(이 테니스 코트가 내가 규칙적으로 운동하는 곳이야.)

May 1 is a holiday, **when** all the workers take a day off.
(5월 1일은 휴일이라서 모든 근로자들은 하루 쉬지.)

Today is the day **when** the couple get married.
(오늘이 그 쌍이 결혼하는 날이야.)

Just tell me **how** you persuaded them.
(어떻게 그들을 설득했는지만 말해라.)

No one knows **why** she left without a word.
(그녀가 왜 아무 말도 없이 가버렸는지 아무도 몰라.)

C) 관계부사의 생략

선행사가 place, time, reason, way일 때 선행사나 관계부사 중 하나 생략 가능.
선행사가 있으면 관계부사는 항상 생략 가능.
선행사 the way와 관계부사 how는 함께 사용 불가.
선행사 the way와 관계부사 how를 모두 사용해야 하면 how를 that으로 전환.

Yesterday was (the time) **when** I was supposed to attend an important meeting.
(어제는 내가 중요한 모임에 참석하기로 되어있었어.)
위 문장에서 선행사 the time이 있을 때 when 이하의 절은 the time을 수식하는
형용사절이지만 선행사 the time을 생략하면 동사의 보어가 되어 명사절이 된다.

Three o'clock is (the time) **when** you ordered her to come by.
[Three o'clock is **the time** (when) you ordered her to come by.]
(세 시는 당신이 그녀에게 들르라고 명령한 시각이야.)

Seoul is (the place) **where** many events are held every day.

[Seoul is **the place** (where) many events are held every day.]

(서울은 매일 많은 행사가 개최되는 곳이야.)

What I explained so far is (the way) **how** I succeeded in persuading her.

What I explained so far is **the way** (how) I succeeded in persuading her.

(내가 지금까지 설명한 것이 그녀를 설득하는 데 성공한 방법이야.)

This is (the reason) **why** we couldn't conquer English.

This is **the reason** (why) we couldn't conquer English.

(이것이 우리가 영어를 정복하지 못했던 이유이다.)

D) 복합관계부사

wherever, whenever, however 세 개가 존재.
이들은 선행사를 포함한 상태에서 부사절이나 양보의 부사절을 유도함.

I try to see Vicky **whenever** I **go** to London.(런던에 갈 때마다 Vicky를 보려고 해.)

Wherever he **goes**, he'll find friends.(어디를 가도 그는 친구를 사귀지.)

However much he **eats**, he never gets fat.(걔는 아무리 많이 먹어도 살이 안 쪄.)

● 부사절인 경우

   Whenever you want, you can call me and have a talk on anything.

   [**At anytime** you want, you can call me and have a talk on anything.]

   (네가 원할 때마다 내게 전화해서 무엇에 관해서라도 대화할 수 있어.)

   You may go **wherever** you want.

   [You may go **to any place where** you want.]

   (너는 네가 원하는 곳 어디라도 가도 좋아.)

● 양보의 부사절인 경우

   Wherever you go, you can't find a place like home.

[**No matter where** you go, you can't find a place like home.]

(네가 어디를 가든 집 같은 곳은 찾을 수 없다.)

However hard you may try, you can't succeed without sincerity.

[**No matter how** hard you may try, you can't succeed without sincerity.]

(네가 아무리 열심히 하려 해도 성실함 없이는 성공할 수 없어.)

Adages

Well begun is half done. (시작이 반이다.)

Where there's a will, there's a way. (뜻이 있는 곳에 길이 있다.)

It is easy to be wise after the event. (소 잃고 외양간 고친다. 뒤늦은 깨달음.)

East, west, home's best.(뭐니 뭐니 해도 집이 최고다.)

Easy come, easy go.(쉽게 얻은 것은 쉽게 잃는다.)

What is worth doing at all is worth doing well. (기왕에 할 가치가 있는 것은 잘 할 가치가 있다.)

Who holds the purse rules the house. (금고지기가 천하를 지배하는 법)

More haste, less speed. (급할수록 천천히.)

Off with the old, on with the new. (옛 것은 물리치고 새 것을 맞이하자.)

Necessity knows no law. (사흘 굶어 도둑질하지 않는 놈 없다.)

A man can die, but once! (사람이 한 번 죽지 두 번 죽나!)

Glory is the fair child of peril. (호랑이 굴에 가야 호랑이를 잡지.)

Pudding rather than praise. (금강산도 식후경이다.)

Harm set, harm get. (남을 해치려는 자가 그 해를 당한다.)

Rules are rules. (약속은 지켜야 한다.)

Be slow in choosing a friend, slower in changing. (친구를 사귈 때는 천천히 바꿀 때는 더 천천히. 신중하게 사귀고 더 신중하게 헤어져라.)

Fools rush in where angels fear to tread. (하룻강아지 범 무서운 줄 모른다.)

Debtors are liars. (돈이 거짓말하지 사람이 거짓말 하나!)

Every little bit helps. (하찮은 것도 쓸모가 있는 법.)

정의	동사가 의미하는 시간관계를 가리키는 개념			
종류	현재	현재진행	현재완료	현재완료진행
	과거	과거진행	과거완료	과거완료진행
	미래	미래진행	미래완료	미래완료진행

1) 현재시제

A) 용례

a 현재의 사실, 생각, 감정

I **think** so.(난 그리 생각해.)

There **comes** the teacher at last.(드디어 선생님이 오시네.)

They **seem** very happy right now.(그들은 지금 참 행복해 보이네.)

b 현재의 습관

Most people **sleep** eight hours **every day**.(대부분의 사람들은 하루 8시간 잠을 자.)

I run around the village almost **every morning**.(나는 거의 매일 마을 주변을 달려.)

c 오랜 시간 반복되는 상황이나 사실

I **attend** a college.(대학에 다녀.)

He **works** at a factory.(걔 공장에서 일해.)

d 반복적인 행위

She writes poems **every night**.(매일 밤 그녀는 시를 써.)

e 권유하는 부정 의문문에서

Why don't you join us?(같이 할래?)

f 가까운 미래를 가리킬 때[미래를 가리키는 부사와 함께]

I meet her **tomorrow morning**.(내일 아침 그녀를 만날 거야.)

g agree, forgive, promise, refuse 등을 사용할 때

I **promise** I'll study really hard.(정말 공부 열심히 할 것을 약속합니다.)

h 진리, 일반적 사실

A triangle **has three sides**.(삼각형에는 세 변이 있다.)

The amount of the inside angles of any rectangular shape is **360 degrees**.
(모든 사각형의 내각의 합은 360도이다.)

i 시간의 부사절

I will have dinner **when** the parents **come** back home.
(부모님이 귀가하시면 저녁 먹을래.)

The guests will arrive **after** she **finishes** her house chores.
(그녀가 집안일을 마친 뒤 손님들이 도착할 거야.)

j 조건의 부사절

What shall I do **if** she **doesn't come** tomorrow?
(내일 그녀가 오지 않으면 어떻게 하지?)

If he **can't graduate** from college next year, his parents will be disappointed.
(그가 내년에 대학을 졸업하지 못하면 그의 부모님은 실망할 거야.)

k 양보의 부사절

Even if he **fails** this time, he will try again in no time.
(비록 이번에 실패해도 그는 곧 다시 시도할 거야.)

Even though I **have to help** the enemy, I will do my best.
(비록 적을 도와야 해도 난 최선을 다할 거야.)

l 미래를 가리키는 부사와 함께 왕래발착 동사를 사용하면 현재시제가 미래시제 대용.

What time **does he arrive** here **tomorrow**?(그는 내일 몇 시에 올까?)

The train **leaves** Seoul **in two hours**.(기차는 두 시간 후 서울을 출발해.)

m 말하는 순간과 동시적으로 진행 중인 사건

The President of the U.S.A. now **enters** the Capitol.
(미합중국 대통령이 국회의사당에 입장하십니다.)

n 역사적 현재를 생생하게 표현할 때

Cleopatra **meets** Caesar at her palace in Egypt.
(클레오파트라가 이집트에 있는 자신의 궁궐에서 시저를 만나고 있다.)

※ 주의사항:

● 부사 always와 현재형의 의미

　a. be always --ing 은 계획되지 않았으나 자주 발생하는 사건 표현.

　I'm always losing my keys.(늘 열쇠를 잃어버리네.)

　When Alice comes, **I always** meet her at the station. 【계획된 만남】
　(Alice가 올 때 항상 역에서 맞이해.)

　I'm always meeting him in the supermarket. 【우연적 만남】
　(수퍼마켓에서 늘 그를 만나네.)

b. always가 현재진행시제와 사용될 때는 very often의 의미이고 현재시제와 사용될 때는 "매번"이라는 의미이다.

I'm always cooking omelette with paprika. 【자주 한다는 의미】
(파프리카를 넣어서 오믈렛을 자주 요리해.)

I always cook omelette on holidays. 【매번 한다는 의미】
(휴일이면 오믈렛을 요리해.)

B) 상태동사와 동작동사

상태동사는 현재진행시제 사용이 불가능하지만 예외가 있다.

많은 동사가 상태와 동작 모두를 가리킬 수 있으니 주의해야 한다.

I **think** he is all right.(그가 옳다고 생각해.)
I'**m thinking** about the matter.(그 문제에 관해 고심 중이야.)

I **come** from England.(잉글랜드 출신입니다: 잉글랜드에 거주한다.)
I'**m coming** from England.(잉글랜드에서 오는 중입니다: 여행 중 잉글랜드 경유)

She **weighs** 50 kilograms.(그녀는 몸무게가 50킬로그램 나가.)
He **is weighing** my body.(걔가 내 몸무게를 측정하고 있어.)

C) be 동사의 현재 진행형

be 동사의 현재진행형은 의미가 독특하니 주의해야 한다.

He **is** a generous person.(그는 관대해: 늘 관대함.)
He **is being** generous at our party.(우리 파티에서는 유난히 인심이 좋아.)

She **is** foolish.(그녀는 멍청해: 늘 멍청함.)
She **is being** foolish this afternoon.(그녀가 오늘 오후에 유난히 멍청하네.)

2) 과거시제

A) 용례

ⓐ 과거의 행위, 상태, 습관 또는 사실, 과거의 역사적 사실.

I **got married** in 2017. 【과거의 행위】(나는 2017년에 결혼했어.)

They **were silent** when she entered the hall. 【과거의 상태】
(그녀가 홀에 들어오자 사람들은 조용했어.)

She **used to run** toward the chestnut tree on the hill. 【과거의 습관】
(그녀는 언덕 위에 있는 밤나무를 향해 뛰어가곤 했었지.)

The American Civil War **took place** in 1864. 【역사적 사실】
(미국의 남북전쟁은 1864년에 발발했지.)

B) 과거 시제 vs. 과거진행시제

과거시제	종료된 과거의 사건이나 상황
과거진행 시제	과거 어느 순간에 진행되는 행동.

She **passed** the entrance exam five years ago.【과거시제】
(그녀는 5년 전 입학시험에 합격했지.)

She **was cooking** at 9 p.m. last night.【과거진행시제】
(그녀는 어제 밤 9시에 요리 중이었어.)

C) 과거시제와 과거진행시제의 혼용

과거진행시제	오래 지속되는 행동
과거시제	짧은 순간 진행되는 상황

He **came** back home when I **was repairing** a chair.
(의자를 수리하는 도중에 그가 돌아왔어.)

The telephone **rang** while I **was studying** English.(영어 공부하는 중에 전화가 왔어.)

As I **was thinking** of her, she **appeared** abruptly.
(그녀 생각을 하고 있는데 갑자기 그녀가 나타났네.)

D) 순차적으로 발생한 사건의 진술

ⓐ 과거에 발생한 사실/행위를 발생 순서대로 기술할 때는 모두 과거시제로 표기한다.

He **entered** the room and he **lit** a cigarette. After that, he **watched** television.
(그가 방에 들어와서 담배 불을 붙였다. 그리고 그는 텔레비전을 봤어.)

I **met** her at the park and then we **took a walk** for a while.
(공원에서 그녀를 만나서 잠시 산책을 했지.)

Mother **cooked** some porridge and then **handed** it **out**.
(어머니가 죽을 만들어서 나눠주셨어.)

ⓑ 순서가 바뀌면 시제도 바뀐다.

Before he **lit** a cigarette, he **had entered** the room.
(담배에 불을 붙이기 전에 그는 이미 방에 들어와 있었어.)

ⓒ 과거의 두 가지 행위 중 강조하고자 하는 행위는 과거진행 시제로 표기 가능.

He **was having lunch** when his parents **arrived** home after a journey.
(부모님이 여행을 마치고 귀가했을 때 그는 점심을 먹고 있는 중이었지.)

E) 배경과 행위가 등장할 때

배경 설명	과거진행 시제
행위 설명	과거 시제

The moon **was shining** brightly and we **took a walk** in the forest.
(달이 밝게 비추고 있어서 숲 속에서 좀 걸었어.)
The sun **was emitting** much light and tourists **enjoyed** it.
(햇볕이 내리쬐니 관광객들이 좋아했지.)

3) 미래시제

A) 미래 표현의 다양성

항상 사용 가능한 단일한 미래표현은 없으며 미래를 어떻게 보는가에 따라 다양한 표현이 가능하다. 각 표현의 의미와 뉘앙스는 다르다.

be going to	"의향"의 의미; 이미 계획이 수립된 상태.
will	미래의 중립적 표현. 말하는 순간에 떠오른 미래.
현재진행 시제	미래를 나타내는 부사어구와 함께(계획을 암시).
현재 시제	시간과 연관된 표현에 사용: 기차 같은 공공 서비스 분야의 시간표 언급할 때/ 반복적 행위를 나타낼 때/뉴스 보도.
will be --ing	사건이 진행되고 있음을 강조.
be to 동사원형	미래의 예정된 일이나 계획 또는 운명/공식적 계획이나 확정된 개인적 일을 표현/뉴스 보도
be about to 동사원형	임박한 행위.
be on the point of --ing	임박한 행위.
왕래발착 동사+ 미래 부사(구)	가까운 미래.

She **is to** meet her stepfather next week. 【예정】
(그녀는 다음 주 새 아빠를 만나기로 되어 있어.)

I **am to** apply to the company for a work as a financial consultant. 【계획】
(재정 자문관으로서 일하기 위해 회사에 지원할 계획이야.)

Human beings **are to** die sometime. 【운명】
(인간은 언젠가는 죽게 되어 있어.)

The Prime Minister **is to** visit Korea next year.
(총리는 내년에 한국을 방문할 예정이지.)

The speaker **is about to** begin a new speech.
(연사는 새로운 연설을 막 시작할 참이야.)

I **am on the point of** finishing reading the fashion magazine.
(패션잡지 읽기를 끝마칠 참이야.)

I leave London **in a week**.(일주일 후 런던을 떠나.)

Her parents **arrive** here **tomorrow**.

(그녀의 부모님은 내일 여기 도착하셔.)

B) 호환적으로 사용 가능한 표현: 다음 문장은 동일한 의미

He **is going to leave** his home in December.

He **will leave** his home in December.

He **leaves** his home in December.

He**'s leaving** his home in December.

He **will be leaving** his home in December.

(그는 12월에 고향을 떠날 거야.)

C) 종류

단순미래	주어나 화자 또는 청자의 의지와 관계없이 시간이 흐르면 자연히 발생하는 상태와 행위를 표기	
의지미래	평서문	화자의 의지를 표현
	의문문	청자의 의지를 묻는 표현

Next year **is going to be** different. I promise. 【화자의 의도】

(내년은 다를 거야. 약속해.)

Next year **will** probably **be** different. 【의도와 무관】

(내년은 아마 다를 거야.)

What **are you doing** next year? You haven't told me your plans. 【의지미래】

(내년에 뭐 할 계획이니? 내게 네 계획을 말하지 않았어.)

How old **will** you be next year? Do you know? 【단순미래】

(내년에 몇 살이 되니? 너 알아?)

I **will** be twenty-two next year. 【단순미래】(나는 내년에 22살이 되네.)

Look out! We**'re going to** crash! 【맞은 편 차가 오는 게 보일 때.】 【임박한 미래】

(조심해! 충돌하겠어!)

Don't lend him your car. He'll crash it. 【걔 운전 습성을 알아서.】 【습성】

(걔 차 빌려주지 마라. 사고 낼 거야.)

You shall have some money tomorrow. 【화자인 "나"의 의지】
(너 내일 돈이 좀 생길거야. = 내가 네게 돈을 줄 거야.)

Shall I open the window? 【질문을 듣는 청자 "당신"의 의지를 묻는다.】
(제가 창문 좀 열어도 될까요?)

D) will과 shall : 용법 및 예문은 조동사 부분을 참조하세요.

E) be going to vs. 현재진행 시제

be going to	계획, 결정, 확고한 의도를 나타내며 회화체에서 주로 사용
	현재의 상황이나 근거를 고려하여 미래를 예측할 때 사용
	미래의 사건이 진행 중이거나 곧 발생할 경우 사용. (e.g. Look! It's going to rain. Look out! We're going to crash!)
	시행하기로 결정한 것에 대해 말하고자 할 때 사용
현재진행시제	be going to와 거의 동일한 의미
	미래의 개인적 사건과 확정된 계획을 나타내며 주로 시간, 날짜 그리고/또는 장소가 제시. (e.g. What are you doing this evening? My car's getting serviced next week.)
	접속사 when이나 while과 함께 미래 표현.

I'**m going to** meet the parents of my fiancée.(약혼녀 부모님을 만날 계획이야.)

I'**m meeting** the parents of my fiancée.

Shall we have a cup of coffee? I'**m not going to** have anything to drink.
(커피 마실까? 아무 것도 안 마실 거야.)

Lily **is going to** graduate in February.(Lily는 2월에 졸업할거야.)

I'**m going to** go shopping with Emma.(Emma랑 장보러 갈 거야.)

I'**m going** shopping with Emma.

When he'**s enjoying** the party, he **will** think about his ex-wife.

(파티를 즐길 때 그는 전처 생각이 날 거야.)

While I **am working** abroad, I **will** make a fortune.(외국에서 일할 때 목돈을 벌 거야.)

F) will vs. be going to

호환적으로 사용되나 be going to는 구어체적 표현.
하나의 지문(paragraph)에서 be going to를 사용하여 의도를 표현한 뒤에 자세한 사항을 진술한다거나 논평이나 의견을 말할 때는 will 사용
will은 순간적 결정이나 단순한 예측을 의미.
be going to는 결정한 사항을 시행하겠다는 의미; 현재 상황을 고려하여 예 측할 때.

It's sunny today. I'**ll go** out to take a walk.(오늘 화창하네. 나가서 산책을 해야겠네.)

The orchestra **is going to** perform tomorrow.(오케스트라가 내일 공연을 할 거야.)

They **will** grow well into decent citizens.(그들은 훌륭한 시민으로 자랄 거야.)

They **are going to** grow well into decent citizens. 【현재 상황을 고려한 예측】
(그들은 훌륭한 시민으로 자라겠지.)

I **am going to** put the items together to make a final product.
(부품을 조립해서 최종 생산품을 만들 거야.)

They **will** be quite hard to handle because of their rough surface.
(표면이 거칠어서 다루기 꽤 힘들 거야.)
It seems your work **will** be difficult to do.(네 업무는 어려워 보여.)

NASA **is going to** select 11 astronauts for that project.
(NASA는 그 계획을 위해 11명의 우주 비행사를 선발할 예정이지.)

By the year 2024, mankind **will** be able to land on the Mars.
(2024년쯤 인류는 화성에 착륙할 거야.)

G) 현재시제 vs. be to vs. be about to

현재시제	주로 교통기관 관련된 시간 표현에 사용
be to	공식적인 행사 관련 표현에 사용
be about to	임박한 미래를 표현할 때 사용

What time does **your plane** take off?(비행기 몇 시에 이륙하니?)

When does **the trai**n leave for Carlisle?(기차가 카알라일로 언제 출발하지?)

A shuttle bus in operation makes a round trip **twelve times a day**.

(운행 중인 셔틀버스는 하루에 12차례 왕복운행을 해.)

The athletic meet is to be held in the indoor sports club.

(운동회는 실내스포츠 클럽에서 개최될 예정이야.)

The Prime Minister is to visit Korea next month.

(총리가 다음 달에 한국을 방문하기로 되어 있습니다.)

Several limousines **are parked in line**, because several VIP's **are about to** leave.

(주요 인사 여러 명이 곧 출발할 예정이라 리무진 여러 대가 줄지어 주차되어 있다.)

※ 주의사항:

시간과 조건의 의미를 지닌 부사절에서는 현재시제가 미래시제를, 현재완료시제가 미래완료시제를 의미한다.

They will tell the truth **when** the boss **comes** back.(사장님이 돌아오시면 진실을 말할 거야.)

They won't tell **when** the boss **will come** back.

[when 이하가 목적어로 쓰였기 때문에 미래시제로 표현한다.]

(걔네들은 사장님이 언제 오실지 말 안할 거야.)

As soon as he **buys** anything, he will show it to me.

(뭐라도 사는 즉시 그는 내게 보여줄 거야.)

While he **stays** in the sanatorium, he will recover his health.

(요양원에 머무르는 동안 그는 건강을 회복할 거야.)

When I **meet** them again, I will tell a joke.(걔네들 다시 만나면 농담 좀 해야지.)

When you **have bought** anything, you have to let me know the price.

(뭐라도 사서 가지고 있게 되면 내게 가격을 알려 줘야 해.)

When you **buy** anything, you have to let me know the price.

(뭐라도 사면 내게 가격을 알려 줘야 해.)

If I **go** to the pub Phoenix, I can drink.(피닉스 술집에 가면 마실 수 있어.)

H) 미래진행 시제

미래의 어떤 시간에 진행 중일 것임을 암시.
계획되었거나 기대되는 사건을 표현.
정중한 요청의 표현.

The factory **will be installing** a new assembly system. 【계획이나 기대를 표현】
(우리 공장이 새로운 조립 설비를 설치할 거야.)

Will you **be paying** for the bill?(계산서 결제를 해 주시겠습니까?) 【정중한 요청】

Will you **be staying** in this evening? 【미래의 일정을 단순히 묻는 표현】
(오늘 밤에도 머무르실 계획이세요?)

Are you **going to stay** in this evening? 【결정을 재촉하는 표현】
(오늘 밤에도 머무르실 건가요?)

Will you **stay** in this evening? 【요청 또는 명령】(오늘 밤에도 머무르시죠?)

4) 완료시제

정의	어느 기준 시점(출발시점)에 시작된 상황/동작이 그 다음 어느 시점(종료시점)과 관계를 맺고 있음을 나타내는 시제
의미	완료, 경험, 결과, 계속
종류	현재완료, 과거완료, 미래완료(종료시점 기준으로)

A) 현재완료

ⓐ 형태: [have + 과거분사]

She **has** just **finished** making pizza. 【완료】(그녀는 방금 피자를 만들었어.)

I **have studied** English since I entered middle school. 【계속】
(중학교 입학 후 계속 영어 학습을 해 왔지.)

I **have met** her twice. 【경험】(그녀를 두 번 만난 적이 있어.)

I **have been** to Britain. 【경험】(영국에 가 봤어.) 【지금은 영국에 있는 것이 아님.】

I **have spent** all the money. 【결과】(돈을 다 써버렸어.) 【돈이 없는 상황.】

We **have met** each other. 【결과】(우리는 서로 아는 사이야.)

She **has lost** her watch. 【결과】(그녀는 시계를 잃어버렸어.)

It **has rained** cats and dogs. 【결과】(비가 억수같이 내렸어.) 【현재 땅이 질퍽하다.】

ⓑ 완료시제와 함께 쓰이는 단어:

just와 already	긍정문에 사용
	과거분사 앞에 사용
	already가 의문문의 말미에 오면 놀라움을 의미
yet	부정문이나 의문문의 끝에 사용
for	시간의 길이를 나타내는 명사(구) 앞에 사용
since	특정한 시간대 앞에 사용
	전치사로 쓰일 때 주절은 현재 또는 현재완료 시제를 사용
	접속사로 쓰일 때 과거시제 문장이 따라오며 since 앞에는 시간의 의미를 나타내는 현재나 현재완료시제를 사용

I have **just** finished my homework.(지금 막 과제를 마쳤어.)

She has **already** left her school for home.(이미 하교해서 집으로 갔어.)

Have you had the dinner **already**?(저녁을 벌써 먹었어?)

The vacation comes to an end but I haven't done anything **yet**.
(방학은 끝나 가는데 아직 아무 것도 한 게 없어.)

Have you seen the movie "Parasite" **yet**?(영화 "기생충" 이미 봤어?)

A lot of tourists have stayed at this hotel **for** three days.
(많은 관광객들이 3일 동안 이 호텔에 머물고 있어.)

A lot of tourists have stayed at this hotel **since** Thursday.
(많은 관광객들이 목요일 이후로 이 호텔에 머물고 있어.)

The soldiers have had winter drills **since** Christmas.
(성탄절 이후로 군인들이 겨울철 훈련을 받고 있어.)

Atheists have cherished their own belief **since** the Age of Roman Empire.
(무신론자들은 로마제국 이후로 그들 자신의 믿음을 간직해 오고 있지.)

It's a long time **since** we enjoyed a New Year's party.
(신년 파티를 해본 게 꽤 오래 되었네.)

It's been ages **since** we visited the place.(그 곳에 가본지 꽤 오래 되었어.)

It's been a long time **since** I last had some caviar.
(철갑상어 알을 먹은 지 꽤 오래 되었어.)

c ever vs. never: 경험의 의미 강조.

- 현재완료시제 의문문에 ever를 사용하고 평서문에 never(또는 never ever)를 사용.
- ever는 "살아오면서 현재까지"의 의미이고 never 는 "not ever"의 의미.

Have you **ever** met any famous person?(한번이라도 유명 인사를 만난 적이 있니?)

Never in all my life have I seen such a horrible thing.
(내 평생동안 한 번도 그런 끔찍한 것을 본 적이 없어.)

d have been to vs. have been in

- have been to: "특정 장소에 다녀온 적이 있으나 현재는 그 곳에 없는"의 의미.
- have been in: "특정 장소에 현재까지 있는"의 의미.

I **have been to** Hungary.(헝가리를 다녀왔어: 현재는 헝가리가 아닌 여기에 있다.)
I **have been in** Hungary.(헝가리에 계속 머무르고 있어.)

e first time; second time: 현재완료 시제와 함께 사용.

It's **the first time** we have met in downtown.(우리가 시내에서 만난 건 처음이야.)
This is **the second time** she has made a mistake in spelling.
(그녀가 표기법이 틀린 것이 두 번째야.)

f "today"와 "this + 시간 명사": 현재완료 시제와 함께 사용.

How many pages of the book have you read **today**?(오늘 책 몇 쪽이나 읽었니?)
Many people haven't saved much money **this year**.
(올해는 많은 사람들이 저축을 많이 하지 못했어.)

He has observed such phenomenon **this week**.
(그는 이번 주에 이런 현상을 관찰해 왔어.)

g 현재완료 시제 vs. 과거 시제

현재완료시제	과거에 발생한 사건이 현재와 모종의 관련을 가지고 있음을 의미.
	하나의 소식 또는 사실을 진술할 때 주로 사용.
과거시제	과거에 이미 종료된 사건을 의미.
	많은 경우 과거를 나타내는 부사어구와 함께 사용.
	장소와 시간 등의 자세한 내용을 언급할 때 사용.

He **has finished** his homework.(그는 과제를 끝마쳤어: 이제 자유.)

He **finished** his homework **last night**.(그는 어제 밤에 과제를 마쳤어: 과거 상황)

She **has lost** her wallet.(그녀가 지갑을 분실했어: 결과적으로 현재 지갑이 없다.)

She **lost** her wallet. (그녀는 지갑을 분실했어: 과거 상황.)

She **has found** her wallet.(그녀는 지갑을 찾았어: 현재 지참.)

Good for her. **Where did** she **find** it?(잘 되었구나. 어디에서 찾았지?)

I **have had** lunch already.(점심 이미 먹었는데.)

When did you **have** lunch?(언제 먹었어?)

🔟 today는 화자가 말하는 시간대에 따라 과거 시제, 현재완료 시제, 그리고 미래 시제와 쓰일 수 있다.

Today, I'm going to visit the British Embassy in Seoul. 【아침에 진술함.】
(오늘 서울에 있는 영국 대사관 방문할 예정이야.)

I didn't see Joanna at work **today**. 【업무가 끝나갈 때 진술함.】
(오늘 사무실에서 Joanna를 못 봤어.)

They **haven't had** lunch **today**. 【늦은 오후에 진술함.】
(걔네들 오늘 점심 못 먹었어.)

※ 주의사항:

현재완료 진행시제	과거에 발생한 사건/상황이 현재 말하는 순간에도 계속되고 있을 때 사용.
	과거부터 현재까지 습관적으로 반복되는 행위에 사용.
	방금 종료된 사건에 사용.

I **have been waiting** for the postman to deliver the parcel.
(우체부가 소포를 배달해 주기를 기다리고 있는 중이었어.)

A lot of Korean college students **have been preparing** for their career since freshman year.(한국의 많은 대학생들은 신입생 시절부터 취업 준비를 해 오고 있어.)

The mechanic **has been repairing** an old truck. That's why his fatigue is dirty.
(기계공이 낡은 트럭을 수리하고 있는 중이야. 그래서 작업복이 더러운 거야.)

현재완료 진행시제	how long의 의미를 지닌 시간의 의미를 가리킬 때 사용.
현재완료 시제	how many/how much 와 같이 수/양의 의미를 나타낼 때 사용.

The Simpson family **has been travelling** around Seoul **all day**.

(Simpson 가족은 하루 종일 서울을 여행하고 있는 중이야.)

Simpson family **has travelled** Seoul **three times**.

(Simpson 가족은 서울을 세 번이나 여행을 했어.)

Voluntary workers **have been helping** refugees **all day**.

(자원봉사자들이 하루 종일 도와주고 있는 중이야.)

Voluntary workers **have helped innumerable refugees**.

(자원봉사자들이 수많은 난민들을 도와주었어.)

B) 과거완료

형태	[had + 과거분사]
정의	과거보다 앞선 시간에 시작된 상태나 행위가 과거에 완료되었거 나, 과거까지 계속된다거나, 과거에 어떤 결과를 맺었거나 경험한 적이 있다는 의미

The parcel **had** already **been delivered** before I came home. 【완료】

(내가 집에 도착하기 전 소포는 벌써 배달되어 있었다.)

I **knew** the answer because **I had solved** the same question before. 【경험】

(같은 문제를 전에 풀어본 적이 있었기 때문에 답을 알고 있었지.)

He **had forgot** her telephone number. 【결과】

(그는 그녀의 전화번호를 잊었다. = So, he couldn't call her.)

He **had been building** his house for three months when I **visited** him. 【계속】

(내가 그를 찾아갔을 때 그는 3개월간 집을 짓고 있는 중이었다.)

When he **had painted** the kitchen and bathroom, he **decided** to have a rest.
(부엌과 화장실 페인트칠을 한 뒤 휴식을 취하기로 했어.)

After **I had finished** the report, **I realized** that it was too late to post it.
(과제를 마치고 나서야 우편으로 보내기에 너무 늦었다는 걸 알았어.)

● 과거완료진행시제: 과거 어느 특정한 시간에도 진행 중임을 강조하는 표현.

All the roads were blocked; it **had been snowing** all night long.
(모든 도로가 봉쇄 되었어; 밤새 눈이 내리고 있었기 때문이었지.)

After I **had been walking** for an hour, I decided to have a rest.
(1시간 동안 걸은 뒤 좀 쉬기로 했어.)

She fell ill because she **had been working** too hard.
(너무 열심히 일을 하고 있었기 때문에 그녀는 병이 났어.)

Mary could see that the child **had been crying** for some time.
(그 아이가 한동안 울고 있었다는 것을 Mary는 알았어.)

※ 주의사항:

● 요청문의 과거와 진행시제

▲ 과거시제는 요청, 질문, 제안을 더 정중하게 보이게 한다.
  I wondered if you were free this evening.(오늘 저녁 시간이 되시나 궁금합니다.)

  How much **did** you **want** to deposit, sir?(얼마나 예금하실 건데요?)

▲ 법조동사의 과거형인 would, could 그리고 might도 이런 의미로 쓰인다.
  I thought **it would** be nice to have a conference.
  (회의를 하면 좋을 거라 생각했습니다.)

  Could I ask you to move this for me?(이것 좀 옮겨 주시겠습니까?)

  You **might** see if the embassy can help you.
  (대사관 측이 선생님을 도울 수 있나 확인해 보시지요.)

▲ 과거진행시제는 요청문을 완곡하게 따라서 더 정중하게 들리게 한다.

I was wondering if I might use your phone.

(전화 좀 써도 되는지요.)

다른 종류의 문장에서는 과거진행시제는 자연스럽고 친근하게 들린다.

We **were hoping** you'll come and stay with us soon.

(네가 와서 우리와 함께 있으면 하고 바래.)

C) 미래완료

형태	[will have + 과거분사]
정의	현재에 시작된 상태나 행위가 미래에 완료, 계속 된다거나 어떤 결과를 맺거나 경험할 예정이라는 의미

She **will have drunk** all the juice, if you come late. 【완료】
(네가 늦게 오면 그녀가 주스를 다 마셔버렸을 거야.)

I will have visited Istanbul three times, if I visit one more time. 【경험】
(한 번 더 방문하면 이스탄불을 세 번 방문하는 것이 될 거야.)

It **will have snowed** for three days consecutively, if it snows today. 【계속】
(오늘도 눈이 온다면 사흘 연속으로 눈이 오는 셈이야.)

Next week you will see that he **will have gone** abroad. 【결과】
(너는 다음 주에 걔가 외국으로 가 버린 것을 알게 될 거야.)

※ 주의사항:

● 미래진행 시제 vs. 미래완료 시제

미래진행시제	미래의 일정한 시간 동안 진행 중인 상황을 가리킬 때.
	미래의 일정이나 계획의 일부분을 표현할 때.
	반복적인 상황을 나타낼 때.
	누군가의 계획을 물을 때.
미래완료시제	미래의 어느 시간에 종료되어 있는 상황을 표현할 때.
	의미상 by, until, before, by the time과 같은 시간의 문구가 사용됨.

They **will be discussing** the matter when the boss enters.

(사장이 들어올 때 그들은 그 사안을 토론 중일 거야.)

The lucky draw **will be starting** at 8 o'clock. 【행사의 일부인 행운권 추점.】

(행운권 추첨은 8시에 시작할 거야.)

She **will be studying** German tomorrow.(그녀는 내일 독일어 공부할거야.)

She **always does that every Saturday**.(그녀는 늘 매주 토요일 그렇게 해.)

Will you **be taking** a shower? Yes, but you can do it if you want. I'm not in a hurry.

(샤워 할 거니? 응, 하지만 원하면 너 먼저 해. 난 급하지 않아.)

By the time you come back, I **will have finished** my homework.

(네가 돌아올 때쯤 난 과제를 마쳐놨을 거야.)

She **will have arrived** at the meeting place by 9 a.m.

(그녀는 오전 9시쯤이면 회합 장소에 도착해 있을 거야.)

Police **will have found** every missing child by midnight.

(경찰은 자정까지는 실종 아동을 찾아냈을 거야.)

▲ 미래 시제와 미래진행 시제.

　Fruits **will be** served when the committee begins.

　(위원회가 시작되면 과일이 나올 거야.) 【위원회가 시작한 뒤 과일을 준다는 의미】

　Fruits **will be being** served when the committee begins.

　(위원회가 시작될 때 이미 과일이 나오는 중일 거야.)

　【위원회가 시작하기 전에 과일을 차려 놓는다는 의미】

Adages

He that would eat the fruit must climb the tree.(과일을 먹으려는 자는 나무에 올라가야 한다.) 목마른 자가 우물을 파는 법

Empty vessels make the most sound.(빈 그릇이 가장 시끄럽다.)[어리석은 자들이 말이 많다.]

The end justifies the means.(목적이 수단을 정당화한다.)

19
Voice
태

정의		행위의 주체를 표기하는 방식
종류	능동태	행위의 주체가 주어인 문장형태
	수동태	행위의 대상(또는 결과)이 주어인 문장형태
형식	능동태	일반적인 문장 형식 S+V+O
	수동태	주어+be동사+과거분사+by 행위자

※ 주의사항:
● 능동태에서 목적어가 있는 3, 4, 5형식 문장만이 수동태로 변경 가능.

1) 왜 수동태를 사용하는가?

A) 능동문의 주어가 분명하지 않을 때

Somebody killed him during Korean Civil War.(누군가 한국전쟁 중 그를 죽였어.)
He was killed (by somebody) during Korean Civil War.
(그는 한국 전쟁 중 사망했어.)

B) 행위를 가한 주체보다 행위의 대상(또는 결과)이 더 중요하다고 판단될 때

Some car ran over her father last night.(어젯밤 어떤 차가 그녀의 아버지를 치었어.)
Her father was run over (by some car) last night.(중요한 것은 사람)
(그녀 아버지는 어제 밤에 차에 치었어.)

C) 문어체(특히 교과서와 보고서)에서 자주 사용

ⓐ 과학 기술 분야, 산업분야, 공식적인 규정 그리고 뉴스 보도문에서 사용.
ⓑ 행위자가 중요하지 않거나 행위자를 밝히기 어렵기 때문.

Pears produced in Korea **are exported** to South East Asian Nations.
(한국에서 생산된 배가 동남아 국가로 수출된다.)

Such experiments **have been conducted** continuously throughout history.
(이런 실험은 역사를 통해 지속적으로 시행되어 왔습니다.)

Illegally parked vehicles **will be issued** a ticket.
(불법 주차 차량은 범칙금 고지서를 발부받습니다.)

Summit talks between the two countries **will be held** in Dublin, Ireland.
(양국 간 정상회담은 에이레 더블린에서 개최될 예정입니다.)

D) 주어가 행위의 주체가 아닐 때.

Lots of rats **were caught and killed** by the residents.
(주민들에 의해 많은 쥐가 잡혀 죽었지.)

E) 화자보다 전달 내용이 더 중요한 경우.

ⓐ 문장의 화자가 누구인지 알 수 없거나 화자보다 전달하려는 내용이 더 중요한 경우
"It is said that..." 구문을 활용할 수도 있다. 주로 뉴스 보도문에 잘 쓰인다.

It was reported that a lot of soldiers had been killed in Afghanistan.
(많은 군인이 아프가니스탄에서 죽었다고 보도되었습니다.)

It is thought that the new product will hit the market next month.
(신제품은 다음 달 출시될 것입니다.)

It is said that James and Jane have been married in secret.
(James와 Jane이 비밀리에 결혼한 상태라는 소문이야.)

Grammar Set Free

They say that James and Jane have been married in secret. 를 수동태로 변환 시

▶ They say 부분을 It is said that …(by them) 이란 수동태로 변환한 뒤

▶ that 절의 주어를 수동태의 주어로 삼아 다시 쓰면

▶ James and Jane are said to have been married in secret. 구문이 가능.

▶ 이런 구문에 사용 가능한 동사는 **agree, announce, believe, consider, expect, hope, report, say, suppose, think** 등.

2) 수동태로 옮길 수 없는 경우

A) 1형식과 2형식 문장

B) 3형식 동사 중 소유/상태의 의미를 지닌 **resemble, have** 같은 동사가 사용된 문장

I **have** a lot of friends.(나는 친구가 많아.)

~~A lot of friends are had by me.~~(非文)

She **resembles** her maternal aunt.(그녀는 이모를 닮았어.)

~~Her maternal aunt is resembled by her.~~(非文)

C) 재귀대명사와 상호대명사(each other)가 목적어로 사용된 문장

He killed **himself** for the unrequited love for her.

(그는 그녀를 향한 짝사랑 때문에 자살했지.)

~~Himself was killed by him for the unrequited love for her.~~(非文)

They love **each other** very much.(그들은 서로 매우 사랑하지.)

~~Each other is loved by them very much.~~(非文)

D) 부정사나 동명사가 목적어인 문장

I wanted **to buy** some bread for my son.(아들을 위해 빵을 좀 사고 싶었어.)

~~To buy some bread for my son was wanted by me.~~(非文)

She enjoys **watching** movies.(그녀는 영화보기를 즐기지.)

~~Watching movies is enjoyed by her.~~(非文)

※ 주의사항:

● 행위자 앞의 전치사는 by가 보편적

● 상황이 발생한 때와 장소를 강조할 때에는 in, to, at 등이 사용

● 행위자 부분을 생략하기도 함

The computer **was introduced in** mid-fifties of the last century.

(컴퓨터는 지난 세기 50년대 중반에 도입되었어.)

Demonstrators **were being chased to** the station.

(시위대는 역까지 쫓기고 있었어.)

All the participants in the concert **were entertained**.

(음악회 참석자들 모두가 즐거워했어.)

● 행위자를 생략하는 경우:

▲ 행위자가 새로운 정보를 제공하지 않을 때.

▲ 행위자가 중요하지 않을 때.

▲ 행위자가 누구인지 말하기 어려울 때.

The book he put on the desk **was stolen**.

(그가 책상에 둔 책이 없어졌어.)

【by somebody 또는 by a thief는 당연한 것이니 새로운 정보가 없다.】

The building **was painted** green.

(건물을 녹색으로 칠했어.)

【by some workers 는 중요한 행위자가 아니라고 생각할 수 있다.】

He **was assaulted** on the street last night.

(그는 어제 밤 길거리에서 습격당했어.)

【행위자가 누구인지 알 수 없는 상황임.】

Grammar Set Free

3) 일반 주어를 사용하는 능동태

능동태의 주어보다 **다른 정보가 새롭고 중요하다고 생각될 때**는 일반 주어 they, people, you, one 또는 someone을 사용한다.

People retain much **love for the bell tower Big Ben**.
(사람들은 종탑 빅벤에 대한 많은 사랑을 품고 있어.)

They overhaul the trains **at the garage every night**.
(매일 밤 차량기지에서 기차를 정비하지.)

Someone stabbed **the statesman to death**.
(누군가가 그 정치가를 찔러서 죽게 했어.)

4) 능동태를 수동태로 변환하는 방법

A) 일반적 방법

ⓐ 능동태의 목적어를 주격으로 바꾸어 수동태 주어로 활용.
ⓑ 능동태의 동사를 [be + 과거분사]형으로 변환.
ⓒ 이 때 be동사의 시제는 능동태의 시제와 일치.
ⓓ 능동태의 주어를 수동태 문장의 마지막에 전치사 by 뒤로(인칭대명사일 경우 격변화)옮긴다.
ⓔ 문장의 나머지 부분은 그대로 옮긴다.

B) 4형식 문장의 수동태 변환 요령

ⓐ 목적어가 두 개이므로 두 개의 수동태가 가능.
ⓑ 직접목적어나 간접목적어를 수동태 주어로 사용할 수 없는 동사가 있다.

He gave **me a lot of money**.(그는 내게 많은 돈을 주었어.)

▶ **I** was given a lot of money by him.

▶ **A lot of money** was given (to) me by him.

Henry showed me the picture.(헨리가 내게 그림을 보여줬지.)

▶ I **was shown** the picture by Henry.

▶ The picture **was shown to** me by Henry.

이렇게 두 개의 수동태 구문으로 변환 가능한 동사에는 allow, give, grant, lend, offer, owe, pay, send, show, teach 등이 있다.

※ 주의사항:

● 4형식 문장에서 직접목적어(사물목적어)를 수동태의 주어로 사용할 수 없는 동사: answer, call, envy, refuse, save, spare 등

He didn't answer **me a word**.(그는 내게 한 마디도 대답하지 않았어.)

▶ **I was** not **answered** a word by him.

▶ ~~A word was not answered (to) me by him.~~(非文)

【단어가 대답을 듣는다는 것은 사리에 맞지 않음.】

She envies me my wealth.(그녀는 나의 부를 부러워해.)

▶ **I am envied** for my wealth by her.

▶ ~~My wealth is envied (to) me by her.~~(非文)

【사물이 부러움의 대상이 된다는 것은 사리에 맞지 않음.】

● 4형식 문장에서 간접목적어(사람목적어)를 수동태의 주어로 사용할 수 없는 동사: hand, make, read, sell, send, sing, write 등

He sent me a postcard.(그가 내게 엽서를 보냈어.)

▶ ~~I was sent a postcard by him.~~(非文) 【내가 보내진다는 것은 사리에 맞지 않음.】

▶ **A postcard was sent** to me by him.

She wrote me a letter.(그녀가 내게 편지를 썼어.)

▶ ~~I was written a letter by her.~~(非文) 【내가 쓰인다는 것은 사리에 맞지 않음.】

▶ **A letter was written** to me by her.

C) 5형식 문장의 수동문 변환 요령

I made my parents **happy** by passing the examination.
(나는 시험에 합격하여 부모님을 기쁘게 해 드렸다.)

위 문장을 기계적인 문법 법칙대로 변환하면 다음과 같은 어색한 문장이 나온다.

▶ My parents were made **happy** by me by passing the examination.

따라서 이때는 문장을 다듬어서 다음과 같이 표현하는 것이 좋다.

▶ My parents were made **happy** by my passing of the examination.
   She thought him **to be bright**.(그녀는 그가 똑똑하다고 생각했어.)

▶ He was thought **to be bright** by her.

D) 의문문의 수동태 변환 요령

ⓐ 의문사가 있는 의문문: 의문사를 반드시 문두로. 주어와 동사 도치.

◉ 의문사가 주어일 때

Who ruled the country?(누가 나라를 다스렸지?)

▶ **By whom** was the country ruled?

◉ 의문사가 목적어일 때

Whom did he bring?(그는 누구를 데려왔는가?)

▶ Who **was brought** by him?

◉ 의문사가 부사어일 때

Why did you pick up the flower?(꽃을 왜 꺾었니?)

▶ Why **was the flower picked up** by you?

ⓑ 의문사가 없는 의문문: 평서문처럼 구성한 뒤 주어와 동사 도치.

Did you watch the film?(영화를 봤어?)

Was the film watched by you?

E) 복문의 수동태 변환 요령

ⓐ 종속절 자체를 주어로 활용

ⓑ 종속절의 주어를 수동태 주어로; 종속절의 나머지 내용은 부정사로 변환.

I think that he is a real scholar.(나는 그가 진정한 학자라고 생각해.)

That he is a real scholar is thought by me.

It *is thought* by me **that he is a real scholar**.

He *is thought* **to be** a real scholar by me.

They think that I was dead.(사람들은 내가 죽었다고 생각해.)

That I was dead *is thought* (by them).

It *is thought* (by them) **that I was dead.**

I *am thought* **to have been dead** (by them).

F) 사역동사/지각동사 문장의 수동태 변환 요령

ⓐ 원형부정사로 쓰인 목적보어를 반드시 to 부정사로 변환.
ⓑ 사역동사 have, let, make 가운데 make만 수동태로 바꿀 수 있다.

I saw him steal the hammer in the warehouse.

(나는 그가 창고에서 망치를 훔치는 것을 봤어.)

He *was seen* **to steal** the hammer in the warehouse by me.

Father made me study hard.

(아버님은 내가 공부를 열심히 하도록 시키셨지.)

I was made **to study** hard by father.

Mother **had** me **clean** the living room during her absence.

(어머님은 외출하는 동안 내게 거실을 청소하라고 하셨어.)

~~I was had to clean the living room during her absence.~~(非文)

My parents **let** me **go** out with my girlfriend.

(부모님은 내게 애인과 데이트하라고 허용하셨어.)

~~I was let to go out with my girlfriend by my parents.~~(非文)

G) 명령문의 수동태 변환 요령

ⓐ 긍정명령문은 [Let동사 + 목적어 + be + 과거분사]의 형식을 사용.

Put this box in the cabinet.(이 상자를 캐비넷에 넣어.)

Let this box **be put** in the cabinet.

🅑 부정명령문은 부정부사 not의 위치에 따라 두 가지 형식이 가능.

Don't pick up any flowers.(어느 꽃도 꺾지 마세요.)
Let any flowers **not be picked up**.
또는 **Let not** any flowers **be picked up**.
        Don't let any flowers **be picked up**.

H) 진행형 문장의 수동태 변환 요령

🅐 [be + being + 과거분사] 형식을 사용.

We are enjoying the party.(우리는 파티를 즐기고 있어.)
The party is **being enjoyed** (by us).

She was reading a new magazine.(그녀는 새 잡지를 읽고 있었어.)
A new magazine **was being read** by her.

I) 타동사구 문장의 수동태 변환 요령

🅐 [자동사 + 전치사]로 구성된 타동사구: 하나의 동사로 인정해서 분리 불가능.
🅑 [타동사 + 명사 + 전치사]로 이루어진 동사구: 명사를 수식하는 형용사가 있으면 명사를 수동태 문장 전체의 주어로 사용한 수동태도 가능.

We are **looking for** a new consultant.(우리는 새로운 자문관을 찾고 있어.)
A new consultant **is being looked for** (by us).

Several people **objected to** the reform bill.(몇몇 사람들은 개혁 법안에 반대했어.)
The reform bill **was objected to** by several people.

People **paid attention to** me.(사람들이 내게 주의를 기울였지.)
I **was paid attention to** (by them).

People **paid much attention** to me.(사람들이 내게 많은 주의를 기울였지.)
I **was paid much attention to** (by them).
Much attention was paid to me (by them).

5) 행위(자) 앞에 by 이외의 전치사를 사용하는 경우

A) at: [놀라게 하다]라는 의미를 지닌 동사(alarm, amaze, astonish, astound, frighten, surprise)가 사용된 문장.

The news **surprised** me very much.(그 소식은 나를 매우 놀라게 했지.)
I was surprised at the news very much.(그 소식을 듣고 많이 놀랐어.)

The scene **alarmed** me.(그 광경은 나를 놀라게 했어.)
I was alarmed at the scene.(그 광경을 보고 놀랐지.)

B) with: [도구]의 의미가 내포된 동사(break, content, cover, delight, disappoint, please)가 사용된 문장.

The result **pleased** my father.(결과가 아버지를 기쁘게 했지.)
My father **was pleased with** the result.(아버지는 결과에 기뻐하셨어.)

Many trees **cover** the mountain.(많은 나무가 산을 뒤덮고 있어.)
The mountain **is covered with** many trees.(산은 나무로 뒤덮여 있어.)

C) in: [흥미, 관심, 집중]의 의미를 지닌 동사(absorb, discourage, engage, interest)가 사용된 문장.

The soccer game **interested** many spectators.
(축구 경기는 많은 관중의 흥미를 불러일으켰지.)
Many spectators **were interested in** the soccer game.
(많은 관중이 축구 경기에 흥미를 느꼈어.)

The subject **absorbed** the researchers.
(그 주제는 연구자들을 끌어들였어.)
The researchers **were absorbed in** the subject.
(연구자들이 그 주제에 몰입되었어.)

D) about: [걱정, 근심]의 의미를 지닌 동사(concern, trouble, worry)가 사용된 문장.

The matter **troubles** all the family.(그 문제가 모든 가족을 힘들게 하네.)
All the family **are troubled about** the matter.(가족 모두 그 문제로 힘들어 해.)

The exam **worried** many students.(시험은 많은 학생들을 걱정시켰어.)
Many students **are worried about** the exam.(많은 학생들이 시험 걱정을 해.)

E) of: tire, convince 등의 동사가 사용된 문장.

The training **tired** many trainees.
(훈련 때문에 많은 훈련생들이 피곤해 했어.)
Many trainees **were tired of** the training.(많은 훈련생들이 훈련에 지쳤어.)

Her presentation **convinced** me.
(그녀의 발표는 나를 설득했어.)
I **was convinced of** her presentation.(난 그녀의 발표에 확신을 느꼈어.)

F) to: devote, know, marry 등의 동사가 사용된 문장.

She **married** a very poor man.
(그녀는 매우 가난한 남자와 결혼했다.)
A very poor man **was(got) married to** her.

Many people **know** him very well.(많은 사람들이 그를 잘 알고 있어.)
He **is known to** many people very well.

G) 동사 know의 경우는 be known 뒤에 to, for, as가 전부 가능.

He **is known to** everybody.(그는 모든 사람에게 **알려져** 있어.)
He **is known for** his expertise.(그는 그의 전문지식 때문에 **명성이** 있지.)
He **is known as** a statesman.(그는 정치가**로** 통해.)

6) 행위의 전치사 by의 생략

능동태의 주어가 we, you, they, one과 같은 일반인일 때.

We should not violate a law at any time.(어느 때라도 법을 위반해서는 안 된다.)
Laws should not be violated at any time **(by us)**.

7) 능동태로 수동태 의미를 지니는 구문

need, require, want + --ing 구문은 능동태 구문이지만 의미상 수동.

This desk needs(requires, wants) repairing.[= This desk **needs(requires, wants) to be repaired**.] (이 책상은 수리가 필요해.)
이 때 수동태로 표현한다고 해서 ~~This desk needs(requires, wants) being repaired.~~(非文)
라고 표현하지는 못한다.

8) 능동의 to 부정사가 수동의 의미를 지니는 경우

A) 어떤 행위가 이루어져야 한다는 의미 전달시 to 부정사 구문을 사용: 이 때 능동으로 표기하지만 의미는 수동.

She has a lot of letters **to send** today.(그녀는 오늘 보낼 편지가 많다.)
[She has a lot of letters **to be sent** today.]의 의미. 위 문장이 일반적.

B) 유사한 표현으로 **be to** 구문이 있는데 이때는 명령의 뉘앙스를 지닌다.

You **are to** clean your room everyday.(네 방 청소 매일 좀 해라.)
[Your room **is to be cleaned** everyday.]의 의미. 위 문장이 일반적.

위의 문장에서 주어가 중요하지 않다고 생각되면 there 구문으로 치환 가능.

There are a lot of letters **to send/to be sent**.(보낼/보내질 편지가 많아.)
There is a room **to clean/to be cleaned**.(방을 청소해야 해/방이 청소되어야 해.)

9) 수동태로 표현할 수 없는 시제

미래진행, 현재완료진행, 과거완료진행, 미래완료진행 시제는 수동태로 사용 불가.

I **will be studying** sociology at a graduate school next year.
(나는 내년에 대학원에서 사회학을 공부하고 있을 거야.)
~~Sociology **will be being studied** by me at a graduate school next year.~~(非文)

She **has been cooking** pizza for the guests for tonight's party.
(오늘밤의 모임에 올 손님들을 위해 그녀는 피짜를 만들고 있어.)
~~Pizza **has been being cooked** for the guests for tonight's party.~~(非文)

He **had been mending** his watch.(그는 자기의 시계를 고치고 있었던 중이었다.)
~~His watch **had been being mended** by him.~~(非文)

You **will have been cleaning** the parlor sometime tomorrow.
(당신은 내일 언젠가 거실을 청소해 오고 있을 거야.)
~~The parlor **will have been being cleaned** by you sometime tomorrow.~~(非文)

Adages

A word to the wise is enough. (현자는 하나를 들으면 열을 깨닫는다.)
The cowl does not make the monk.(고깔이 수도승을 만드는 것은 아니다.)
승복을 입었다고 스님이 되는 것이 아니다. 시련과 고통을 통과해야 새로운 존재가 되는 법

Cheats never prosper.(거짓은 절대 통하지 않는다.)
There is nothing lost by civility. (예를 차려서 잃는 것은 아무 것도 없다.)
Better the devil you know than the devil you don't know. (구관이 명관이다.)
That's bad timing. (가는 날이 장날이다.)
Men reap the harvest of his own sowing. (심은 대로 거두는 법.)
Money makes the mare go. (돈만 있으면 못할 게 없다.)
Absence makes the heart grow fonder. (떨어져 있으면 정도 깊어진다.)

20

Mood
법

정의	문장은 하나의 명제(또는 사실)를 표현하는데 이 명제를 제시하는 방식	
종류	직설법	사실을 있는 그대로 표현 모든 시제 사용 가능 평서문, 의문문, 감탄문이 포함
	명령법	부탁, 충고, 금지, 명령 등을 표현 주어는 대개 You인데 흔히 생략 동사 원형으로 문장을 시작
	가정법	사실에 대한 반대 진술을 하거나 불확실한 추측을 통해 소망이나 가정을 표현

1) 직설법(Indicative mood)

A) 평서문(declarative sentence)

I frequently meet the dentist for my rotten teeth.(난 충치 때문에 치과 진료를 자주 받아.)

B) 의문문(interrogative sentence)

Did he pay for the food in Itaewon last night?(어제 밤 걔가 이태원에서 음식값을 냈니?)

C) 감탄문(exclamatory sentence)

What a pretty lady she was!(그 여자 얼마나 예뻤다구!)

※ **주의사항:** 부가의문문(의문문의 일종임)

● 평서문 뒤에 첨가된 짧은 의문문.

　억양의 고저에 따라 의미가 변함:

　부가의문문의 억양을 올리면 화자가 확신이 다소 없는 의문문의 성격.

　부가의문문의 억양을 내리면 앞부분의 진술을 사실로 생각한다는 의미.

　　You really haven't met her, **have you**? ↗

　　have you 부분의 성조를 올리면 "그녀를 정말 못 만났지 그렇지?" 라고 묻는 의미.

　　Today, the weather is really nice, **isn't it**? ↘

　　isn't it 부분의 성조를 내려서 말하면 "오늘 날씨 정말 좋아"라는 화자의 견해를 강조.

● 명령문 뒤에 오면 요청의 의미로서 can you나 could you를 사용한다.

　요청할 때 You couldn't이나 You haven't으로 시작하는 문장을 사용할 수도 있다.

　부정명령문에는 will you, let's로 시작하는 문장은 shall we를 사용.

　　Stop bothering me, **can you**?(나 좀 그만 괴롭힐래?)

　　Show me the way, **could you**?(길 좀 알려줄래요?)

　　You couldn't take the trash, could you?(쓰레기 좀 치울 수 없을까?)【좀 치울래?】

　　You haven't managed any company, have you?(회사 운영해본 적 없죠?)【해 볼래?】

　　Don't make a scene, **will you**?(소란 좀 피우지 말아 줄래?)

　　Let's donate some money, **shall we**?(돈을 좀 기부할까?)

2) 명령법(Imperative mood)

Close the window, please.(= Will you close the window, please?)
(창문을 닫아 주세요.)

Make him repair the roof tomorrow morning.
(내일 아침 그에게 지붕 수리를 시켜.)

Let me go.(나 좀 놔줘.)

Help him (to) do the dishes.(= Help him with dish washing.)

(걔 설거지 좀 도와라.)

Hear him sing a hymn during a church service.

(교회예배 중 그가 찬송가 부르는 걸 들어봐.)

※ 주의사항:

● 명령법 + and = --하시오, 그러면 --할 것이다.

명령법 + or = --하시오, 그렇지 않으면 --할 것이다.

Leave now, **and** you will be able to catch up with her.

[If you leave now, you will be able to catch up with her.]

(지금 떠나면 그녀를 따라잡을 수 있을 거야.)

Leave now, **or** you will not catch the last train for Carlisle.

[If you don't leave now, you will not catch the last train for Carlisle.]

[Unless you leave now, you will not catch the last train for Carlisle.]

(지금 떠나지 않으면 카알라일행 마지막 기차를 탈 수 없을 거야.)

3) 가정법(Subjunctive mood)

A) 가정법 현재(1형 가정법)

형태	[If + 주어 + 동사원형(또는 현재형), 주어 + will(또는 shall) + 동사원형]
의미	현재나 미래 시점의 가벼운 추측 미래의 가능한 상황에 대해 진술

※ 주의사항:

● 요청의 의미를 강조할 때는 조건절에 will 사용 가능.

● 조건절에 현재진행시제 또는 현재완료시제도 가능.

● 주절에 will 외에 다른 조동사 사용 가능.

● 제안, 제시. 경고, 협박을 할 때에도 사용 가능.

If I **want** to go out, my mother **will** let me go.

(내가 나가고 싶어 하면 어머니가 나가게 하실 거야.)

If you **study** hard, you **will** succeed in the future.

(네가 공부를 열심히 하면 장차 성공할 거야.)

If you **lose** this game, there **will** be another.

(이번 경기에 패해도 다음 번 경기가 있어.)

If you **will** study any harder, I **will** buy you a good computer.

(공부를 열심히 하면 좋은 컴퓨터를 사 줄게.) 【Please study hard. 의 의미】

If you **have done** the homework, I **will** go out with you.

(과제를 다 했으면 너랑 데이트 할게.)

If mom **is cooking**, I **will** clean the room.(엄마가 요리하시면 방 청소해야지.)

If you **work** out on a regular basis, you **might** lose weight.

(규칙적으로 운동하면 체중이 빠질지도 몰라.)

If you **want** to go to the concert, I **can** accompany you.

(음악회에 가고 싶으면 내가 같이 갈 수 있어.)

※ 주의사항:

● 하나의 행위가 자동으로 다른 행위를 수반하면 조건절과 주절 모두 현재시제를 사용하기도 한다:

If you **press** this button, the light **comes** on.(이 단추를 누르면 불이 들어와.)

If he **earns** any money, he **spends** it.(걔는 돈을 좀 벌면 써 버려.)

● if I go 와 if I went 의 차이:

if I go...I will 은 현재 또는 미래를 가리킨다. 과거시제 if I went...I would 는 현재의 상황에서 발생할 가능성이 적다거나 덜 분명하다거나 불가능 또는 상상의 것을 가리킨다.

If I **become** President, I'll ...(대통령 선거 후보자가 할 수 있는 표현; 불확실한 표현)

If I **became** President, I'd ...(학생이 할 수 있는 표현: 상상의 표현)

If I **win** this race, I'll...(선두 주자가 하는 표현: 가능성이 큼)

If I **won** this race, I'd...(꼴찌 주자가 하는 표현: 가능성 희박)

B) 가정법 미래

형태	[If +주어 + should + 동사원형, 주어 + 조동사 과거 또는 현재형 + 동사원형]
의미	현재나 미래의 실현성이 희박한 추측
참고사항	1형 또는 2형 가정법에서 파생된 구문
	영어에서 별도로 구분하지는 않지만 일부 학자들은 구분지어 설명함

If I **should** know the answer, I **would(will)** tell you that.

(내가 【답을 모르지만】 혹시 답을 알고 있다면 네게 답을 말해줄 텐데.)

If it **should** be fine tomorrow, I **would(will)** take you to the church.

(【내일 날씨가 좋을 리가 없지만】 혹시 내일 날씨가 좋으면 교회에 데리고 갈게.)

※ 주의사항:

◉ 실현가능성이 전혀 없는 경우는 were to 사용

If the Earth **were to** go (a)round the moon, I **would(will)** marry you.

(지구가 달의 주위를 돈다면 너와 결혼할게.) 【결코 너와 결혼하지 않겠다.】

C) 가정법 과거(2형 가정법)

형태	[If + 주어 + 동사과거형, 주어 + 조동사의 과거형 + 동사원형]
의미	현재 사실의 반대가 되는 진술

※ 주의사항:

◉ 요청할 때는 조건절에 would를 사용 가능.

◉ 조건절에 과거진행시제도 사용 가능.

◉ be 동사를 사용할 때는 was가 아닌 were를 사용(특히 if I were you 구문에서).

◉ 주절에 would 대신 could 이나 might도 사용 가능.

◉ 1형 가정법: 현재에 발생할 수도 있고 발생하지 않을 수도 있는 상황 가정

◉ 2형 가정법: 현재에 발생하기 어려운 비현실적인 상상을 할 때 사용.

If I **had** a lot of money, I **could lend** you some.

(【많은 돈이 없지만】 내가 지금 돈이 많다면 네게 조금 빌려줄 수 있을 텐데.)

If I **were** a bird, I **would fly** to you.

(【내가 새가 아니지만】 내가 새라면 너에게 날아갈 텐데.)

If you **would** come this way, you **will** meet him in no time.

[Please come this way...]

(이리 오시면 그를 곧 만날 수 있을 겁니다.)

If I **were** you, I **would** not do such a stupid thing.

(내가 너라면 그런 멍청한 짓은 하지 않을 텐데.)

If he **had** many friends, he **might** be happier.

(걔가 친구가 많으면 더 행복할지도 몰라.)

If I **hav**e a million dollars, I **will** donate most of it.**[1형 가정법]**
(백만 달러가 있으면 대부분 기부할 거야.)

If I **had** a million dollars, I **would** buy a luxury car with it.**[2형 가정법]**
(혹시 백만 달러가 있으면 그것으로 고급 차를 살 텐데.)

Is it all right **if** I **invite** John to supper? **【직접적인 요청】**
(John을 저녁에 초대해도 될까?)

Would it **be** all right **if** I **invited** John to supper? **【정중한 요청】**
(John을 저녁에 초대해도 될까요?)

● 충고를 하기 위해서 I should(n't)...if I were you 구문을 사용하기도 한다.

I shouldn't worry **if** I **were** you.(내가 너라면 걱정 안 하겠어.)

If I **were** you, **I'd** get that car serviced.(내가 너라면 저 차 정비를 맡기겠어.)

D) 가정법 과거완료(3형 가정법)

형태	[If + 주어 + 과거완료시제, 주어 + would have +과거분사]
의미	과거 사실의 반대가 되는 진술 주로 비판하거나 실수를 지적할 때 사용 과거에 대한 후회

※ 주의사항:

● 주절에 would have 대신 could have 또는 might have 구문도 가능.

If I **had been** in your place, I **would not have rejected** her proposal.
(내가 너의 입장이었다면 그녀의 제안을 거절하지 않았을 거야.)

If I **had listened** to your advice, I **could have succeeded** in my business.
(내가 네 충고를 들었더라면 사업에서 성공할 수 있었을 텐데.)

If it **had not rained** last night, we **would have gone** to see a movie.
(어젯밤에 비가 오지 않았으면 영화를 보러 갔을 텐데.)

If I **had studied** English, I **could have spoken** to the foreigner.
(영어를 공부했더라면 그 외국인에게 말을 걸 수 있었을 텐데.)

E) 혼합 가정법

정의	조건절과 주절의 시제가 다른 가정법
형태	[If + 주어 + 과거완료시제, 주어 + would + 동사원형]
의미	조건절은 과거의 상황에 대한 반대 상황이고 주절은 현재상황의 반대가 되는 진술(또는 드물지만 반대의 경우도 가능)

※ 주의사항:

● 시간 부사가 문장에 제시되는 경우가 많지만 필수조건은 아님.

If she **had followed** your direction **at that time**, she **would not regret now**.
(그 여자가 당시에 당신의 지시를 따랐더라면 그녀는 지금 후회하지 않을 텐데.)

If you **had stolen** the diamond **then,** you **would be** in prison **now.**
(네가 그 때 다이아몬드를 훔쳤으면 넌 지금 감옥에 있을 거야.)

If I **had listened** to his advice, I **could** succeed.
(**[과거에]** 그의 충고를 들었다면 **[지금]** 성공했을 텐데.)

If you **had reserved** the ticket, we **wouldn't have to wait** at the box office.
(예약을 했었더라면 판매소에서 기다리지 않아도 되었을걸.)

If I **were** wise, I **would have followed** his advice.
(내가 현명한 사람이라면 과거에 그의 충고를 따랐을 텐데.)

If you **needed** help, you **should have asked** me.
(도움이 필요하면 나한테 요청을 했었어야지.)

F) 기타 가정법적 표현

a wish/if only 구문:

would 또는 과거시제와 함께 사용
후회, 희박한 가능성, 불가능한 소망을 표현.
if only 구문이 wish보다 좀 더 강한 뉘앙스.
if only가 이끄는 문장만으로 구성되거나 다른 절이 따라옴.
wish/if only...would 구문은 상황이 발생하거나 발생하지 않기를 소망할 때 사용.
"if only + 가정법"은 아쉬움의 표현.
would을 사용하면 불만족이나 성가심을 나타내며 비판의 의미.

I **wish** I **was(were)** better looking.(인물이 좀 좋아 보이면 좋을 텐데.)

I **wish** I **spoke** French.(프랑스어를 구사하면 좋을 텐데.)
Don't you **wish** you **could** fly?(날 수 있기를 원하지 않아?)

If only I knew more people!(더 많은 사람들을 알면 좋겠네.)
I wish you **would** go home.(네가 집으로 가면 좋겠다.)

If only the postman **would** come!(우체부 아저씨가 오시면 좋겠네.)

I **wish** this damned car **would** start.(이놈의 차 시동 좀 걸려라.)

If only it **would** stop raining!(비 좀 그쳤으면.)

I **wish** my life **would be** more exciting. 【미래에 가능한 상황】
(내 삶이 보다 더 흥미진진해지면 좋겠네.)

I **wish** my life **was** more exciting. 【현재 사실의 반대】
(내 삶이 보다 더 흥미진진하면 좋겠네.)

I **wish** you **would lend** me some money.(네가 돈 좀 빌려주면 좋겠어.)

She **wishes** her friends **wouldn't leave** her home now.
(그녀는 친구들이 지금 떠나지 않기를 바라는데.)

If only you **would** study harder than ever.(네가 전보다 열심히 공부를 하면 좋을 텐데.)

If only I **was** rich.(부자라면 얼마나 좋을까.)
If only I **was** rich, I **could** travel around the world.
(부자라면 전 세계를 여행할 수 있을 텐데.)

If only I **saw** her.(그녀를 지금 볼 수만 있다면 【얼마나 좋을까】.)
If only I **could have seen** her.(【그 당시】 그녀를 볼 수만 있었다면 【얼마나 좋았을까】.)

● 과거완료형은 과거에 대한 후회.

I **wish** you **hadn't said** that.(네가 그 말을 하지 않았으면 좋았는데.)

Now she **wishes** she **had gone** to university.(그녀는 자신이 대학에 갔기를 원해.)

If only she **hadn't told** the police, everything would be all right.
(그녀가 경찰에 진술만 하지 않았어도 모든 것이 잘 되어 있을 텐데.)

※ 주의사항:

I **wish** (that) I **had** a lot of money.[I am sorry I don't have much money.]
(돈이 많으면 좋겠다고 소망해.)

I **wish** (that) I **had had** a lot of money.[I am sorry I didn't have much money.]
(돈이 많았으면 좋겠다고 소망해.)

I **wished** (that) I **had** a lot of money.[I was sorry I didn't have much money.]
(돈이 많았으면 좋겠다고 소망했어.)

I **wished** (that) I **had had** a lot of money.[I was sorry I had not had much money.]
(돈이 많았었으면 좋겠다고 소망했어.)

ⓑ 접속사 if, when, unless: 현재시제로 미래시제 의미 표시.

if	일어날 수도 있다고 생각하는 경우/불가능하거나 상상하는 경우.
when	발생할 것이라고 알고 있는 경우. 매번(every time)이라는 의미일 때에는 if나 when 사용 가능.
unless	except + if 또는 if + not 의 의미. 뒤에 현재 시제가 사용되어도 미래를 가리킨다.

If you meet her, tell her to ring me.(그녀 만나면 내게 전화하라고 말해.)

[you might meet her.]

When you meet her, tell her to ring me.(그녀 만날 때 내게 전화하라고 해.)

[you will meet her.]

If it is fine, I will go for a walk.(날씨가 좋으면 산책 나갈래.)

(it might be fine)

When I return home, I will cook some food.(집에 가서 요리 해야겠어.)

(I will return home for sure)

If I were you, I would not listen to her advice.
(내가 너라면 그 여자 말은 안 들을 거야.)

If he gets paid, he goes to bank.(급여를 받으면 그는 은행에 갈 거야.)

When he gets paid, he goes to bank.(급여를 받을 때 그는 은행에 가.)

If you can't pay the bill, you will be accused.(청구서 요금 납부 못하면 고소될 거야.)

Unless you can pay the bill, you will be accused.
(청구서 요금 납부 못하면 고소될 거야.)

I wouldn't believe it **if** I did**n't** see it.(내가 본 게 아니면 믿지 못하겠어.)

I wouldn't believe it **unless** I saw it.(내가 본 게 아니면 믿지 못하겠어.)

Come tonight **unless** I phone.(내 전화가 없으면 오늘 밤 와라.)

I'll take the job **unless** the pay is too low.(급여가 너무 낮은 게 아니면 취업할래.)

ⓒ in case:

나중에 문제가 될 가능성이 있는 상황을 피하기 위해 무엇인가를 한다는 경고의 의미를 전달.
in case 뒤의 현재시제는 미래의 의미.
in case 뒤에 should를 사용하면 '우연히, 혹시라도' 의 의미.
should는 과거에 관한 문장에 흔하다.

Take an umbrella with you **in case** it rains.
(나중에 비가 올지도 모르니 우산을 챙겨가라.)

Take an umbrella with you **if** it rains.
(비가 오면 우산을 챙겨가라.)

I've bought a chicken **in case** your mother stays for lunch.
(자네 어머님이 점심때까지 계실 걸 감안해서 닭고기 사 왔어.)

I've bought a chicken **in case** your mother **should** stay to lunch.
(혹시나 사네 어머님이 점심때까지 계실까 해서 닭고기 사 왔어.)

I wrote down her address **in case** I forgot it.
(잊을 걸 대비해서 그녀 주소를 적어놨지.)

I wrote down her address **in case** I **should** forget it.
(혹시라도 잊을까봐 그녀 주소를 적어놨지.)

※ 주의사항:

● in case와 if 의 차이

I'll buy a bottle of wine[now] **in case** Roger comes[**later**].
(Roger가 올 걸 대비해서 포도주 한 병 살께.)

I'll buy a bottle of wine[later] **if** Roger comes[**and if he doesn't come I won't**].
(Roger가 오면 포도주 한 병 살께.)

d as if + 가정법 구문

He **talks as if** he **knew** everything.(그는 모든 것을 아는 듯이 말을 해.)
[In fact, he doesn't know everything.]

He **talked as if** he **knew** everything.(그는 모든 것을 알고 있었던 듯 말했다.)
[In fact, he didn't know everything.]

He **talks as if** he **had known** everything.(그는 모든 것을 알고 있었던 듯 말한다.)
[In fact, he didn't know everything.]

He **talked as if** he **had known** everything.(그는 모든 것을 알고 있었었던 듯 말했다.)
[In fact, he hadn't known everything.]

※ 주의사항:

He talks as if he knows everything.(그는 모든 것을 아는 듯이 말을 해.)
[직설법 표현으로서 실제로 알고 있을 가능성이 있다는 의미.]

e would that + 가정법 구문/would rather 구문

● would rather 뒤의 절에 과거시제가 올 때는 현재 또는 미래를 의미.

Would that I **were** rich.(내가 부자라면 좋을 텐데.)
Would that I **had bee**n rich.(내가 부자였다면 좋았을 텐데.)

She'**d rather** stay at home.(그녀는 집에 있고 싶어 해.)[She doesn't want to go out.]

'Shall I open the window?' 'I'**d rather** you **did**n't.'
'창문을 열어도 될까요?' '열지 않았으면 해요.'

Don't come today. We'**d rather** you **came** tomorrow.
(오늘 오지 말아라. 우리는 네가 내일 오면 좋겠어.)

f it is time that 구문(that 절의 과거시제는 현재를 의미.)

It is time that you **went** to bed.
(너 자러 갈 시간이야.)[You are still here.]

It is time that he **arrived** here.[He is not here yet.]

(그가 여기 도착했을 시간인데.)

It's time you **washed** those trousers.(바지 빨아야 할 때가 되었어.)

g if 대용어구

● 주절이 과거시제이면 현재의 반대,

● 주절이 과거완료시제이면 과거의 반대를 의미.

▲ With: --이 있다면, --이 있었다면

With her timely support, I **could succeed**.

(그녀의 시의 적절한 지원이 있으면 성공할 수 있을 텐데.)

With her timely support, I **could have succeeded**.

(그녀의 시의 적절한 지원이 있었더라면 성공할 수 있었을 텐데.)

▲ But for -- = Without -- : --이 없다면, --이 없었다면

But for your investment, our business **should fail**.

(네가 투자하지 않으면 우리 사업은 실패할 거야.)

Without your investment, our business **should fail**.

[**If it were not for** your investment, our business **should fail**.]

But for your investment, our business **should have failed.**

(너의 투자가 없었다면 우리 사업을 실패했을 거야.)

Without your investment, our business **should have failed.**

If it had not been for your investment, our business **should have failed.**

▲ 부정사

She **should** be happy **to get married** to you.

(너와 결혼하게 된다면 그녀는 행복할 거야.)

▲ 명사구(주어)

A chaste wife would not have followed the guy.

(정숙한 부인이었더라면 그런 놈을 따라가지는 않았을 거야.)

▲ 부사(구)

I am not that rich now, **otherwise[if I were rich now]**, **I could** donate some money to the charity.

(제가 지금은 그리 여유롭지가 않습니다, 그렇지 않다면 자선단체에 얼마라도 기부할 수 있을 겁니다.)

▲ 분사

Raised well, **she would have been** healthy.

(제대로 양육되었더라면 그녀는 건강했을 텐데.)

[If she had been raised well, she would have been healthy.]

▲ 접속사(구)

if 대체 가능 접속사: Provided, Providing, Suppose, Supposing, In case.

G) if의 생략

가정법 조건절의 동사가 were, were to, had 그리고 should일 때 if를 생략하고 주어와 동사를 도치시켜 사용할 수 있다. 즉 가정법 과거의 일부, 과거완료 그리고 미래일 때에는 if 생략이 가능하다는 것이다.

If it were not for your help, I would be in a bay.

= **Were** it not for your help, I would be in a bay.

(자네 도움이 없으면 내가 난처하게 될거야.)

If Jane were to become my wife, I would commit suicide.

= **Were** Jane **to** become my wife, I would commit suicide.

(제인이 내 부인이 된다면 난 자살할 거야.)

If I were to have met her again, I would have been at a great loss.

= **Were** I **to** have met her again, I would have been at a great loss.

(그녀를 다시 만났었더라면 난 엄청나게 난처했었을거야.)

If it should rain tomorrow, I will stay home.

= **Should** it rain tomorrow, I will stay home.

(내일 비가 오면 집에 있어야지.)

If he had had enough money, he would have lent me some for sure.

= **Had** he had enough money, he would have lent me some for sure.

(그가 돈이 있었으면 확실히 내게 좀 빌려 주었을거야.)

If it had not been for the support from the charity, we would be dead by now.

= **Had** it not been for the support from the charity, we would be dead by now.

(자선단체로부터 지원이 없었으면 우리는 지금쯤 죽어 있을거야.)

Adages

One ill word asks another. (가는 말이 고와야 오는 말이 곱다.)

Nice words for nice words. 라고도 한다.

The course of true love never did run smooth.(진정한 사랑의 과정은 결코 원만히 흘러가지 않았다.)

셰익스피어의 *Midsummer Night's Dream*(1595)의 1막 1장 134행에 등장하는 표현.

A burnt child dreads the fire.(불에 덴 아이는 불을 두려워한다.)

자라보고 놀란 가슴 솥뚜껑 보고 놀란다.

Once bitten twice shy.(한 번 물리면 다음에는 조심한다.)

Better safe than sorry.(유비무환)

Even a worm will turn. (지렁이도 밟으면 꿈틀한다.)

All's well that ends well. (끝이 좋으면 다 좋다.)

Trying to find a needle in a haystack. (한양에서 김 서방 찾기.)

All his geese are swans. (남의 떡이 커 보이는 법.)

Every reckoning makes long friend. (셈이 정확해야 친구가 오래 간다.)

Make hay while the sun shines. (기회를 놓치지 마라.)

Narration
화법

정의		타인의 진술을 옮기는 방법.
종류	직접화법	화자가 말한 그대로를 따옴표를 사용하여 전달
	간접화법	화자의 의도를 전달자가 재구성하여 말하는 시점에 적절하게 변경하여 전달
		간접화법에서는 전달하려는 의미에 따라 동사를 announce, answer, explain, mention, promise, reply, say, suggest, tell, warn 등으로 변경하고 접속사 that은 종종 생략.

1) 직접화법의 문장을 간접화법 문장으로 바꾸는 방법

A) 커머(,)와 따옴표(" ")를 제거.

B) 전달동사를 적합하게 변경.(접속사 that은 생략 가능.)

C) 인칭 변환.

D) 시제 변환.(시제의 일치의 예외가 있으니 주의.)

E) 기타 형용사 및 부사 변환.

2) 화법 변경시 상황에 따른 변화

here ▶ there,   now ▶ then, at the time

today ▶ that day,   yesterday ▶ the day before/the previous day

tomorrow ▶ the next day/the following day

this week ▶ that week

last week   ▶ the week before/the previous week

an hour ago   ▶ an hour before/an hour earlier

3) 시제의 변화

A) 주절의 시제가 과거일 때 종속절의 시제 역시 과거로 변경

"I love her very much." ▶ He **told** me he **loved** her very much.

B) 진행 중인 상항을 전달할 때는 직접화법의 시제를 그대로 사용하거나 주절의 시제와 일치시킴. 그러나 진술이 더 이상 유효하지 않으면 시제 변경.

"I like watching fashion magazines."를 간접화법으로 옮기면

He **told** me he **likes(liked)** watching fashion magazines.

(패션 잡지 보기를 좋아한다고 그가 내게 말했어.)가 된다.

"My father was rich in the past."를 간접화법으로 옮기면

She **told** me (that) her father **had been** rich.

(자기 아버지는 부유하셨었다고 그녀가 말했어.)가 된다.

C) 직접화법의 시제가 현재라면 간접화법의 시제는 과거로, 현재완료이면 과거완료로 변경한다. 조동사 can, may, will은 could, might, would 로 변경한다. 하지만 could, might, ought to, should는 그대로 사용하고 must는 그대로 사용하거나 have to(시제 일치를 시킬 경우 had to)로 변경한다.

I **can** go to the concert alone. 를 간접화법으로 옮기면

She told me that she **could** go to the concert alone. 이 된다.

I **have been** to Sweden. 를 간접화법으로 옮기면

He told his friends that he **had been** to Sweden.

4) 화법 전환방법

A) 평서문의 화법전환 방법

동사 say는 그대로 사용하지만 say to는 tell로 변환
종속절 앞에 접속사 that 사용
시제의 일치에 주의
대명사와 부사의 변화에 유의

She **said**, "**This** book is very interesting for me."
("이 책은 내게 재미있어."라고 그녀가 말했어.)

▶ She said (that) **that** book was very interesting for her.
(그 책이 자신에게 재미있다고 그녀가 말했지.)

Sarah **said to** me "I will do my best for you from now."
("지금부터 너를 위해 최선을 다할 거야."라고 Sarah가 내게 말했어.)

▶ Sarah **told** me that she would do her best for me from then.
(그 때부터 나를 위해 최선을 다하겠다고 Sarah가 내게 말했어.)

B) 의문문의 화법전환 방법

🄐 의문사가 있는 경우: 동사를 ask 또는 wonder(또는 want to know)로 바꾸고 의문문을
간접의문문 즉 [의문사 + 주어 + 동사] 어순으로 사용 변경.

"What's the matter with you?"("무슨 문제 있어?")

▶ She asked **what the matter was** with me.
(내게 무슨 문제가 있느냐고 그녀가 물었어.)

Father said to me, "Who called the janitor?"
("누가 수위에게 전화했어?" 라고 아버지가 내게 말씀하셨어.)

▶ Father asked me **who had called** the janitor.
(누가 수위에게 전화를 했냐고 아버지가 내게 물으셨어.)

"How can I go to the Opera House?"("오페라 하우스에 어떻게 가지?")

▶ He was wondering **how he could go** to the Opera House.

(오페라하우스에 어떻게 갈 수 있냐고 그가 궁금해 했었지.)

"Where can I hold the party tomorrow?"("내일 파티를 어디서 열지?")

▶ She asked **where she could hold the party the next day.**

(그 다음날 파티를 어디서 개최할지 그녀가 물었어.)

He said to the lady, "Where do you live?"

("어디 사세요?" 라고 그가 그녀에게 말했어.)

▶ He **asked** the lady where she **lived.**

(어디 사시느냐고 그가 그녀에게 물었어.)

ⓑ 의문사가 없는 yes/no 의문문의 경우: 동사를 ask로 바꾸고 접속사는 if나 whether로 변환한 뒤 간접의문문의 순서로 전개. 시제의 일치도 유의.

He said to the lady, "Are you a nanny?"

("유모이신가요?"라고 그가 그녀에게 말했어.)

▶ He asked the lady **if** she was a nanny.

(그녀가 유모냐고 그가 그녀에게 물었지.)

"Did you have lunch?"("점심 드셨어요?")

▶ He asked me **if/whether** I had lunch.

(점심을 먹었느냐고 그가 내게 물었어.)

"Is there a post office nearby?"("이 근처에 우체국이 있나요?")

▶ He asked **if/whether** there was a post office nearby.

(이 근처에 우체국이 있냐고 그가 물었어.)

C) 명령문과 제안문의 경우

ⓐ 명령문의 경우

tell/ask someone (not)to do something의 구문을 활용.
ask to do something 이나 ask for 구문도 사용.
명령문을 전달할 때는 내용에 따라 동사(advise, ask, order, tell)가 변경됨.

전달하는 내용은 목적어 뒤에 to 부정사로 변환.
권고하는 명령문은 suggest 또는 propose로 변환 후 전달하는 내용은 that 절로 변환.
시제의 일치에 주의.
대명사 및 부사를 논리에 맞게 변환.

"Do this work at once."("즉시 이 일을 하시요.")

▶ He told me **to do that work** at that time.

(그 당시 그 일을 하라고 그가 내게 말했어.)

Teacher always says to us, "Study hard for your future."

("너희들 장래를 위해서 공부 열심히 해." 라고 선생님이 우리에게 항상 말씀하셔.)

▶ Teacher always tells us **to study** hard for our future.

(우리 장래를 위해 공부 열심히 하라고 선생님이 항상 우리에게 말씀하셔.)

"Don't make a scene."("소란 피우지 마라.")

▶ They asked us **not to** make a scene.(우리에게 소란 피우지 말라고 요구했어.)

She said to me, "Don't open the window now."

("지금은 창문 열지 마세요." 라고 그녀가 내게 말했지.)

▶ She ordered me **not to** open the window then.

(그 당시 창문을 열지 말라고 그녀가 내게 명령했어.)

"Can I see your passport, please?"("여권 좀 볼 수 있을까요?")

▶ The immigration officer asked **to see** my passport.

(이민국 관리가 내 여권을 보자고했지.)

"Can I have some souvenirs, please?"("기념품 좀 살 수 있나요?")

▶ I **asked** for some souvenirs.(기념품을 사려고 물어봤어.)

He said to me, "**Let's** go to the party tonight."

("오늘밤 파티에 가자."고 그가 내게 말했어.)

▶ He **suggested** to me that we **should** go to the party that night.

(그날 밤 파티에 가자고 그가 내게 제안했지.)

b 제안문의 경우

to부정사와 함께 agree, offer, promise, refuse 또는 threaten을 사용.
목적어+to부정사와 함께 advise, invite, remind, warn 등을 사용.
admit, apologize for, insist on, suggest를 사용할 때는 --ing 구문을 사용.
admit, advise, agree, insist, promise, remind, suggest, warn 등의 동사는 뒤에 전치사 없이 접속사 that절을 끌고 오기도 한다.

"I'll pay for the bill."("내가 낼게.")

▶ I **offered to pay** for the bill.(내가 내겠다고 했지.)

"I think you should leave right now."("너 지금 가야 한다는 생각이 드네.")

▶ He **advised me to** leave at that time.

(그 때 떠나라고 그가 나에게 조언을 했어.)

"Shall we dance?"("우리 춤을 출까요?")

▶ She **suggested** dancing.

(그녀가 춤을 추자고 제안했어.)

"Why don't we go see a movie?"("영화 보러 갈래요?")

▶ She **suggested that** we should go see a movie.

(그녀가 영화 보러 가자고 제안했어.)

D) 감탄문의 화법전환 방법

a 감탄의 의미를 지닌 동사인 cry나 shout로 변환 후 어순은 그대로.
b 또는 평서문으로 변환 후 강조 부사 very를 첨가.

She said, "What a beautiful flower it is!"

("꽃이 참 예쁘구나."라고 그녀가 말했어.)

▶ She **cried out** what a beautiful flower it was.

(얼마나 예쁜 꽃인가라고 그녀가 큰 소리로 말했어.)

▶ She **cried out that** it was a **very** beautiful flower.

(아주 예쁜 꽃이라고 그녀가 큰 소리로 말했어.)

E) 중문의 화법전환 방법

ⓐ 전달하고자 하는 문장이 둘 이상일 때: 위에 설명한 문장별 방식을 따른다.

He **said to** me, "You look pale. Go home and go to bed early."
("너 아파 보인다. 집에 가서 일찍 자라."고 그가 내게 말했어.)

▶ He **told** me that I looked pale, and **advised** me to go home and go to bed early.
(내가 아파 보인다고 집에 가서 일찍 자라고 그가 내게 말했어.)

The teacher said to me, "Did you study hard? Don't stop studying hard for your future."
("열심히 공부했니? 네 미래를 위해 열심히 공부하기를 멈추지 말아라."라고 선생님이 내게 말씀하셨어.)

▶ The teacher asked me **if** I had studied hard, and **ordered** me not **to** stop studying hard for my future.(선생님이 내가 공부를 열심히 하느냐고 물으시고 나의 미래를 위해 열심히 공부하기를 멈추지 말라고 말씀하셨어.)

※ 주의사항:

다음은 혼동하기 쉬운 say, tell, speak 그리고 talk의 용례를 도표로 설명한 것이다. 본 도표는 전반적인 활용 용례를 제시한 것이며 모든 용례를 더 자세하게 학습하고자 하면 사전을 탐독해야 한다. 사전을 참고하여 가능한 다양한 용례를 게재하려고 하였으니 문장과 해당 동사의 활용 이유를 잘 연결하면서 읽도록 하고 더 좋은 방법은 다양한 영어 문장을 많이 읽어 그 용례를 체득하는 것이다.

● say vs. tell vs. speak vs. talk

say	specific details에 초점이 있다. 말의 내용에 초점을 둔다.	절대로 사람을 목적어로 취하지 못한다. 즉 say something 또는 say something to somebody 구문을 취한다.
		누군가의 말을 그대로 옮길 때 사용한다. (직접화법과 간접화법 모두 가능)
		say about이라 하지 않고 say something about으로 사용
		통상적으로 부정사 앞에 쓰이지 않음
		전달 내용이 나타나지 않을 때는 "say+목적어" 뒤에 전치사 to 사용 가능
		청자를 언급하지 않을 때에는 절과 함께 사용할 수 있다.

		청자를 언급하고 싶을 때 사용.(예외적으로 tell a story, tell the truth, tell a lie, tell a joke, tell the time와 같은 표현에서는 사람목적어 없이 tell을 사용한다.)
tell	specific details에 초점이 있다. 말의 내용에 초점을 둔다.	누군가에게 사실이나 정보를 전달하기 위해 쓰이고 what, when, where 등이 이끄는 간접의문문과 함께 4형식 문장에 사용된다.
		간접화법 즉 that 절에 쓰임(tell somebody that 형태로)
		목적어로 a word, a name, a sentence, a phrase등은 사용하지 못함
		누군가에게 지시할 때 사용
speak	topic에 초점을 두고 말하는 행위에 중점을 둔다.	문어체 표현에 쓰임: talk보다 격식을 차린 표현
		특정한 목표를 달성한다거나 누군가에게 요청할 때
		특정 언어를 말한다거나 연설을 한다고 할 때 사용(발화행위에 중심); 연사, 발표자 강사 등을 의미
talk		회화체 표현에 쓰임(대화행위에 중심.)
		친교 행위 또는 남의 조언을 구할 때
		말을 얼마나 많이 하는지 또는 잘 하는지에 대해 표현할 때 사용

They **say** it's going to rain this week.(이번 주 비가 올 거라고 말하네.)

The president gave a speech and he **said**(*NOT* ~~told us~~) that...

(대통령이 연설을 했는데 그는 말하기를...)

[불특정 다수에게 말을 할 때에는 say를 써야 하며 tell은 사용할 수 없다.]

She **told me** (that) she would leave Seoul.

(그녀는 서울을 떠날 것이라고 내게 말했어.)

[*NOT* ~~She told that she would leave Seoul.~~]

He **tells me** he's angry.(그는 화가 난다고 내게 말을 해.)

(*NOT* ~~He tells he's angry.~~)

Can you **tell** me **when** the movie stars appear on the stage?

(영화배우들이 무대에 언제 등장하는지 말해 줄 수 있어?)[4형식 문장]

She **said**, "I will leave Seoul."(그녀는 "나는 서울을 떠날 거야." 라고 말했어.)

She **said** (that) she would leave Seoul.(그녀는 서울을 떠날 것이라고 말했어.)

(*NOT* ~~She said me she would leave Seoul.~~)

【전달 내용이 나타나 있는 문장에 say를 사용할 때 뒤에 청자 언급 불가능.】

He **says** he's angry.(그는 화가 난다고 말을 해.)

(*NOT* ~~He says to me he's angry.~~)

(*NOT* He ~~says me he's angry.~~)

【전달 내용이 나타나 있는 문장에 say를 사용할 때 뒤에 청자 언급 불가능.】

He **said something to** her.(걔가 그녀에게 뭔가를 말했어.)

【something의 내용이 밝혀지지 않았음.】

What did he say **to** you?(걔가 너한테 뭐라고 말했어?)

【what의 내용이 밝혀지지 않았음. 즉 전달 내용이 나타나 있지 않는 문장이기에 say뒤에 청자 언급 가능.】

I **told the assistant** that I wanted size 8.(*NOT* ~~I told that I ...~~)

(8 싸이즈를 달라고 직원에게 말했어.)【assistant를 강조함.】

I **said that** I wanted size 8.(8 싸이즈를 달라고 했어.)

I **said to** the assistant that I wanted size 8(*NOT* ~~I said the assistant that...~~)

【size 8을 강조함.】

I **said to** her "What are you doing?"(*NOT* ~~I told her "What are you doing?"~~)

【직접화법에 tell 사용 불가능.】

I **said** "hello". (*NOT* ~~I told him hello.~~)【tell은 명령/사건이 발생했을 때 사용.】

I **told** him to hurry up.(*NOT* ~~I said him to hurry up.~~)【부정사 앞에 say 사용 불가능.】

The doctor **told** me **to** stop smoking.【지시할 때 tell 사용】

We **didn't do much**. We **just talked** for a few hours.
(별로 한 게 없었어. 그저 몇 시간 동안 대화를 나눴지.)

We **talked about** our future.(우리 미래에 대해 말했어.)

He **talked about** his girlfriend.(그가 자기 애인에 대해 말했어.)

Have you **talked** to your wife **about** your money matters?
(집사람에게 돈 문제 말했어?)【조언을 구하는 행위】

He is very **talkative** at any party.(그는 어떤 모임에 가도 말이 매우 많아.)

He just **talks** a lot.(걔는 그냥 말이 많아.)【말을 잘 하거나 자주 하는 행위】

Do you **speak** English?(영어 할 줄 아세요?)

May(Can) I **speak** to your boss? (사장님과 통화할 수 있을까요?)

I can't **speak**. (말이 안 나온다.)

English is **spoken** around the world.(영어는 세계적으로 통용되지.)

Don't **speak** out of turn.(주제넘게 말하지 마라.)

He **spoke** out of breath.(그는 헐떡거리며 말했어.)

She always **speaks** out her thought.(그녀는 항상 자신의 생각을 털어놓지.)

a good(poor, public) **speaker**(훌륭한 [빈약한, 대중] 연설자)

the keynote **speaker**(기조 연설자)

Adages

Virtue is its own reward. (선행은 그 자체가 보상이다.)

In life there are always ups and downs.(인간지사 새옹지마.)

Birds of a feather flock together.(유유상종)

You cannot make bricks without straw.(짚이 없이는 벽돌을 만들 수 없다.)

Blood will tell.(피는 못 속여.)

You can't judge a book by its cover.(겉만 봐서는 알 수 없다.)

None but the brave deserve the fair.(오직 용감한 자만이 미인을 얻을 수 있다.)
John Dryden이 자신의 시에서 처음으로 표현한 시구이다.

Creaking doors hang the longest. (골골백년이다.)

Docility disarms anger. (웃는 얼굴에 침 못 뱉는다.)

Company in distress makes sorrow less.(백짓장도 맞들면 낫다.)

Grammar Set Free

집필을 마치며 본 교재 독자들께 드리는 말씀

우선 본 교재를 여기까지 1독을 하신 모든 분들의 노고에 치하를 보냅니다. 결코 쉬운 여정은 아니었을 것으로 생각합니다. 영어영문학을 전공한 저 역시 본 교재의 내용을 샅샅이 이해하며 읽어나가는 작업이 생각만큼 쉬운 일이 아님을 알기 때문입니다. 2년 6개월이란 기간 동안 본 교재의 원고를 준비하고 정리하고 출판사로 넘긴 다음에는 전문 편집자의 편집 작업을 거친 뒤 다시 서너 번의 교정 작업을 한 뒤에야 비로소 본 교재가 세상에 나오게 되었습니다.

서문에서 밝힌 바와 같이 어떤 영어 관련 학습서나 참고서 또는 심지어 교재까지도 영어 사전의 내용을 벗어날 수 없습니다. 예문이야 독창적으로 구성할 수 있다고 하더라도 그 구문 구조는 영어사전에 다 나와 있는 내용이기 때문입니다. 그래서 제 이름을 본 교재의 저자가 아닌 편저자라고 표지와 서문에 밝힌 이유입니다. 영문법은 근본적으로 영어 사전에 다 나와 있는 내용이기 때문이며 어떤 교재라도 그 발간 목적에 따라 조금씩 변형을 가한 것에 불과하기 때문입니다.

제가 서문에서 권유한 바대로 한 시간에 5페이지씩 하루에 8시간을 학습하면 1주일이면 280페이지 즉 본 교재를 1독할 수 있습니다. 그렇게 학습을 수행하는 것이 쉽지는 않을 것입니다. 하루에 8시간을 학습한다는 것도 일반인들에게는 어려울뿐더러 학생들에게도 쉽지 않은 일이기 때문입니다. 그래도 꾸준히 하시면 1주일에 1독을 하게 될 때가 올 것입니다. 1독을 했다고 해서 본 교재의 내용을 모두 이해했다고 생각하지는 마시기 바랍니다. 그럴 수도 없을 뿐더러 설령 모든 내용을 다 이해하고 있다고 해도 자신의 실력으로 활용하려면 즉 필요한 내용을 필요할 때 불러내서 회화와 작문에 활용하려면 더 많은 노력이 필요하기 때문입니다.

효과적인 학습법을 권유해 드립니다. 하루에 새로운 단어를 50개씩 암기한다고 가정합시다. 1일차에 50개, 2일차에 또 50개, 3일차에 50개 이렇게 50개씩만 철저하게 외울 수 있고 활용할 수 있다면 금상첨화겠지만 우리의 기억력은 그리 강하지 못합니다. 그래서 우리의 두뇌를 깨워놓아야 하고 늘 학습한 내용을 스펀지처럼 쏙쏙 흡수하도록 해야 하는데 이 때 활용 가능한 방법이 반복자극법입니다. 1일차에 50개, 2일차에는 어제 한 50개 더하기 50개 즉 100개를 살펴보는 것입니다. 3일차에는 1,2일차 100개와 3일차 학습내용 50를 포함하여 150개를 보는 것입니다. 4일차에는 2,3일차분 100개와 4일차 50개 이런 식으로 하루에 150개씩 외우는 것입니다. 150개라고 해도 50개는 세 번째 보는 셈이고 50개는 두 번째 보는 셈이며 50개만을 새로 보는 것입니다. 따라서 시간이 그리 많이 걸리지 않을 것입니다. 그런데 이것이 큰 차이를 가져오는 것입니다. 결과적으로 같은 단어를 사흘에 걸쳐 3번씩 살펴보게 되면 두뇌에 세 번의 자극을 가하여 저장한 것이기에 오래 동안 각인이 됩니다. 이렇게 하면 우리의 두뇌에서 결코 망각되지 않는다는 것이 제가 소위 반복자극법이라고 부르는 학습법의 효능입니다.

위에서 설명한 방식을 본 교재의 문법 내용 학습에 도입한다면 1일차에 40페이지를 학습하고 2일차에는 80페이지까지 3일차에는 120페이지까지 학습을 하고 4일차에는 41페이지부터 160페이지까지 학습하고 5일차에는 81페이지부터 200페이지까지 학습을 하게 되는 것입니다. 그러면 열흘이면 본 교재를 3회에 걸쳐 읽고 이해하게 되는 것입니다. 물론 하루에 40페이지를 읽고 이해하는 것이 버거울 수 있기 때문에 3일차부터 120페이지라는 양을 소화하기란 쉽지 않을 것입니다. 그런 분들은 하루의 학습량을 줄여서 20페이지씩만 읽고 이해를 한다고 가정해 보시기 바랍니다. 이렇게 끈기 있게 읽고 내용을 잘 이해해 나가면서 3회에 걸쳐 학습하면 거의 모든 내용이 여러분의 머릿속에 평생 기억이 될 것이고 잊으려 해도 잊을 수 없게 될 것입니다.

자 이제 남은 것은 이 내용을 활용하는 것입니다. 어떻게 해야 할까요? 서문에 뭐라고 나와 있나요? Input을 많이 해야 output이 나온다고 했습니다. 단어와 문법 실력을 바탕으로 다양한 분야의 영어로 된 책을 많이 읽으십시오. 읽을 때 가능하면 큰 소리를 내서 읽으시기 바랍니다. 혹시 Crazy English 학습법이라고 들어보셨습니까? 중국의 리양이라는 사람이 창안한 영어학습법입니다. 무덤가에 가서 두려움을 떨쳐버리기 위해 소리 내어 영어책을 읽는다고 가정하고 큰 소리로 영어책을 읽으면 여러분의 두뇌에 잘 각인이 될 것입니다. 물론 읽는다는 것은 읽으면서 의미를 파악해 나간다는 것입니다. 의미를 파악하면서 큰 소리로 읽으면 효과적인 영어 학습을 할 수 있을 것입니다. 그러면 결과적으로 여러분은 어느 새 영어로 글을 쓰고 말을 할 수 있는 능력을 갖추고 있을 것입니다. 여러분의 건투를 빕니다. 감사합니다.